KB198202

그들은 왜 주술에 빠졌나?

그들은 왜 주술에 빠졌나?

풍수학자 김두규 교수가
파헤친
한반도 천년 주술 전쟁

김두규 지음

해냄

| 일러두기 |

• 『고려사』『조선왕조실록』『삼국유사』 등을 비롯해 각종 비문과 같은 1차 사료들은 현대 독자들이 이해하기 쉽게 저자가 나름으로 풀어 설명하였다.
• 출간 시점이 오래 지난 옛 단행본들을 인용한 경우 독자들의 이해를 돕기 위해 저자가 풀어 인용했다.

악마에게 속은 1천 년

"주의하라, 악마는 늙었다. 그러므로 악마를 이해하려면 너도 늙지 않으면 안 된다."

독일의 사회학자 막스 베버(Max Weber, 1864~1920)가 『직업으로서 학문(Wissenschaft als Beruf)』에서 인용한 문장으로, 괴테의 『파우스트』에서 악마로 등장하는 메피스토텔레스가 한 말이다.

파우스트는 철학·법학·의학·신학, 즉 인간 정신의 모든 보물을 습득하였으나 기쁨은커녕 허무함을 느끼고, 노스트라다무스(Nostradamus, 1503~1566)가 쓴 예언서에 의존하여 지령(地靈: Erdgeist)을 불러낸다. 지령은 파우스트에게서 실존의 불안을 보았다. 지령의 눈에 파우스트는 "두려움에 떨어 바짝 움츠린 벌레"와 같은 존재였다. 이러한 파우스트를 구원해 주겠다며 악마 메피스토텔레스가 나타난다. 대학자 파우스트의 멘토가 되겠다는 것이다. 악마는 파우스트보다 더 많은 것을 알고 더 많은 것을 체험했다. 그래서 늙은 악마는 노회했다. 웬만해서는 늙은 악마를 이길 수 없었다. 그를 이기기 위해서는 노회하지 않으면 안 되었다. 파우스트 같은 대학자도 노회한 악마의 유혹에 넘어갈 뻔했다.

고려와 조선왕조에도 직관적 혜안과 합리성을 갖춘 대학자들이 있었다. 그들도 어렴풋이 무엇인가 잘못되었음을 눈치챘으나 그 정체를 파악하지 못한 존재가 있었다. 왕실이 신뢰하는 최고의 학자들(황주량, 최제안, 최항)의 역사 편찬 과정에서 삽입된 '도선(道詵)'이 그 주인공이었다.

한반도 '풍수의 비조(鼻祖)'로 알려져 우리 역사서에 당당하게 이름을 올리고 있는 도선은 악마였다. 그는 풍수가 아닌 주술의 성격이 짙은 비보술을 통해 땅과 그 위에 명멸했던 국가들을 지배한 유일신 지령(地靈)을 조종하는 악마였던 것이다. 악마는 한반도에 존재해 왔고, 지금도 우리 민족을 희롱하고 있다.

우리가 이러한 '늙은 악마'를 이길 수는 없더라도 이해할 수는 있어야 한다. 그러기 위해서는 더욱 노회해야 한다. 왜냐하면 그 악마는 1천 년 넘게 이 땅에 살아왔기 때문이다. 도선이란 악마는 지금도 한반도 상공을 배회하고 있다.

악마는 고려의 수도 개경에 있었던 문신 최항(崔沆, ?~1024)의 집 지붕을 뚫고 하늘로 치솟았다. 최항의 집을 방문한 최제안(崔齊顏, ?~1046)이 은밀하게 지붕을 뚫었고, 그 구멍으로 솟아올랐던 것이다. 악마는 작은 구름이 되어 개경 하늘을 배회하였다. 이윽고 먹구름을 몰고 다니며 급기야 한반도 상공 전체를 덮었다. 먹구름은 뒤이어 때때로 검은 비를 조선 전역에도 뿌렸다.

고려와 조선, 그리고 일제 강점기를 거쳐 해방 이후 정치인과 지식인, 심지어 한국사 전공 교수들까지 이러한 검은 비에 젖어버렸다. 한국 사회는 이것도 모르고 오리엔탈리즘(동양에 대한 서구의 왜곡과 편견적 사유체계)에 경도된 한국 매판 지식에 대한 대응책으로 '비보술'을 학문으로 수용하기까지 하였다.

악마 도선의 요사스러운 먹구름은 한반도 상공을 1천 년 넘게 뒤덮으며 검은 비를 내려 독초를 자라게 하고 있다. 그 독초들은 묘청·김위제·백승현·영의·음덕전·보우·우필흥·신돈·무학·최호원·이의신·진령군·최태민을 거쳐 최근까지 끈질긴 생명력을 보여주고 있다.

일찍이 악마가 출현하던 바로 그 시점에 이미 일부 지식인과 관리들은 그 위험성을 파악하고 반론을 제기하였다. 장차 한민족을 주술에 빠뜨릴 위험이 있다고 본 것이다. 그러나 그 반론은 작은 손바닥으로 거대한 먹구름이 낀 하늘을 가리는 꼴에 불과했다. 악마는 특히 지도자와 그 부인 들의 혼을 뽑아버렸다. 그리하여 구한말 지식인 황현(黃玹, 1855~1910)은 그 악마를 국정 혼란의 씨앗이라고 하였다.

우리나라는 신라와 고려 이래로 항상 불교를 국교로 삼아 옳지 못한 도를 숭상하였던 까닭에 괴이한 행적을 펴는 승려들이 많았다. 저의상과 도선 같은 자들이 바로 그런 경우이다. 우리 조선이 건립되었던 초기에도 무학과 같은 무리들이 번갈아 가며 예언서를 만들었다. 지금까지 전해오고 있으며, 그 말이 가끔 기이하게 적중하기도 하였으므로 세상 사람들이 자못 현혹되기도 하였다.

— 황현, 『오하기문(梧下記聞)』(김종익 옮김) 중에서

황현이 문제 삼은 예언서 가운데 대표적인 것은 도선의 『도선비기』이다.

이제 도선이라는 악마와 그 '좀비'들의 실체를 추적해 보기로 한다. 도선이란 악마는 늙어 노회하다. 우리도 늙어 노회해야 한다. 노회함과 긴장감으로 『고려사』와 『조선왕조실록』의 문맥을 꼼꼼히 살펴야 한다. 『고려사』, 『조선왕조실록』과 같은 1차 사료들을 국사편찬위원회가 번역하여 '한국사데이터베이스(https://db.history.go.kr/)'에 무료 공개하였다. 원문 접근이 불가능했던 독자들도 이제는 이 번역문을 통해 '학문'이란 넓고 깊은 바다를 자유로이 유영할 수 있다.

학자마다 학문의 방법론이 다를 수 있다. 필자에게도 명증(明證)한 학적 방법론이 있다(독일 유학 시절 터득한 방법론이다). 그 시작은 '의심과 부정(Negation)'이다. '부정의 부정(Negation der Negation)'은 새로운 결론을 도출한다.

앞으로 이 책에서 다룰 핵심 주제를 ○× 문제로 미리 독자들께 제시하겠다. 이 가운데 몇 개가 참이고 몇 개가 거짓일까? 우리가 지금껏 모두 '참'으로 알고 있었던 명제들이다.

1. 한반도 풍수학의 비조라 알려진 도선은 실존 인물이다. ( )

2. 도선의 자문에 따라 왕건의 아버지가 송악에 집을 짓자 아들이 왕이 되었다. ( )

3. 왕건은 삼한통일을 예언한 도선에게 후한 상을 내렸다. ( )

4. 왕건은 후대 왕들을 위해 10가지 지침인『훈요십조』를 남겼다. ( )

5. 『훈요십조』에는 도선의 비보풍수를 엄수하라는 내용이 있다. ( )

6. 비보풍수란 도읍지 옮기기, 궁궐과 정자 신축, 법회·굿 등을 통해 재앙을 복으로 바꾸는 개운(開運) 행위다. ( )

7. 묘청·신돈은 도선의 제자임을 자칭하고 서경(평양)·중원(충주) 천도론을 주장했다. ( )

8. 단재 신채호는 묘청의 서경천도론을 칭찬했다. ( )

9. 무학은 태조 이성계를 위해 한양(현 서울)을 도읍지로 정했다. ( )

10. 개국공신 정도전은 풍수설에 따라 도읍지를 개경에서 한양으로 옮기는 데 찬성했다. ( )

11. 무학과 정도전은 북악산과 인왕산 주산 논쟁을 벌였다. ( )

12. 무학은 고승으로서 당시 조정과 동료 승려들에게 존경받았다. ( )

13. 고려와 조선의 풍수관리는 비보풍수 행위 전담자들이었다. 따라서 풍수술과 비보술은 같은 것이다. ( )

14. 승려도 속인도 아닌 '비승비속(非僧非俗)'들인 묘청·신돈·진령군·라스푸틴 등이 나라를 멸망케 하였다. ( )

정답은 순서대로: ××××○○○×××××○

—「김두규의 국운풍수 : 100년 전 막스 베버의 경고 "주술에서 벗어나라"」,
《조선일보》, 2024년 11월 2일 기사 중에서

이 명제들에 대해 하나하나 직접 확인해 보는 것은 분명 재미있는 공부가 될 것이다. 다만, 이는 꽤나 길고 오랜 시간을 요구하는 일이다.

필자는 이 땅에 악마의 기운을 뿜어내고 있는 존재를 해석하고자 오랜 시간을 연구했다. 궁금증을 해결하기 위해 기꺼이 노력할 용의가 있는 독자분들에게 그동안 연구한 내용을 이 책에서 풀어내고자 한다. 이제부터 1천 년 동안 한반도 상공에서 배회한 도선과 그 추종자들을 낱낱이 파헤쳐보겠다.

2025년 1월
김두규

| 차례 |

5장 도읍지 비보술 vs 도읍지 풍수술
— 서울과 평양 그리고 용산까지

1장

망령은 아직도
이 땅에 살아 숨 쉰다

왜 '그분'은 주술에 걸렸나?

 우리 역사를 살펴보면 황제에서 서민까지 주술에 걸리지 않은 이가 드물었다. 고려왕조 때는 태조·문종·숙종·인종·의종·고종·공민왕·우왕, 조선왕조에서는 태조·세종·세조·성종·광해군·고종·명성황후, 대한민국에서는 김대중·박근혜 대통령도 그러했다(김대중 대통령이 풍수설을 믿어 아버지 묘를 이장한 사실은 이미 널리 알려져 있다). 얼마 전 국회에서 탄핵안이 가결된 윤석열 대통령 부부에 대해서는 더 말이 많다.

 그들은 왜 주술에 걸렸을까? 그것은 분명 병이다. 병임을 알고도 통치자들은 주술용 '주문'을 만들었다. 고려 현종 때 조작된 '도선'과 『훈요십조(訓要十條)』가 처음 등장했다. 고려 의종은 허구의 도선을 실존 인물로 만들어버렸다. 이후 도선을 가탁한 수많은 주술과 주문(呪文)들이 양산되었다.

베버는 현대 사회의 특징을 '탈(脫)마법화(Entzauberung)'라 하였다. 이는 주술에서 벗어남을 의미한다. 1919년 뮌헨대학 강연에서 발언한 용어다. 그가 죽기 1년 전에 한 강연으로 훗날『직업으로서 학문』이라는 책으로 출간되었다. 그는 '주술로부터 세계를 해방시킨 합리화 과정'을 현대 사회의 특징, 즉 근대 자본주의 사회의 특징으로 보았다. 이 합리화 과정을 이끌어가는 것이 '학문'이다. 베버에게 학문은 바로 세계의 합리화 과정을 위한 가장 중요한 수단이다. 무려 100여 년 전 이야기다.

베버는 유럽과 달리 아시아(중국과 인도)는 과학·예술·경제·국가발전에 '합리화가 결여되었다'고 보았다. 그러한 까닭에 중국(그 영향권에 있는 한반도)의 종교는 서양처럼 종교의 합리화도 거치지 않은 '주술종교(Zauberreligion)'였을 뿐이다. 그로부터 100여 년이 지난 21세기를 살아가는 지금 대한민국은 어떠한가?

베버의 탈주술화에 대해 후배 철학자 위르겐 하버마스(Jürgen Habermas, 1929~)는 반론을 폈다. 그는 현대 사회가 "종교적 믿음의 유령에게 쫓기고 있다"고 말했다. 탈마법화(탈주술화)와 동시에 재(再)마법화(Wiederverzauberung)가 병행되고 있다는 것이었다. 아니, 근본적으로 현대 사회는 전혀 탈마법화된 바 없었다는 주장이었다.

아직도 다양한 주술들이 성행하고 있다. 과거의 주술에서 벗어났지만 새로운 주술의 지배를 받고 있다. 주술은 일종의 병이다. 외

주술에서 벗어남을 뜻하는 '탈마법화'라는 용어로 현대 사회의 특징을 설명한 막스 베버

부로부터 침입하는 병이 아니라 스스로 만드는 병인 것이다. 그것은 분명 '불행한 의식(unglückliches Bewußtsein)'이다. 독일 철학자 게오르크 헤겔(Georg W. F. Hegel, 1770~1831)의 『정신현상학』에 나오는 말이다. 불행한 의식은 불행을 낳는다. 주술이란 병은 왜 생길까?

▬▬▬▬ 주술에 취약한 한국인들

15세기 독일인 하인리히 크라머(Heinrich Kramer, ?~1505)는 도미니크 수도회 부원장이었다. 이른바 '마녀사냥'으로 유명한 인물이다.

그는 자신의 저서 『마녀를 심판하는 망치(*Malleus Maleficarum*)』에서 여성이 쉽게 마녀가 될 수 있는 이유를 설명했다. 여성들은 남성들보다 주술에 더 취약한데, 하느님이 아담의 갈비뼈로 이브를 만들었기 때문이라는 것이다. 쉽게 악령들의 유혹에 빠지게 되고 특히 성욕이 강하면서 영적으로 취약한 여성들이 주로 주술에 쉽게 걸린다고 했다.

지극히 여성 차별적 발언이기는 하지만, 일부 여성들이 '점집 투어'와 굿판을 많이 벌이는 우리 사회에서도 생각해 볼 수 있는 이야기다(참고로 『마녀를 심판하는 망치』는 처음 출간된 이후 17세기 말까지 100여 년 동안 29쇄 3만 부가 팔렸다. 그만큼 폭발적 반응을 보였다. 지금도 유럽 각국의 주요 언어로 번역 출간되고 있다).

신학자인 크라머의 주술관과 달리, 정신의학자 이부영(李符永, 1932~)은 주술을 '빙의 장애(possession disorder)'라는 병으로 정의한다. 이부영은 서울대 의대 졸업 후 스위스 취리히 융(Jung) 연구소에 유학하여 '융학파 분석가' 자격을 취득하였다. 독일과 스위스 정신병원에서 오래 근무하다 귀국하여 서울대 의대 신경정신과 교수와 과장을 역임한 분석심리학의 1인자다. 그는 세계보건기구(WHO)가 규정한 '빙의 장애'를 다음과 같이 소개한다.

개인적 동질성과 주위에 대한 충분한 인지능력을 일시적으로 상실하는 장애이다. 어떤 경우에는 그 개체가 '인격·영혼·신' 또는 '힘'에 사로잡힌 듯이 행동한다. 주의력과 인지능력은 인접한 환경의 오직 한두 측면에 국한되거나 집중되고 흔히 제한적이지만, 반복되는 일련의 행동·자세·발성(發聲)을 볼 수 있다.

— 이부영, 『한국의 샤머니즘과 분석심리학』 중에서

이러한 빙의는 전 세계적이지만 한국인들에게 특히 취약하다는 것이 이부영의 의견이다.

한국의 샤머니즘 사회는 문화적으로 빙의 현상을 일으키기 쉬운 사고 형태를 가졌다. 죽은 사람의 넋에 의한 빙의는 이미 우리 문화에 뿌리 깊이 박힌 의사소통의 지배적인 유형이다. 죽은 자에 대한 두려움과 경외, 죽은 자가 산 자보다 더 알고 초능력을 가진다는 관념은 인류 보편적인 현상이지만 우리 문화는 굿을 통해 산 자와 죽은 자와의 의사소통을 이어주는 풍습을 아주 오래전부터 키워왔다. 우리나라, 중국, 일본 등은 빙의 문화(possession culture)를 가져왔다. 다른 말로 실혼(失魂)문화(soul loss culture)의 다른 표현이다.

— 앞의 책

일부 연예인과 무속인들은 '합법적으로 미치는(crazy) 빙의'를 자랑스럽게 생각하며, 방송과 언론에 당당하게 출연하기도 한다. 주술에 걸린(혹은 걸리기 쉬운) 이들은 어릴 적부터 주술(굿)을 보고, 배우고, 빙의되기를 원하는 이들이다. 무속인 집안 출신이거나, 점집을 자주 갔거나, 굿 구경을 다녔거나, 사주가·관상가·점쟁이들에게 자신의 운명을 묻거나 위임하는 유형들이 그렇다. 이 부분에 관해서는 진보나 보수, 배운 자나 못 배운 자, 부자나 가난한 자를 가리지 않는다. 30년 전, 독일에서 독일 철학으로 박사학위를 받은 지인이 귀국 후 교수가 되지 못하자 점쟁이와 무당을 '순회'하면서 자기 앞날을 묻는 것을 본 적이 있다. 이런 사례는 우리 주변에서 매우 흔하다.

왜 한국인들은 쉽게 주술에 걸릴까? 이부영의 해석이다.

> 모든 한국인의 성격 밑바닥에는 샤머니즘이 있다. 그것은 인간의 원초적 행동양식, 융이 말하는 집단적 무의식의 내용을 담고 있기 때문이다.
>
> — 앞의 책

특히 자아의식이 발달하지 못한 사람은 곧 의식의 한계에 도달하여 매달릴 곳을 찾는다. 그들은 주술에 걸린 자신들에게 언제 신의 계시와 축복이 있을지 궁금해하고 운명론에 쉽게 빠진다. 주술 사회는 동서고금에 늘 있었지만, 왜 대한민국이 특히 주술의 늪에서 헤어 나오지 못하는 것일까?

지정학적 이유로 한반도는 늘 외세에 시달렸다. 신라가 삼국통일을 하였다고는 하나 당나라에 의지한 것이었다. 고려는 거란과 송의 제후국이 되었다가 나중에는 원나라에 복속하였다. 고려의 개혁을 시도하다가 실패한 공민왕조차 즉위식 연설문에서 당당하게 고려는 누구보다 먼저 원나라에 스스로 복속하였다고 자랑한다(물론 원나라 덕분에 임금의 자리에 올랐다는 점에서 외교적 언사일 수도 있다).

삼가 생각건대 우리 태조께서 삼한(三韓)을 통일하시고 역대 선왕들이 왕위를 이으면서 작은 나라로써 큰 나라를 섬겨오다가, 우리의 성스러운 원(元)이 일어나자 다른 나라들보다 앞서 복속하였다.

— 『고려사』, 공민왕 원년(1352년) 2월 2일 기사 중에서

고려를 멸망시키고 새로운 나라를 세운 이성계는 국호를 스스로 결정하지 못하고 명나라에 '의뢰'하였다. 그래서 받은 이름이 '조선(朝鮮)'이다. 이후 조선은 명나라 제후국이었다. 명나라가 망한 뒤에도 끝까지 섬겨 마지막 황제 '숭정(崇禎)'을 연호로 썼다. 숭정은 명나라 마지막 황제 주유검(朱由檢, 1611~1644)의 연호이다. 주유검은 반란군 이자성이 북경의 궁궐을 함락시키자 가족들을 죽이고 자금성 뒤 경산(景山)에 올라가 목을 매어 자살했다. 이후 조선은 청나라의 제후국이 되었다. 명나라가 망했는데도, 청나라는 여진족이 세운 오랑캐 나라라고 멸시하며, 명나라를 숭상하여 은밀히 명을 위한 제사를 지냈다[우리 민족도 여진족과 같은 동이족(東夷族)이다]. 이후 청의 복속국이 되었다가 청나라가 망하기 전 일제 강점기를 맞았다.

외세에 저항하여 반대한 이들의 목소리는 작았고, 그들은 늘 핍박받았다. 그 기나긴 세월 속에 한반도에서 부귀를 누린 자들은 누구였을까? 친당(唐)파·친송(宋)파·친거란(契丹)파·친명(明)파·친원(元)파·친청(淸)파·친일파·친러파·친미파들이었다. 신라와 고려에서는 당나라와 원나라에서 유학해야 고위공무원을 지낼 수 있었다. 해방 이후 미국 유학을 해야 한국 사회의 주류에 편입할 수

있던 것과 마찬가지였다.

서구는 르네상스 이후 계몽주의와 그를 바탕으로 하는 합리주의를 획득하면서 신(神)이 아닌 인간 중심의 세계관을 만들었다. 물론 자본주의를 살아가는 그들은 신 대신 '물신(物神, Warenfetisch)'이란 새로운 신을 섬긴다고 비판받았다. 그런데 우리 민족은 그러한 계몽주의와 합리주의를 경험한 적이 있었는가? 조선 후기 실학 사상에서 그 맹아를 볼 수 있으나 그들은 시대의 주류가 아니었다.

정치·경제는 물론이고 정신사에서 학문의 사대주의에서 벗어난 적이 얼마나 있었을까? 지금도 서구 세례를 받은 한국의 지식인들은 그나마 뒷골목으로 밀려나 있는 우리 민족 사상들을 오리엔탈리즘적 관점에서 비웃고 있다.

자아의식 결여로, 주체적 사유를 할 수 없이 한반도에서 살아왔던 사람들이 운명론에 빠지고, 샤머니즘에 빠지고, 궁극에는 주술에 빠진다. 어찌 보면 너무 당연한 결과다.

▬▬▬ 주술사란 누구인가

주술과 악령에 홀린 한반도를 본격적으로 이해하려면 베버가 말한 '주술'의 본질을 좀 더 살필 필요가 있다. 베버는 근대 자본주의가 서구 유럽에서 발생하게 된 본질적 이유를 종교와 관련하여 탈주술화를 견인한 '합리주의'로 보았다. 베버는 합리주의가 결여된 비서구 세계의 종교(유교·불교·힌두교·이슬람교)는 주술에서 벗어나지 못한다고 하였다. 물론 베버의 주장이다. 종교 속에 내재하는 주술 내용은 주술 담지자(실행자)의 신분·학력·소속 등에 따라 달라진다. 주술 담지자도 사제·무당·예언자·주술사·풍수사·음양사 등 다양하다. 그들은 운명·점성·강신·예언·주문(呪文)·구원 등을 주제어로 '고객'을 확보하며, 아무나 주술 담지자가 될 수는 없다. 주술 담지자에게는 '카리스마'가 요구되는데, 카리스마란 특정 인간이 갖는 비일상적 재능 혹은 자질을 의미한다.

주술 담지자(주술사·예언가·교주)의 권위는 피지배자들('고객', '제자', '신도')을 복종시킬 수 있는 카리스마에서 비롯한다. 그리하여 주술 담지자는 신 혹은 신인(神人) 성인으로 추앙된다. 카리스마를 갖는 지도자는 이를 통해 자신의 '신도'들에게 질병 치유, 전쟁 승리, 부귀, 권력, 장수, 건강, 자유, 희열 등을 가져다주어야 한다. 이것을 베버는 '구원재(救援財, Heilsgut)'라 하였다. 교주는 신도들에게 구원재를 확실하게 확보 또는 예약해 주어야 한다. 이러한 구원재를 충족시켜 줄 '카리스마(신적 권능)'가 사라지는 순간 주술 담지자는 폐기되어 죽임을 당한다.

주술 담지자는 카리스마를 갖기 위해 '신비적인 신성 체험'이 있어야 한다(혹은 신비적 신성 체험을 하였다고 주장한다). 신비한 신성 체험은 혹독한 고행, 순례, 기도, 신병(神病) 등을 통해서 이뤄진다.

주술 담지자들의 출신은 다양하다. 실패한 프롤레타리아 지식인, 농민 지식인, 천민 출신, 독학 수도자 등……. 이들이 활용하는 주술 수단들도 다양하다. 경전, 건축물, 주문(呪文), 가무(굿) 등이며, 그 가운데 섹스도 포함된다. 섹스는 주술 담지자와 피주술자

(교주와 신도) 간의 승화된 에로틱이자 운명의 정열적인 폭발이 될 수 있다.

왜 인간들에게 가난, 질병, 고통, 억압, 괴로움 등이 주어지는가? 태어날 때 어떤 별의 기운을 받고 태어났느냐에 따라 운명이 달라진다고 하여 생겨난 것이 점성술이다. 이러한 술수들은 서구 유럽 이외에 그 어떤 나라도 천체물리학으로 발전하지 못하고, 고도의 미신화된 술수로만 발전하였을 뿐이다. 그러한 세계에서 인간들은 운명론적이 될 수밖에 없다. 베버의 종교사회학 핵심 내용이다.

이 책에서는 도선·묘청·신돈·최호원·김위제·진령군·최태민·천공·라스푸틴 등과 같은 주술 담지자들이 베버가 말한 내용과 어떻게 겹치는지 알게 될 것이다.

주술 사회에서는 운만 좋으면 노비라도 왕후장상이 될 수 있다(혹은 그렇게 믿는다). 고려 때만 무신정권이 들어선 것이 아니었다. 불과 40여 년 전인 1979년에도 대한민국에 '무신정변[전두환의 12·12사건]'이 있었다. 때[운]를 만나면 거지도, 군인도, 백수도, 술꾼도 영웅이 되거나 지도자가 된다.

21세기에 되살아난 귀신 퇴치 논란

2022년 5월 10일 화요일, 제20대 대통령 취임식과 더불어 청와대를 일반 국민에게 개방하는 행사가 있었다. 74년 만의 개방이었다. 청와대에 입장하는 74명의 국민대표가 꽃이 핀 복숭아나무 가지로 보이는 것을 들고 입장하는 장면이 눈에 띄었다. 일부 시민이 주술이라고 항의하자, 문화재청(현 국가유산청)은 '매화꽃'이라고 하였다. '가장 먼저 피어 일찍 봄을 알린다'는 상서로운 매화나무 가지를 흔들며 걸어 들어갔다는 설명이었다.

이는 참으로 한심하고도 무식한 설명이었다. 매화는 2월 중순에서 3월 초 사이에 피고 지기 때문이다. 매화와 도화(복숭아꽃)는 피는 시기와 생김새, 색깔이 전혀 다르다. 5월 10일이면 매화나무에

복숭아나무 가지는 예부터 사악한 기운을 퇴치하는 데 사용되는 주술 도구였다.

서 엄지손톱 크기의 매실이 굵어지는 시기다. 복숭아나무 가지가
맞다[생화가 아니면 무속인들이 쓰는 '동도지(東桃枝: 동쪽으로 뻗은 복숭
아나무 가지)'의 확대·변형판이다].

　왜 복숭아나무 가지일까? 다음은 1596년 중국에서 출간된 의학
서 『본초강목(本草綱目)』의 복숭아나무 가지에 관한 기록이다(『본
초강목』은 전 세계 주요 언어로 번역·출간되었고, 유네스코 세계기록유산
으로 등재되었다).

　　우두머리 귀신도 복숭아나무에 맞아 죽는다. 따라서 귀신들은 복
　숭아나무를 가장 무서워한다.

　복숭아나무 가지로 귀신을 때리는 것을 '도지구타법(桃枝毆打

法)'이라 한다. 귀신과 악령을 때려잡는 악독한 방법이다. 이에 대해서는 이부영 역시 말한 바 있다. 다음은 그의 도지구타법에 대한 설명이다.

한국 민간에서 정신치료의 대표적인 것으로 알려진 도지구타법은 아주 잔혹한 주술 행위로 효과보다 폐해가 컸다. (……) 도지구타법은 정신장애 가운데서 가장 다루기 힘들고 고치기 어려운 중환자에게 적용되었던 특수한 방법이었을 것이다. 따라서 이것은 거의 치료 불가능한 병, 다시 말하면 가장 집요한 악귀를 다스리는 방법으로 실시되었다는 의미에서 고찰의 대상이 된다.
　　　　　　　　　　　　— 이부영, 『한국의 샤머니즘과 분석심리학』 중에서

이부영의 결론은 다음과 같다.

사귀(邪鬼)가 복숭아나무 가지를 두려워한다는 생각은 무의식의 에로스적인 것, 정동적(情動的)인 것(affectivity)의 적용이 환자의 정신적 혼란을 고치는 데 중요한 역할을 한다는 정신분열병의 현대적 정신치료자, 특히 융학파의 치료자들의 체험과 일치한다. (……) 양(陽)과 광명과 열에 상응하는 복숭아는 이 어둠에 던지는 빛, 무의식의 어둠을 밝히는 자각(das Bewußtsein)의 기능과 같다고 설명될 수 있다. 단지 동아시아만의 행위가 아니다. 독일어권에서도 이와 같은 행위가 있어왔다. 나뭇가지에는 생명력이 있어 이것으로 악귀를 때리면 그 나무의 생명력이 악귀에게 옮겨간다는 이른바 '생명의 나뭇가지로 때림

(Schlag mit dem Lebensrute)'이다. 복숭아나무 가지로 악귀를 쫓는 행위는 한국뿐만 아니라 중국과 일본 그리고 그 밖의 나라에서도 행해졌다.

— 앞의 책

이부영의 설명대로, 우리나라의 도지구타법은 귀신을 쫓는 오래된 주술이었다. 고려 말 학자 이제현(李齊賢, 1287~1367)의 문집인 『익재집(益齋集)』은 "복숭아나무 가지를 마구 후려쳐[亂打] 귀신을 쫓는다"고 적었다. 조선 중기의 문신 성현(成俔, 1439~1504)은 『용재총화(慵齋叢話)』에서 "복숭아나무 가지로 빗자루를 만들어 연말에 잡귀를 몰아내고 새해를 정갈하게 맞이한다"고 하였다.

민간에서만 도지구타법이 행해진 것이 아니다. 왕실에서도 이를 진지하게 수용했다. 조선 세종 2년(1420년)에는 6월 11일과 12일 이틀에 걸쳐 궁궐에서 도사(도류승) 14명이 밤늦게까지 '도지정근(桃枝精勤: 복숭아나무 가지 굿)'을 행하여 악귀를 쫓은 일이 있었다. 세종의 어머니인 원경왕후(1365~1420)가 학질(말라리아)에 걸려, 왕은 어머니를 위해 두 차례에 걸쳐 14명의 도사를 동원하여 복숭아나무 가지로 악귀를 쫓는 기도를 하게 했다.

흥미로운 것은 여기에 등장하는 '도류승'이란 존재다. 도류승은 맹인으로서 도교 승려(도사)를 말한다. 삭발에 승려 옷을 걸치고, 법명까지 가지고 있었다. 중도 도사도 민간인도 아닌 '사이비' 도사이자 승려였다. 이 책의 뒤에서 본격적으로 다룰 '비승비속(非僧非俗)'의 존재다. 지금 우리 사회에도 제도권 종단에 소속되지 않으면서 '한복 입고, 수염 기르고' 학력과 경력이 불분명한 많은 사람들이 알 수 없는 주문을 중얼거린다. 그 잔재들이다.

과거 도사(도류승)들은 기우제 지내기와 전염병·악귀 쫓는 것이 주요 업무였다. 독경(경전 암송), 부적을 이용한 주술, 굿을 행하였다. 독경의 대상이 되는 경전들은 도경(道經: 도교), 무경(巫經: 무속), 밀경(密經: 불교)이었다. 특히 밀경은 기복(祈福: 복을 비는 것), 양재(禳災: 푸닥거리 굿), 축사(逐邪: 귀신 쫓기)의 기능이 강했다. 도교보다는 불교의 한 분파인 밀교의 승려와 무당 들이 주로 이와 같은 일을 하였다.

특히 밀교는 주술(비보술)에 대한 이해와 비보술과 풍수술이 어떻게 다른지를 분간할 중요한 개념이다. 밀교 전문가의 개념 정의를 인용하고 이야기를 계속 이어가도록 하겠다.

밀교란 비밀불교의 줄임말로, 드러난[顯] 불교[敎]인 현교(顯敎)의 상대 개념이다. 현교는 겉으로 드러나 있는 가르침이라는 의미인데 석가모니에 의한 언어·문자를 통한 가르침을 지칭한다. 반대로 밀교에서는 언어·문자에 의한 설법만으로는 깨달음을 얻을 수 없고, 깨달음은 직관에 의해서만 체득된다고 본다. 따라서 언어·문자로 교리의 내용을 파고들기보다는 주문을 외우고 수인(手印: 부처가 진리를 표시하기 위하여 열 손가락으로 여러 가지 모양을 만드는 것)을 맺으며 관법(觀法) 수행을 하여 깨달음을 얻고자 한다. (……) 밀교는 신비적, 주술적, 의례 중심 등의 단어로 표현되곤 한다.

— 김수연, 『고려 사회와 밀교』 중에서

기독교에서는 밀교를 부정적 의미로 사용하여 이단과 사이비로 규정한다. 그러나 불교에서는 밀교를 부정적 의미로 사용하지 않는다. 질병 치료 및 재앙 퇴치와 관련이 많은 밀교는 주술과 관련된 신앙을 포함하기에 현세 기복을 기원하는 대중들에게 쉽게 수용될 수 있다. 또 통치자들은 사회적 혼란(재난, 질병, 반란)으로 불안해하는 백성들을 밀교의 각종 '퍼포먼스'를 통해 민심을 통합시키기도 한다.

이들이 활용한 '귀신 쫓기'의 강력한 도구가 복숭아나무 가지였다. 특히 동쪽으로 뻗은 복숭아나무 가지가 효험이 크다 하여 선호하였다. 동(東)은 해가 뜨는 곳이라서 양기가 왕성해서 동쪽으로 뻗은 복숭아나무 가지도 양기 충만하여 귀신을 쫓는 데 효과가 크다는 속설이 생겨났다.

세종의 도지구타법은 성공했을까? 그날의 기록은 다음과 같다.

임금(세종)도 도사들과 더불어 직접 어머니 원경왕후 가까이서 복숭아 가지를 흔들며 지성으로 종일 기도하였다. 병은 낫지 아니하였다. 날이 저물어 파하였다.

— 『조선왕조실록』, 세종 2년(1420년) 6월 11일 및 12일 기사 중에서

왜 학질이 복숭아나무 가지로 떨어져나가지 않았을까? 원래는 복숭아나무 가지로 환자를 후려치면서 기도를 해야 했다. 그런데 어떻게 왕의 어머니를 복숭아나무 가지로 후려칠 수 있었겠는가? 대안으로 원경왕후 '몸 가까이[臨身]'에서 도지구타법을 행했다. 그

래서 효과가 없었을까? 도지구타법이 행해진 때는 1420년 6월이고, 원경왕후는 그해 8월에 죽는다. 효과가 없었다는 의미다.

이후에도 도지구타법은 사라지지 않고 근근이 이어져왔다. 지난 세기 신문에 언급된 내용 중 일부다.

태을교(증산교 일파) 교도가 황해도 신천에서 정신병을 고친다고 일주일간을 복숭아나무 가지로 환자를 때리다가 죽음에 이르게 했다.

—《동아일보》, 1924년 8월 2일 기사 중에서

실성한 아들을 낫게 한다고 맹인 아버지가 복숭아 가지로 구타하여 결국 죽게 만들었다. 벌금형에 처했는데, 무지와 미신이 빚은 참사였다.

—《조선중앙일보》, 1934년 12월 27일 기사 중에서

출산 후 정신이상이 된 산모를 복숭아 가지로 난타하여 죽게 만들었다. 귀신이 붙었기에 경을 읽어 떼어낸다는 미신이 낳은 참극이었다.

—《동아일보》, 1935년 12월 22일 기사 중에서

복숭아 가지와 침 치료를 받은 정신병 환자 절명. 귀신 붙었다고 환자를 복숭아 가지로 때리다가 결국 사망했는데, 평양에서 생긴 미신극이었다.

—《동아일보》, 1938년 2월 27일 기사 중에서

21세기 세계적인 문화 강국이 된 대한민국에서 '도지구타법'은 사

라졌을까? 지금도 무속(巫俗)용품이나 불교용품, 비방(祕方)용품 파는 곳에 가면 쉽게 '잡귀퇴치'용 동도지를 구할 수 있다(가격은 1만원 안팎이다). 심지어 동도지로 염주를 만들어 파는가 하면, 재판에서 승소를 가져다준다는 '관재승소 동도지'도 판매되고 있다(이 또한 인터넷을 통해서도 구입할 수 있다).

제20대 대통령 취임식 직후 청와대를 개방할 때, 청와대에 악귀가 있다고 믿고 이를 쫓기 위해 74인의 국민대표가 복숭아나무 가지를 들고 입장하게 시킨 사람들은 누구일까? 이들은 청와대 터를 치료 불가능한 악귀에 홀린 중환자로 본 것이 틀림없다. 심지어는 국민을 방패막이로 삼았다. 74명의 국민이 청와대 지령을 패대기친 일인 것이다.

왜 74인이었을까? 1948년부터 이곳이 대통령 집무실로 쓰이기 시작했으니 2022년이면 74년이 지난 시점이었다. 행사를 기획한 이는 74살 먹은 '늙은 악귀'가 이곳에 머문다고 생각했을 것이다. 74명의 퇴마사가 필요했고, 국민을 퇴마사로 활용하였다.

과연 '청와대 귀신'이 도지구타법으로 쫓겨났을까?

도지구타법 연표

시대	연도	출전	내용	비고
고려	14세기	이제현의 『익재집』	"복숭아 가지로 귀신을 쫓는다."	
조선	1420년	『조선왕조실록』	학질에 걸린 세종 어머니 원경왕후에게 도지구타법 실행	효과 없이 2개월 후 사망
	1525년	성현의 『용재총화』	복숭아 가지로 연말에 잡귀를 쫓아내고 새해맞이	
명나라	1596년	이시진의 『본초강목』	"귀신도 복숭아 가지에 맞아 죽는다."	
일제 강점기	1930년대	《동아일보》《조선중앙일보》 등 다수 언론 보도	도지구타법을 시행하다가 사람을 죽인 사건 보도	전국에서 행해짐
현대	2012년	이부영의 『한국의 샤머니즘과 분석심리학』	도지구타법은 잔혹한 주술 행위	독일에도 유사한 행위가 있음을 보고
	2022년 5월 10일	각종 언론 보도	청와대 개방식 때 74인이 복숭아나무 가지를 들고 입장	

운과 때를 바꿀 수 있다는 맹목적 신화

운동선수들은 "시합은 이겨도 운은 못 이긴다"고 말한다. 운과 때[時]는 같은 뜻이다. 서양에서는 운을 좋은 운(good luck)과 나쁜 운(bad luck)으로 나눈다.

운(luck)이란 무엇인가? 때 혹은 타이밍(timing)이다. 타이밍은 영어사전에서 "the ability to select the precise moment for doing something for optimum effect"라고 풀이하는데, "무엇인가 일을 도모할 때 최고의 효과를 낼 수 있는 정확한 순간(때)을 선택할 수 있는 능력"이라는 뜻이다.

운과 운명에 대한 철학적 논의는 이미 고대 그리스 철학자이자 정치가인 키케로(BC 106~BC 43)의 『점술에 관하여』와 『운명론』에서 본격적으로 시작되었다. "모든 것은 운명에 의해 일어난다"는 명제에 대한 그의 반론이었다. 그는 운명론자는 아니었다. 자신의 삶을 운명론적으로 주어진 것으로 이해하지 않고, 매 순간 자신의 행위에 최선의 것을 선택하고 감당하는 자유인임을 자처했다. 그런 그가 운명과 점술을 철학적 화두로 삼은 것은 그 당시 운명론이 만연했음을 말해 주는 방증이다.

키케로가 살았던 동시대의 운명론―스토아학파―에 대한 그의 의견이다.

> 만약 병에서 회복하는 것이 당신의 운명이라면, 의사를 부르든 부르지 않든 당신은 회복할 것이다. 마찬가지로 병에서 회복하지 못하는 것이 당신의 운명이라면, 의사를 부르든 부르지 않든 당신은 회복하지 못할 것이다. 그런데 병에서 회복하든 회복하지 못하든 둘 중에 하나는 운명이다.
>
> ― 키케로, 『운명론』(이상인 옮김) 중에서

그는 이것을 "게으른 논변"이라며 동의하지 않는다. 그는 "운명과 전적으로 무관한 영혼의 자발적 운동이 있다"는 자유의지론을 주장하며 "운명이나 필연에 겁먹을 필요가 없다"고 말한다. 물론 자유의지론에 대한 키케로의 변론일 뿐이다. 이후에도 운명론과 자유의지론은 끊임없이 서양철학사의 주요 논쟁거리였다. 당시 운명을 결정하는 것은 하늘의 별[星]이었다. 별을 보고 점을 치는 점성술은 키케로가 살았던 때도 개인과 국가 흥망사에 핵심 화두였다.

때[運]에 관해서는 『구약성경』만큼 명쾌한 정의도 없다.

모든 일에는 때가 있고, 하늘 아래 모든 행동에는 기한이 있다.

태어날 때와 죽을 때가 있고 곡식을 심을 때와 거둘 때가 있으며,

죽일 때가 있고 치료할 때가 있으며,

헐어버릴 때가 있고 지을 때가 있으며,

울 때가 있고 웃을 때가 있으며,

슬퍼할 때가 있고 춤을 출 때가 있으며,

돌을 던져버릴 때가 있고 돌을 거둘 때가 있으며,

포용할 때가 있고 내칠 때가 있으며,

찾을 때가 있고 포기할 때가 있으며,

지킬 때가 있고 버릴 때가 있으며,

찢을 때가 있고 꿰맬 때가 있으며,

침묵해야 할 때가 있고 말할 때가 있으며,

사랑할 때가 있고 미워할 때가 있으며,

전쟁일 때가 있고 평화의 때가 있다.

― 「전도서」, 3장 1~8절

19세기 말, 독일의 어느 정치가도 운명 앞에 굴복하여 다음과 같이 말했다. 분열된 독일제국을 통일시킨 철혈재상 오토 폰 비스마르크(Otto von Bismarck, 1815~1898)이다. 그는 받아들여야 할 운명이 있음을 고백했다.

"인생에 홀로 할 수 있는 일이란 아무것도 없다. 신의 발자국 소리에 조용히 귀를 기울이고 있다가 그가 지나갈 적에 기회를 놓치지 않고 외투 자락을 잡아채는 것이 정치인의 임무다."

— 김종인, 『영원한 권력은 없다』에서 재인용

독일어권 작가 슈테판 츠바이크(Stefan Zweig, 1881~1942)는 신의 발걸음 소리와 같은 의미로 '별의 순간(Sternstunden)'을 말했다. 점성술의 '별[星]'과 같은 맥락이다. 츠바이크의 운명관이다.

신의 발걸음 소리에 귀 기울이다가 그 외투 자락을 붙잡을 수 있는 사람은 행운아다. 그 정확한 순간을 인간 스스로가 알 수 있는가? 쉽지 않다. 그러한 까닭에 사람들은 좋은 때가 언제인가를 알고자 점쟁이를 찾는다. 운을 믿는 것을 주술에 걸린 탓이라고 하지만, 사람들은 그 주술에서 벗어나지 못한다. 베버의 탈주술화론에 하버마스가 재주술화론으로 반론을 제기하는 이유다.

최근에는 미국의 경제학자들조차 운[時]에 대한 진지한 연구를 시도하고 있다. 2002년 노벨 경제학상을 받은 대니얼 카너먼(Daniel Kahneman, 1934~2024)이 즐겨 쓰는 '방정식'이 있다.

성과 = 실력 + 운(運)

카너먼 방정식에서 '성과' 대신 '성공'이란 말로 바꾸어 다음과 같이 만들어도 무리가 없다.

성공 = 재능 + 노력 + 운

실패 = 재능 + 노력 − 운

여기서 '+운'은 좋은 운(good luck), '−운'은 나쁜 운(bad luck)으로 표현할 수 있다. 성공한 사람들 대부분은 자신이 그간 해온 재능과 노력 덕분에 성공한 것이라고 생각한다. 누군가 그에게 "운이 좋아서 성공했다"고 말하면 불쾌해한다. 맞는 말이다. 재능과 노력 없는 성공은 불가능하다. 그렇다면 재능과 노력을 쏟아부은 사람들이 모두 성공하는가? 그렇지 않다. 이를 어떻게 설명해야 하는가?

운이 문제다. 성패를 가르는 것은 '운' 말고는 다른 설명이 불가능하다. 혹자는 반론한다. 재능과 운 말고도 '금수저·흑수저에 따라 성패가 결정된다!' 맞는 말이다. 그런데 금수저·흑수저도 유전적 요인과 환경적 요인이란 운에 의해 결정된다.

사람들은 흔히 '운명(運命)'을 한 단어라고 생각한다. 그렇지 않다. '명(命)'은 선천적인 것, 즉 금수저·흑수저로 태어난 것을 말한다. 반면 '운'은 '타이밍', 즉 때[時]를 말한다.

비유컨대 명(命)을 배[船]에 비유하면, 운은 시시각각으로 변하는 바람과 같은 것이다. 운을 본다는 것은 순풍·역풍을 살피는 것이다. 또 다른 비유로 운과 명을 설명하자면, 운은 교통 상황이고 명은 자동차다. 아무리 좋은 자동차도 교통 상황에 따라 운전 속도가 달라진다. 교통 상황[운]을 살펴서 운행해야 한다.

▬▬ 빌 게이츠와 〈모나리자〉에게도 운이 중요했다

진실로 운[時]의 영향력이 있는 것일까?

미국 코넬대학교 경제학과 석좌교수 로버트 H. 프랭크(Robert H. Frank, 1945~)는 경제학적 관점에서 '운'이 기업 혹은 공동체에 끼치는 영향을 연구하여 『실력과 노력으로 성공했다는 당신에게(Success and Luck)』를 출간했다. 이 책에서 그는 "재능과 노력만으로 물질적 성공이 보장된다고 해도 운은 여전히 성공의 필수요소"임을 강조한다. 그는 운이 좋은 대표적인 인물로 빌 게이츠를 꼽는다. 빌 게이츠의 성공은 "믿기 어려울 정도로 운이 좋은 일련의 우연한 사건들 덕분"이라고 말한다.

> 예컨대 빌 게이츠는 1960년대 말에 컴퓨터 프로그래밍 단말기를 8학년 학생들이 마음대로 이용할 수 있는, 미국에서 몇 안 되는 사립학교 가운데 하나에 다니는 행운을 누렸다.
>
> ── 로버트 H. 프랭크, 『실력과 노력으로 성공했다는 당신에게』(정태영 옮김) 중에서

이에 대해서는 빌 게이츠 스스로도 말한 바 있다.

> "저는 그 시절 다른 누구보다도 어려서부터 소프트웨어 개발에 접근할 수 있는 환경을 누렸는데, 이는 믿기 어려울 정도로 운이 좋은 일련의 사건 덕분이었습니다."
>
> ── 앞의 책

운 때문에 후세에 더 유명해진 〈모나리자〉. 큰 주목을 받지 못하다가, 20세기 초 페루자의 절도 사건 이후 세계적으로 유명세를 타게 되었다.

또 프랭크 교수는 레오나르도 다빈치(1452~1519)가 그린 〈모나리자〉의 운을 소개한다. 〈모나리자〉는 프랑스의 루브르 박물관을 찾는 방문객들이 가장 많이 보고자 하는 그림이며, 다빈치는 15~16세기 르네상스를 대표하는 이탈리아 예술가다. 그림으로는 〈최후의 만찬〉〈성 안나와 성 모자〉〈앙기아리 전투〉 등 대작들이 많다. 〈모나리자〉는 크기나 구성 면에서 작고 단순하여 별 볼 일이 없다.

본질적인 질문을 하나 해보자. 〈모나리자〉는 다빈치 생전부터 유명했을까? 그렇지 않다. 〈모나리자〉가 유명해진 것은 불과 100여 년 전부터다. 그 전까지 400년 동안 사람들은 〈모나리자〉를 거들떠보지 않았다. 〈모나리자〉가 유명해진 것은 순전히 '운' 덕분이었다.

1911년 8월, 루브르 박물관에서 잡역부로 일하던 빈센초 페루자

(1881~1925)라는 사람이 퇴근길에 〈모나리자〉를 작업복 속에 숨겨 나왔다. 페루자가 박물관에서 하던 일은 그림 액자 관리(액자 유리 청소)였다. 2년 후, 페루자는 〈모나리자〉를 고향인 이탈리아에 있는 미술관에 팔려다가 체포되었다.

사건은 전혀 다른 반향을 불렀다. 프랑스인들은 분노로 충격에 빠진 반면, 이탈리아인들은 〈모나리자〉를 조국에 '반환'시키려는 페루자를 영웅시하였다(페루자는 이 사건으로 7개월 동안 복역하고 풀려났다). '〈모나리자〉 절도 사건'은 세계적인 뉴스가 되었고, 〈모나리자〉는 갑자기 유명해졌다. 이전까지 〈모나리자〉를 거들떠보지도 않았던 미술평론가들은 그 '위대함'을 침 튀겨가며 경쟁적으로 '광고'하였다.

〈모나리자〉 진품을 보기 위해 루브르 박물관을 찾는 관광객들이 작품성을 확인하고 감상하려고 가는 것일까, 유명하다는 이유 때문에 가는 것일까? '벌거벗은 임금님'을 보고 환호하는 것은 아닌가? 〈모나리자〉보다 더 훌륭한 다빈치의 다른 작품들이 상대적으로 사람들의 관심을 많이 받지 못하는 것은 무엇으로 설명해야 할까? 운밖에는 설명이 불가능하다. 그러한 까닭에 프랭크 교수는 이것은 순전히 〈모나리자〉의 운 덕분이라고 설명한다.

미국의 경제학자들만이 아니다. 의학자들도 운을 연구한다. 2015년 초, 국내 주요 언론들이 암 연구로 유명한 미국 존스홉킨스대학교 연구진의 흥미로운 발표를 소개한 적이 있다. 암의 주요 원인은 일반적으로 유전, 불규칙하고 불량한 식습관, 오염된 환경 등이라고 알려져 있는데, 존스홉킨스 의과대학 크리스천 토마세티

(Cristian Tomasetti) 교수는 "암은 그저 운이 나빠서 걸리는 것"이라는 주장을 내놓았다.

존스홉킨스대학교 연구진은 총 31가지 암세포의 줄기세포와 암발생률을 비교·분석한 결과, 세포 분화율이 높을수록 암발생률이 증가한다는 사실을 밝혀냈다. 연구 대상인 31가지 암세포 중 9개만이 유전자 또는 생활습관과 연관이 있는 것으로 나타났으며, 나머지 22가지 암세포는 과학자들도 예측하기 어려운 '운'이라는 것이 연구진의 주장이었다.

일반적으로 세포는 자연적으로 죽어가는 세포를 보충하기 위해 기존의 세포에서 분열과정을 거친다. 이 과정에서 돌연변이를 통해 암세포가 탄생하는데, 존스홉킨스 의과대학 연구팀은 총 22종의 암 중 65퍼센트가 세포분열 과정에서 돌연변이로 발생한다는 사실을 밝혀냈다. 세포분열 과정 중 '운이 좋으면' 암세포가 나타나지 않고, '운이 나쁘면' 이 과정에서 돌연변이가 생겨 암으로 발전한다는 것이다.

연구에 참여한 베르트 보겔슈타인(Bert Vogelstein) 교수는 "폐암이나 피부암처럼 환경적인 요인 때문에 암이 발생할지라도 이러한 영향이 절대적인 것은 아니다"라고 하였다. 그는 흡연을 사례로 들었다. "담배가 좋은 예다. 오랜 시간 담배의 유해 성분에 노출되고도 암에 걸리지 않은 사람들은 좋은 유전자를 가져서가 아니라 운이 좋은 것뿐이다." 연구팀 결론이었다.

──── "운이 다하니 영웅도 스스로 어찌할 바를 모르겠구나!"

서양과 마찬가지로, 동양에서도 운과 운명에 대해 아주 오래전부터 진지한 관심을 가졌다. 사서삼경 가운데 하나인 『시경(詩經)』은 기원전 8세기에서 기원전 3세기 민간에 유포되던 시들을 수집한 책이다. 그 시집에 "하늘이 날 낳으셨는데, 나의 좋은 때(운)는 언제일까[天之生我 我辰安在]"라는 문장이 있다. 운에 대한 갈망을 이야기하는 내용이다(문장 가운데 '辰'은 '신'으로 읽으며 때·시각·시대·기회를 뜻한다).

사실 운은 매일 평범하고 반복적인 삶을 살아가는 필부필부와 장삼이사에게는 크게 중요하지 않다. 그날이 그날이기 때문이다. 운은 영웅과 큰 사업을 도모하는 이들에게 더욱더 중요하다. 초나라 왕 항우(項羽, BC 232~BC 202)는 한나라 왕 유방(劉邦, BC 247~BC 195)과의 전투에서 패하여 오강에서 자살하기 직전에 다음과 같은 절명시를 남겼다.

> 힘은 산을 뽑을 만하고, 기운은 세상을 덮을 만한데,
> 운 불리[時不利]하니, 명마도 달리지 않는구나.
> 명마가 달리지 않으니, 무슨 수가 있겠는가?
> 우희야, 우희야, 무슨 수가 있겠는가?
> 力拔山兮氣蓋世(역발산혜기개세)
> 時不利兮騅不逝(시불리혜추불서)

騅不逝兮可奈何(추불서혜가내하)

虞兮虞兮奈若何(우혜우혜내약하)

— 항우, 「해하가(垓下歌)」 전문

시에서 항우는 자신의 실패를 운으로 돌렸다.

조선시대에 경상좌도(낙동강을 기준으로 동쪽)를 대표하던 이황 (李滉, 1501~1570)과 경상우도(낙동강 서쪽)를 대표하던 조식(曺植, 1501~1572)은 동시대인으로 당대 최고 유학자였다. 그러나 이황과 달리 조식은 그리 '빛'을 보지 못하였다(이황은 지금도 유림의 존경을 받고 있지만, 당시 그가 노비를 활용해 재산을 증식한 행위를 떠올리면 조식보다 더 존경을 받을 수 있을까 의문이다. 그는 '노비 결혼' 방식을 통해 엄청난 부동산을 증식하였다). 두 학자보다 조금 먼저 태어나 조금 늦게 죽은 성운(成運, 1497~1579)은 조식의 친구였다. 그는 조식이 뜻을 펼치지 못함을 두고 비문에서 "운[時] 때문일까, 명(命) 때문일까[時耶命耶]?"라며 안타까워했다. 지금도 그 비문은 경상남도 산청군 산천재 뒤에 있는 남명 조식 무덤 옆에 있다.

동학전쟁 패배로 관군과 일본군에게 사로잡힌 녹두장군 전봉준 (全琫準, 1855~1895)도 죽음을 앞두고 '운' 앞에서 굴복하며 말했다.

운이 다하니 영웅도 스스로 어찌할 바를 모르겠구나!

運去英雄不自謨(운거영웅부자모)

운에 좌우된 이들이 어디 이들뿐인가. 고려 무신정권 시절, 무

운이 없음을 한탄하며 오강에서 자살한 항우(왼쪽). 처형 직전 절명시를 남긴 전봉준(오른쪽).

인들은 '운(때)'에 목숨을 걸었다. 노비들까지도 때만 잘 만나면 왕후장상이 될 수 있다고 믿었다. 특히 고려의 왕들은 운을 믿어 수많은 비보술을 썼다. 특히 고려 중기에 일어난 여러 반란과 정변의 성공 열쇠는 운이었다.

▬▬ 운을 바꾸는 '비보술'

'운이 나쁘다고 포기해야 하는가? 운이 나쁘면 어떻게 해야 하는가?'

'도선'이란 악마가 한반도에 등장한 이유다. 한반도 풍수의 비조로 알려진 도선의 비보술(裨補術)은 운을 바꿀 수 있다는 관념을 만들어냈다. 본래 비보술은 불교의 한 유파인 밀교에서 행하는 택지법(擇地法)이었다. 산천 지세를 살펴 절·탑·부처·부도를 세우고 그곳에서 수행·기도·법회('일종의 굿')를 함으로써 개인과 국가의 재앙을 없애고 복을 가져오는 것이 비보술의 목적이다. 어떤 장소를 택하느냐에 따라 수행자의 염원이 빨리 이뤄질 수도 있고, 반대로 장소를 잘못 택하면 큰 재앙을 불러올 수 있다는 믿음을 전제한다.

비보술은 고려시대에 도참사상(圖讖思想)과 혼합된다. 도참을 역사학자 이병도(李丙燾, 1896~1989)는 "장래에 일어날 일, 인간 생활의 길흉화복·성쇠득실(盛衰得失)에 대한 예언 혹은 징조를 통칭하는 용어"라고 정의한다. 도참 내용을 적은 책, 즉 도참서를 '비기(秘記)', '밀기(密記)', '본기(本記)', '비결(秘訣)'이라 부른다. 도참서의 저자 이름을 따서 『도선비기』『무학비결』『의상비기』『토정비결』『남사고비결』『격암유록』 등이 다양하게 후세에 알려졌다.

과연 비보술을 이용하면 운명을 바꿀 수 있는가? 이는 본질적 문제다. 운명에 대해서는 2가지 세계관이 서로 대립한다. 그중 주어진 운을 바꿀 수 없다는 운명론이 절대로 우세하다. 동서고금의 수많은 격언이 이를 대변한다.

- 운명이란 못 하는 짓, 안 하는 짓이 없다.
- 운명의 판결은 재심이 불가하다.
- 그 누구도 운명으로부터 도망치지 못한다.
- 운명에 대항하는 것은 어리석은 짓이다.

- 운명은 화강암보다 더 단단하다.
- 운명은 나쁜 놈이지만 책임을 물을 수 없다.
- 인간의 일생을 지배하는 것은 운명이지 지혜가 아니다.
- 운명은 자기 갈 길을 갈 뿐이다.

반대로 주어진 운명을 의지와 노력으로 바꿀 수 있다는 것이 고대 그리스 철학자 키케로가 말한 자유의지론이다.

- 운명은 인간 자신이 만들어놓은 덫일 뿐이다.
- 인간은 반드시 운명을 이긴다.
- 일은 사람이 하는 바에 달렸지 운명에 좌우되지 않는다.

비보술은 운을 바꿀 수 있다는 전제에서 행하는 적극적 행위다. 운명이 정해졌다는데 이를 바꿀 수 있느냐에 대한 논쟁은 동서고 금에서 끊임없이 이어져왔다.

- 운명이 정해졌다고 하지만 그렇다고 가만히 당할 수만은 없지 않은가?
- 하다못해 부적이라도 써야 하지 않겠는가?
- 안 되면 삼십육계 줄행랑이라도 쳐야 하지 않느냐?[走爲上計]

다양한 반론이 나온다. 송나라 때 진희이(陳希夷, ?~989)란 도사가 있었다. 원래 이름은 단(摶)이었으나, 황제가 그를 존경하여 '희이(希夷)'란 이름을 하사하였다. 그만큼 진희이가 동시대 사상계에 끼치는 영향력이 컸다. 진희이의 '운명론'은 다음과 같다.

> 개인의 운명도 바꿀 수 있고, 신이 하는 일도 빼앗을 수 있으며, 천 지 음양의 운행까지도 변화시킬 수 있다. 사람에 달려 있을 뿐이다.
>
> — 『흠정사고전서(欽定四庫全書)』 중에서

그래서 나온 말이 인정승천(人定勝天)이다. '사람[人]은 반드시 [定] 하늘[天: 운명]을 이긴다[勝]'는 뜻이다. 그 대표적인 방법론이 비보술이다. 송나라는 빈번한 교류로 고려왕조의 비보술에 영향을 주었다. 고려시대 비보 행위는 다양하였다. 크게는 천도(도읍지 이전), 좋은 터에 이궁(별궁)과 정자 짓기, 임금의 순행(巡幸: 주요 별 궁을 돌아다님)·순주(巡住: 순행하여 머무는 것), 순주가 불가능한 경 우 왕의 옷을 대신 그곳에 가져다 놓는 방법 등이 있었다. 자잘한 비보술로는 숫자 비보, 색상 비보, 사탑(寺塔)불상 비보, 문자 비보 등 다양하였다.

고려 비보술은 분명한 목적이 있었다. 고려의 31대 임금인 공민 왕의 즉위 연설문, 즉 국가 문서가 이를 명확히 밝힌다.

> 윗대 왕들께서 선종과 교종 절들을 지은 것은 땅심[地德]을 도와[裨 補] 국가에 이롭게 하려는 것이었다.
>
> — 『고려사』, 공민왕 원년(1352년) 2월 2일 기사 중에서

비보는 일종의 국가 통치 행위이자 정치 행위였다. 그러한 까닭에 "비보를 믿지 않으면, 국가는 망하고 백성은 죽는다[不信神補國破民死]"는 말이 나왔다. 가끔 시내에서 "예수천국, 불신지옥!"이란 간판을 들고 외치는 이들을 보곤 하는데, "불신비보, 국파민사!"는 이들의 '고려판'이다. 그렇다면 과연 어떤 비보술들이 있었을까?

피타고라스부터 '십팔자설'까지,
숫자의 주술

　　주술은 한반도에서 '도선 좀비'들만의 행위가 아니었다. 동서고금에 늘 있었다. 그들은 작게는 복숭아나무 가지부터 크게는 사탑(寺塔), 정자, 가궐(假闕: 임시 궁궐), 숫자, 문자, 색상 등을 활용하였다. 그 가운데 가장 흔한 것이 숫자 주술이었다.

　　어떻게 숫자 주술이 가능할까? 이는 숫자가 단순한 표기가 아니라는 관념에서 기인한다. 숫자마다 기운이 달라 어떤 숫자를 쓰느냐에 따라 운명이 달라진다는 관념은 오래된 것이었다.

■■■■ '숫자는 운명의 숙소' 피타고라스와 구마사키 겐오

기원전 6세기 그리스의 수학자이자 종교예언가인 피타고라스(BC 580~BC 500)는 '우주가 숫자와 밀접한 관련이 있다'고 믿었다. 그는 "만물의 근원은 수(數)"라고 말했는데, 우주와 인간 세상에 대한 본질을 숫자로 이해할 수 있다고 믿고 숫자 연구에 전념하였다.

> "피타고라스와 그의 제자들(피타고라스학파)은 우주론적 조화를 이 야기하였다. 그들은 우주에서의 숫자의 중요성을 강조하는 데 만족하지 않고, 더 나아가 만물은 숫자들이라고까지 하였다. 여기서 피타고라스학 파들이 의미하는 숫자는 무엇이며, 그들은 숫자에 대해 어떻게 생각했 을까? (……) 1은 점이고, 2는 선이고, 3은 면이고, 4는 흙이다.(……) "
> —프레드릭 코플스턴, 『철학의 역사(A history of Philosophy) 1』 중에서

그는 "숫자를 이해함으로써 과거의 사건들을 설명할 수 있고, 미래도 점칠 수 있다"고 했다. 숫자마다 뜻이 있어서 2와 3은 남성과 여성으로 간주했고, 두 수를 더한 5는 결혼을 의미했다. 1·2·3·4를 합하면 10이 되는데, 10은 완전수로서 천체의 수와 같아서 특별한 길조를 의미했다. 피타고라스는 새로운 기법으로 알파벳의 각 문자에 특정 숫자를 할당했다. 이를 바탕으로 각 개인의 이름을 숫자로 환원하여 그 수를 모두 합하면 그 이름을 갖는 사람의 운명을 통찰할 수 있다고 보았다.

그가 이끌었던 피타고라스학파는 학문적, 종교적, 정치적 활동을

하는 비밀결사 단체였다. 영혼 불멸과 윤회를 믿었으며, 죽은 후에는 선악에 대한 인과응보를 받는다고 생각했다. 교단으로서의 피타고라스학파에 가입한 사람은 자신의 전 재산을 학회에 기부해야 했다. 반면, 탈퇴할 때는 기부한 재산의 2배를 가지고 나갈 수 있었다.

비밀성과 배타성이 강한 정치활동으로 인해 학파의 학교가 불태워지고 제자들이 죽임을 당했는데, 피타고라스는 화를 면하였으나 박해를 피해 메타폰티온으로 이주해야 했다. 그는 윤회를 믿어 다음과 같이 주장했다.

영혼은 불멸하며 다른 생물로 탈바꿈한다. 존재하는 것들은 일정 주기로 순환하는 변화 속에서 다시 태어나므로 새로운 것은 있을 수 없다. 순환 주기의 변화 속에서 생명을 타고난 존재들은 모두 혈연관계로 맺어진다.

— 버트런드 러셀, 『러셀 서양철학사』(서상복 옮김) 중에서

2,500여 년 전 교주 피타고라스의 행태는, 해방 전후부터 최근까지 대한민국의 신흥종교 교주들의 행태와 비슷했다. 그러나 그는 신도들로부터 재산을 갈취하지도 않았고 성폭행도 저지르지 않은, 건전한 교주였다. 수학에 큰 업적을 남겨 현대 과학의 주춧돌을 놓았고, 수학과 종교를 결합하여 서구 신학 발전에 기여했다. 그래서 후세인들은 그의 사상을 '지성적 신비주의(intellectual mysticism)'라고 평가했다. 현재 대한민국의 사이비 교주들과는 질적으로 달랐다.

그로부터 2,500여 년이 흐른 뒤, 그리스 정반대 쪽에 있는 동양의 일본인이 숫자 주술을 펼쳤다. 피타고라스의 숫자 철학을 동양의 정서에 맞게 재구성한 것이었다. 바로 구마사키 겐오(熊崎健翁, 1881~1961)라는 신문기자의 이야기다. 첫 직업은 교사였으나, 1901년 《주쿄신문(中京新聞)》에 입사한 후 여러 신문사를 옮겨 다녔다. 기자 생활도 마음에 들지 않았던 그는 운명학을 공부한 후 1928년 '고세이카쿠[五聖閣]'라는 운명감정소를 차려 성공했다. 고세이카쿠는 지금까지도 일본에서 주식회사로 남아 호황을 누리고 있다.

　구마사키는 숫자에 의미를 부여하여 이름의 한자 획수에 따라 운명이 결정된다는 성명학을 창안했다. 피타고라스 말을 변용하여 그는 "숫자는 운명의 숙소"라고 정의했는데, 1에서 81까지 숫자마다 길흉의 운이 숨어 있다고 주장했다. 구마사키 작명법은 일제 강점기 창씨개명 때 조선 땅에서 인기를 얻어 호황을 누렸다(지금도 작명소에서 이름 지을 때 이 작명법을 활용한다. 청산되지 않은 일제 잔재다). 당시 《조선일보》나 《동아일보》에서 구마사키 작명을 광고할 정도였다. 그의 숫자 길흉론 몇 가지를 소개하면 다음과 같다.

　　1 ― 임금이 옥좌에 앉을 수

　　2 ― 뭇 강물이 흩어지는 수

　　3 ― 만물이 처음 생명을 얻는 수

　　4 ― 서로 배신하는 수

　　5 ― 만물을 생성하는 수

　　…

숫자를 통해 과거와 미래를 알 수 있다고 믿었던 피타고라스(왼쪽). 숫자 철학을 동양 정서에 맞게 재구성하며 한국인의 작명에 '숫자 놀음'을 한 구마사키 겐오(오른쪽).

1·3·5·6·7·8이란 수는 길하고 나머지는 흉하다. 전통적으로 중국과 한국에서도 비슷한 숫자관이다. 피타고라스와 구마사키만이 그런 것이 아니다. 러시아의 라스푸틴(이 책 153쪽 참고)은 "숫자 40에 주술적 힘이 있다"고 믿었다.

라스푸틴은 "매년 봄이 찾아올 때마다 40일 동안 잠을 자지 못한다"고 하였다. 왜 그는 40일을 강조하였을까? 40이라는 숫자는 성경을 암시한다. 40일간의 폭우가 대홍수를 일으켰고(노아의 홍수), 이스라엘 백성은 광야에서 40년간 방황했고, 예수는 40일간 굶으면서 사탄의 시험을 받았음을 암시하는 대목이다. 라스푸틴 역시 40이란 숫자로 하느님의 선택을 받은 인물임을 내세우려 하였다.

우리나라의 신흥종교 단체 중 하나인 신천지는 '144,000'이란 숫자를 성스럽게 여긴다. 그리하여 신도 수 144,000명 확보에 열을 올리면서 『신약성경』 중 「요한묵시록」의 다음 문장을 끌어들인다.

> 그리고 나는 어린양이 시온산 위에 서 있는 것을 보았습니다. 그 어린양과 함께 144,000명이 서 있었는데 그들의 이마에는 어린양과 그 아버지의 이름이 적혀 있었습니다. (……) 그 144,000명은 옥좌와 네 생물과 원로들 앞에서 새로운 노래를 부르고 있었습니다. 그러나 그 노래는 땅으로부터 구출된 144,000 외에는 아무도 배울 수 없었습니다.
> — 「요한묵시록」, 14장 중에서

왜 144,000일까? 144,000에서 144는 12의 제곱이다. 12는 12지파를 아우르는 말이다. 세력을 확장한다는 의미로 12를 곱하면 144가 된다. 거기에 1,000을 곱한다. 1,000은 온 백성을 상징한다. 이스라엘 내 모든 땅을 의미하는 12지파에 온 백성을 의미하는 1,000을 곱하면 144,000이라는 숫자가 나온다. 144,000은 피타고라스가 말한 완전수이자 완전 복음이다. 144,000명만이 구원받을 수 있는 선민이다. 대한민국 5,000만 인구 가운데 144,000에 들기란 문자 그대로 '낙타가 바늘구멍에 들어가기'다. 신라의 성골이요, 북한의 백두혈통인 셈이다.

결론부터 말하자. 숫자 주술은 먹힐까? 단순한 숫자 유희(遊戲)일 뿐이다. 그럼에도 숫자 주술은 계속된다.

한반도에서의 숫자 주술

지난 2~3년 동안 '2,000'이란 숫자가 대한민국을 흔들어놓았다. 언론에서는 그 숫자를 소개하는 데 바빴고, 인터넷에서는 사람들이 그 내용을 짐작하느라 분주했다.

예를 들면, 윤석열 대통령 당선자 인수위에서 발표한 '청와대 개방 연 2,000억 원 경제 효과'(2022년 3월), 정부 중앙부처 인턴 2,000명 채용(2023년 2월), 한미 정상의 양국 이공계 청년 2,000명 교류 합의(2023년 4월), 우크라이나 재건 사업에 2,000조 원 한국 기업 참여 제안(2023년 7월), 일본 오염수 방류에 어민 지원 예산 2,000억 원 증액 요구(2023년 8월), 비수도권 취업 준비 청년 2,000명에게 이용료 지원(2023년 9월), 사우디 학생 2,000명 앞에서 있었던 대통령의 '코리아' 유래 설명(2023년 10월), 학교폭력 조사 업무에 전직 수사관 2,000명 투입(2023년 12월), 대통령이 국민과 함께하는 신년 음악회에 2,000명 참석(2024년 1월), 늘봄학교 전국 2,000곳 우선 적용, 의대 증원 2,000명 발표(이상 2024년 2월), 로봇테스트필드에 산업부가 2,000억 원 투입, 대통령의 명동성당 무료 급식 봉사에 쌀 2,000킬로그램 후원, MZ 공무원 2,000명 직급 상향(이상 2024년 3월)까지 '2,000'이 언급된 기사들은 다종다양했다. 심지어는 국회의원 선거에서 대통령이 참석한 투표소 인근 번지수(2024년 4월)로 등장하기도 했다.

이러한 현상과 관련해 대통령 부인이 가까이하고 있다는 역술인의 이름이 등장했는데(심지어 그의 본래 이름인 이병철을 '이천공'으로 개명했는데, 여기서 '이천'은 2000을 의미한다는 설도 있다), 만약 2,000이 여기서 유래한다면 이를 믿는 이들 역시 주술적 사고방식에 사로잡힌 것이라는 추측이 가능하다.

숫자 주술은 한반도에서 언제부터 시작되었을까? 숫자 장난은 다름 아닌 '조작된 인물' 도선으로부터 시작되었다. 다음은 『고려사』의 해당 문장이다.

그때 도선이 당나라에 가서 일행 선사(683~727)의 지리법을 얻고 돌아왔다. 백두산에 올랐다가 개성 송악산에 이르러 세조(왕건의 아버지)가 새로 지은 집을 보고 말하기를, "기장[穄: 帝, 즉 임금]을 심을 땅에다 어찌하여 마(麻: 즉 삼베 입는 백성)를 심었는가?"라 하고 말을 마치자 가버렸다. 부인이 이 말을 듣고 알리자 세조가 급히 쫓아갔는데, 만나 보니 오래전부터 알던 사이 같았다. 함께 송악산에 올라 산수의 맥을 살펴보고 위로 천문을 바라보며 아래로 운수를 자세히 살펴보고서 말했다.

"이 지맥은 임방(壬方: 정북에서 15도 서쪽)의 백두산에서 수모목간(水母木幹)으로 와서 마두명당(馬頭明堂)이 되었소. 그대는 또한 물[水]의 덕(德)이오. 마땅히 수(水)의 큰 수[大數: 水는 오행상 1과 6을 상징]를 따라 집을 육육(六六)으로 지어 36구(區)로 만드시오. 천지의 대수와 맞아떨어져 내년에는 반드시 성스러운 아들을 낳을 것입니다. 이름을 왕건이라 지으시오"라고 하였다. 그리고 봉투를 만들어 겉에 쓰기를, "백 번 절하고 미래에 삼한을 통합할 임금이신 대원군자(大原君子)께 삼가 글월을 바칩니다"라고 하였다.

그때가 당 희종 3년(876년) 4월이었다. 세조가 그의 말을 따라 집을 짓고 살았는데, 이달 부인이 임신하여 태조 왕건을 낳았다.

—『고려사』, 「고려세계」 중에서

전형적인 숫자 놀음이다. 도선이 역사적 인물이 아님은 앞으로 자세히 고증할 것이다. 위에 나오는 도선이 중국 당나라에 가서 일행 선사에게 공부했다는 말 자체가 오류다. 왜냐하면 도선이 살았다고 하는 시기(827~898)와 일행 선사의 생존 연대(683~727)가 부합하지 않기 때문이다. 『고려사』가 창작된 책임에도 불구하고 중요한 이유는 이때 역시 숫자 '6'이 등장한다는 점이다. 6은 오행상 수(水)에 배속된다. 오행 사상은 만물을 오행으로 분류·배속한다. 5가지 원소가 서로 만나고 부딪치면서 세상이 변화한다는 관념이 오행론이다.

대표적인 오행론의 하나인 오덕종시설(五德終始說)은 오행상생설(五行相生說)과 같은 뜻이다. 중국 전국시대의 음양가인 추연(鄒衍, BC 305~BC 240)과 한나라 유학자 유향(劉向, BC 77~BC 6) 등에 의해 주창된 이론이다. 그에 따르면 오행의 상호관계에서 목(木)은 화(火)를 낳고, 화는 토(土)를 낳고, 토는 금(金)을 낳고, 금은 수(水)를 낳고, 수는 다시 목을 낳는다고 한다. 이것은 단지 물질과의 관계에서뿐만 아니라 왕조의 흥망에도 적용되는데, 중국의 경우 하(夏)나라는 금, 은(殷)나라는 수, 주(周)나라는 목, 한(漢)나라는 화에 배속된다고 하였다.

— 최병헌, 『고려시대의 오행적 역사관』 중에서

신라는 금덕(金德), 고려는 수덕(水德), 조선은 목덕(木德)이라고 왕조들은 믿었다. 오행의 상생 순서에 따른 것이었다. 즉 금은 수를 낳고, 수는 목을 낳고, 목은 화를 낳고, 화는 토를 낳고, 토는 다시 금을 낳는다는 것이 오행상생설이다. 고려는 자신이 수의 명이라고 믿었다. 오행론은 숫자, 방위, 색상, 계절, 맛, 오장육부, 소리 등을 배속한다.

숫자 1과 6을 주관하는 오행은 수(水)이다. 1과 6 가운데 큰 수[數]는 6이다. 6은 다양하게 변용한다. 인용문 "그대는 또한 물[水]의 덕(德)이오. 마땅히 수(水)의 큰 수[大數]를 따라 집을 육육(六六)으로 지어 36구(區)로 만드시오. 천지의 대수와 맞아떨어집니다"에 숫자 6이 등장한 이유다. 6의 곱수는 36이다. 고려는 지방제를 12목으로 하였는데, 이는 6의 2배수이다.

반면 조선은 목덕(木德)을 받아 건국된 것으로 여겼다. 목에 배속된 숫자는 3과 8이다. 조선은 목의 큰 수 8을 중시하였다. 지방을 8도로 한 이유다. 거슬러 올라가 금덕(金德)을 표방한 신라의 지방제도는 어떠했을까? 금에 배속된 숫자는 4와 9이다. 신라는 금의 큰 수인 9주로 정했다. 선덕여왕이 세운 황룡사 9층 목탑의 9도 여기서 유래한다.

고려 풍수사 김위제(金謂磾, ?~?)가 고려 숙종 임금에게 올린 글 중 "개국하고 160여 년 뒤에 한양에 도읍을 정한다"는 문장에서 160이란 숫자는 1과 6이 오행상 수(水)에 배속되는 데서 나온 말이다. 김위제 역시 이 발언의 출전을 『도선기』라고 밝혔다. 도선이 쓴 책이란 뜻인데, 도선은 실존하지 않았다. 도선의 저작일 수 없다.

숫자, 방위, 시간, 색상의 오행 배속은 다음과 같다.

오행	火[불]	土[흙]	金[금]	水[물]	木[나무]
상생 순서	→	→	→	→	→
방위	남	중앙	서	북	동
계절	여름	환절기	가을	겨울	봄
맛	쓴맛	단맛	매운맛	짠맛	신맛
숫자	2·7	5·0	4·9	1·6	3·8
색	빨강[赤]	노랑[黃]	하양[白]	검정[黑]	파랑[靑]
나라			신라	고려	조선

▬▬▬ 인간의 소망이 투영된 오행종시설

오행과 비보술은 밀접한 관련을 맺는다. 오행 사상에 숨겨진 이데올로기를 추적해 보자.

오행론에서는 지구상의 온갖 사물을 5가지(오행)로 분류한다. 오행은 동양에서 오랫동안 자연분류의 엄격한 틀이었다. 문제는 이러한 분류 틀이 사물 그 자체에 있는 것이 아닌 인간의 정신에 의해서 규정된다는 점이다. 인간이 편의상 혹은 인간이 원하는 관점에서 만든 것이다. 미래에 그렇게 되길 바라는 인간의 소망이 투영되었다. 따라서 이를 바탕으로 진행되는 오행종시설과 비보술은 가

치중립적이지 않다. 가치지향적이다.

베버는 서양 자본주의 발전이 탈주술화와 관련이 있다고 했는데, 오행 사상은 베버가 보기에는 세계를 하나의 '주술(요술) 동산'으로 바꾸려는 시도였다.

신성한 숫자 5를 통한 천지창조론적 사유, 즉 오성(五星)·오행·오관 등과 같이 서로 상응하는 대우주와 소우주의 관계로 설명하고 있다.

— 송두율, 『계몽과 해방: 헤겔과 마르크스와 베버의 동양세계관』에서 재인용

베버는 이것으로 인해 사주술, 풍수술, 역사연대 편찬, 점술에 의한 통치 등이 행해졌기에 상류 지식인까지도 그들 나름의 '합리화(실은 주술화)'에 빠졌다고 분석했다. 베버는 이러한 나라(아시아)는 탈주술화가 불가능하다고 단언했다. 물론 베버는 한반도가 아닌 중국을 염두에 두고 말했으나, 사실상 우리에게도 해당되는 이야기가 아닐 수 없다.

왜 '조작된 도선'은 왕건 집안의 명을 수덕(水德)이라고 하였을까? 그것은 도선이 그렇게 한 것이 아니라, 고려 왕실이 도선을 빌려 그렇게 말하게 한 것이다(실은 고려를 주술로 통치하려는 당시의 권력 집단이 조작한 것이다).

'고려'라는 국호는 고구려를 계승한다는 대의명분에서 지어진 것이었다. 고구려는 북방의 나라였다. 위 도표에서 방위상 북쪽은 오행상 수(水)에 해당한다. 태조 왕건이 후삼국을 통일한 후 북진정책의 근거지로 고구려 옛 수도 서경(평양)을 중시하여 재위 기간 중 10번(태

조 4년부터 태조 18년까지)을 순행하였다. 이 사실은 그가 남겼다고 알려진 『훈요십조』를 보면 분명해진다(태조의 실제 유서로 볼 수 없다).

내가 삼한(三韓) 산천의 은밀한 도움으로 대업을 이루었다. 서경은 수덕이 순조로워서 우리나라 지맥의 뿌리가 되고 대업을 만대에 전할 땅이다.

— 『훈요십조』, 제5조 중에서

고려의 성스러운 숫자는 6이었다. 북방이 오행상 수에 배속되고 북진정책을 추진한다는 의미만이 아니다. 교체되는 왕조는 오행의 상생 순서에 따라 진행된다는 것이 오덕(행)종시설이다. 앞의 왕조 신라는 금덕(金德)이다. 다음은 『삼국사기』의 내용이다.

신라 사람들은 스스로 이르기를, "소호금천씨(少昊金天氏: 중국 고대 전설상의 임금)의 후예여서 성을 김(金)이라고 한다"라고 하였다.

— 『삼국사기』, 「김유신」 중에서

1954년 중국 산시성 시안 교외에서 출토되어 현재 시안 비림(碑林) 박물관에 소장 중인 「대당고김씨부인묘명(大唐故金氏夫人墓銘)」이 있다. 여기에 『삼국사기』와 같은 내용이 있다. 당나라에 살았던 신라인 김씨 부인(김공량의 딸로 864년, 32세로 사망)의 묘지명인데, 신라 김씨의 조상이 소호금천씨에서 시작하여 김일제(金日磾, BC 134~BC 86)를 거쳐 신라 김씨로 이어졌다고 기록하고 있다. 신라가 금덕을 자처함을 알 수 있다. 김씨의 조상을 김일제라고 한 것은 신라 문무왕 비문에도 적혀 있다. 신라 도읍지 경주를 금성(金城)이라고 한 것도 금덕을 드러내기 위함이었다. 금덕이 쇠퇴하면 이어서 나타나는 것이 수덕이다.

금덕을 표방한 신라가 망하면 다음에는 수덕 기운을 갖는 자가 나라를 세울 것이었다. 왕건은 바로 그 수덕을 받았다고 하였다. 수덕에 해당하는 숫자는 1과 6이다. 6의 자승수인 36, 2배인 72, 10배인 360년 등이 고려왕조에서 길한 수로 자주 등장한 이유다.

그렇다면 고려의 수덕이 쇠퇴하면 오행상 무엇이 등장할까? 목덕(木德)이다. 목(木)이란 글자를 쪼개면 十+八, 즉 十八이 된다. 또 李를 쪼개면 十+八+子가 된다. 목(木)의 아들[子]이 새로운 왕조를 세운다는 '십팔자설(十八子說)'이다. 이는 고려 때 등장했다. 고려의 척신 이자겸이 십팔자설을 믿어 왕이 되려 난을 일으킨 것도 이 때문이었다. 조선을 세운 이성계 역시 십팔자설을 충분히 활용했다(이 책 87쪽 참고).

윤석열 정부가 2,000이란 숫자를 고집하는 것은 무슨 까닭일까? 특정한 숫자를 반복하여 강조하거나 주입하면 세뇌가 된다. 특히 국가나 권력자가 이를 반복하면 사람들은 집단적으로 주술에 걸린다. 고려가 그랬다. 단지 숫자만으로 고려 백성에게 주술을 건 것이 아니었다. 색으로도 주술을 걸었다. 오행상 수(水)에 해당하는 색은 검정이다. 고려는 검정을 어떻게 활용했을까? 고려 공민왕 6년(1357년)의 일이다. 풍수관리[日官]인 종4품 우필흥이 임금에게 글을 올렸다.

『옥룡기』는 "우리나라 땅은 백두산에서 시작하여 지리산에서 그치니 그 형세가 수(水)를 뿌리로, 목(木)을 줄기로 삼고 있으며 검정을 부모로, 파랑을 몸으로 삼고 있으니 풍속이 땅에 순응하면 나라가 창성하고, 이를 거역하면 나라에 재변이 일어날 것이다" 하였습니다. 여기서 풍속이란 임금과 신하의 의복·갓·악기·제기 등이 그것입니다. 이후부터 문무백관은 검정 옷, 승려는 검정 두건, 여성들은 검정 비단을 착용하게 하십시오.

— 『고려사』, 공민왕 6년(1357년) 윤9월 7일 기사 중에서

왕이 그의 말을 따랐다. 이후 얼마 동안이나 시행되었는지는 알려지지 않았다. 인용문에 등장하는 『옥룡기』의 옥룡(玉龍)은 도선의 호 '옥룡자'에서 유래한다. 고려는 초기부터 말기까지 도선의 주술에서 벗어나지 못했다. 이러한 전통은 오늘날 '2,000'이란 숫자에까지 이어지고 있다. 다시 주술이 판치는 나라가 된 것이다.

숫자 주술 연표

연대	시대/나라	시행자	내용	비고
	고대 그리스	피타고라스	만물의 근원은 수이며, 인간의 운명을 좌우한다.	피타고라스는 철학자·수학자이자 종교 창시자
	신라	왕실	숫자 9를 숭상	오행상 금(金)에 해당
	고려	왕실	숫자 6을 숭상	오행상 수(水)에 해당
	조선	왕실	숫자 8을 숭상	오행상 목(木)에 해당
1910년대	러시아	라스푸틴	40을 중시	예수의 생애 중 40과 관련
1920~1940년대	일본	구마사키 겐오	"숫자는 운명의 숙소"	작명에 활용(일제 강점기 창씨개명에도 악용)
21세기	대한민국	신흥종교 신천지	144,000명 신도 확보	성경에 나오는 12지파의 곱수 144에 완전수 1,000을 곱하면 144,000
2022년~현재	대한민국	윤석열 정부	2,000 강조	의대 정원 2,000명 등 20여 회 정책 반영

새 건물을 지어 주술적 의미를 새긴다

　　건축 비보는 고려에서 가장 흔한 비보술(주술) 가운데 하나였다. 궁궐을 짓거나(인종 때 대화궁), 궁궐을 지을 상황이 안 되면 임시 궁궐[假闕]을 짓는 것(고려 고종 때 삼랑성 가궐)은 왕실에서 행한 직접 비보이다. 그것 말고도 흔한 건축 비보는 왕실 혹은 권력자가 승려를 통해 비보 사찰을 짓게 하는 경우다. 사찰 입구 안내판에 '도선 국사 창건' 운운하는 절들은 대부분 비보 건축물이다.

　　일제 강점기 때 조선총독부가 펴낸 『조선사찰사료』(상·하)를 읽다 보면 절의 신축 목적이 '비보'임을 밝히는 절들이 부지기수로 나온다. 책에서 비보 사찰로 소개된 절들을 열거하면 다음과 같다.

— 조선총독부, 『조선사찰사료』 상권 중에서

궁궐과 사찰 말고도 고려왕조에서 건축 비보로 등장하는 것이 정자 신축이다. 고려가 망하고 정자 비보는 쇠퇴하였다. 그런데 흥미로운 사건이 벌어졌다.

2024년 8월, 대통령비서실장과 야당의 설전이 벌어진 장면이 인터넷 언론과 유튜브 등을 통해 알려졌다. 이른바 '정자(亭子)' 논쟁이다. 보도의 내용은 다음과 같다.

한옥 정자가 대통령 관저에 설치되었다. 건축물은 2024년 5월 용산구에 신고가 이루어졌지만, 미등기 상태이기에 앞으로 소유권 분쟁 소지가 있다. 정자는 1.85평 규모이다. 설계 용역비는 500만 원, 시공 용역비는 7,500만 원, 총 8,000만 원의 혈세가 투입됐다. 특이한 점은 해당 한옥 정자의 원형이 2023년 광주디자인비엔날레에 이이남 작가가 출품한 미술품이다. 이 미술품을 보완 공사해 건축물로 대통령 관저에 설치한 것이다.

—《오마이뉴스》, 2024년 8월 26일 보도내용 요약

이에 대해 비서실장은 국회에서 "대통령 관저가 초라하여, 외빈들이 많이 오면 우리 전통 건축물을 보여드리고 싶어서 새로 설치한 것"이라고 해명하였다. 동시에 "관할구청에 건축허가·착공신고·준공신고까지 마친 건축물이며, 건축 비용에 대해서는 대통령 관저 자체가 대통령 경호구역이기에 밝힐 수 없다"고 하였다.

2평도 안 되는 정자가 무슨 대수냐고 반문할지 모른다. 그런데 정자가 '액(厄)막이 주술'이란 해석이 나왔다. 한 인터넷 매체가 정자에 대해 다음과 같이 지적했다. '대통령 관저 정자는 광주디자인비엔날레에 출품된 정자를 구입·변형한 것인데, 원형과 달리 지붕 모양이 특이하다. 또한 세워진 방위와 지점도 의심스럽다. 귀신 쫓는 목적으로 세워진 것이다'라는 내용이었다.

아무리 대통령의 부인이 주술에 빠졌다는 소문이 무성하다고는 하지만, 일개 정자를 지은 것까지도 주술과 연계해 설명한다는 것이 과연 상식적인 일일까 하고 의심하는 이들도 적지 않았다. 다만 역사는 그렇지 않다고 말한다. 왜냐하면 정자 같은 건물을 비보술로 활용한 예가 등장하기 때문이다.

고려 11대 왕인 문종 때의 일이다. 문종은 재위 37년 동안 관제 정비, 인재 등용, 유교와 불교 장려, 송나라와 요나라와의 빈번한 교류 등을 통해 국력을 키운 임금이었다. 성공한 왕으로 고려 문

화의 최전성기를 주도하였다. 그러나 동시에 도선의 비보술을 맹신했다. 땅심[地力]을 얻어 국가의 기업을 연장하기 위해 다양한 비보술을 행하였다. 그 대표적인 사례가 장원정(長源亭) 신축이다. 문종 10년(1056년)『고려사』의 기록은 다음과 같다.

장원정을 예성강 병악(餅嶽) 남쪽에 세웠다. 도선의『송악명당기』에서 이르기를, "예성강 변두리에 군자가 말을 탄 형국의 명당이 있으니, 태조(왕건)께서 통일하셨던 병신년(936년)으로부터 120년에 이르렀을 때 이곳으로 와서 집을 지으면 국가 수명이 연장된다"라고 하였다. 이에 천문지리 담당 김종윤 등에게 명하여 땅을 살펴 짓도록 하였다.

—『고려사』, 문종 10년(1056년) 12월 기사 중에서

『송악명당기』는 도선이 왕건의 아버지와 함께 송악산에 올라 개경의 지세를 본 뒤에 지었다는 비결서다(물론 사실이 아니다). 정자의 명칭인 장원정은 나라의 근원[源]이 오래 이어지라[長]는 문자 비보이기도 하다. 이후 100년 동안 역대 왕들은 장원정 행차를 국가의 큰 행사로 여겼다.『고려사』는 1060년부터 1155년까지, 즉 문종·숙종·예종·인종·의종 때까지 이곳 정자에 행차했음을 기록하고 있다. 장원정만이 아니다.

고려 18대 왕 의종 역시 주술에 빠졌다. 점쟁이와 술사 들이 부추겼다. 술사 영의(榮儀, ?~1170)는 "국가 기업의 장단과 임금 수명은 비보술을 얼마나 행하느냐에 달렸다"며 임금을 현혹하였다.

왕은 궁궐 동북 모퉁이[이곳을 귀신이 드나드는 귀문(鬼門)방이라 한

다]에 충허각·양이정·태평정을 지었다. 또 대흥산성 남문 밖에 중미정을, 개성 동쪽 용연사(龍淵寺) 남쪽에 정자를 지었다. 석벽이 깎은 듯이 시냇가에 서 있는데 호암(虎巖)이라 불렸다. 호암 아래 물이 고이고 수목이 무성하여 땅 기운이 심상치 않다는 이유에서다. 용연사의 용과 호암의 호랑이[虎]는 모두 지도자를 의미한다. 단단한 바위 위에 정자를 짓고 이름을 연복정(延福亭)이라 하였다. 바위는 강한 권력을 상징한다. 연복정은 국가의 복(福)을 늘려주는[延] 정자[亭]라는 문자 비보이기도 하다.

비보 정자는 고려 때만 건축되고 조선조에서는 사라졌는가? 그렇지 않다. 농어촌에 남아 있는 많은 비보 흔적 가운데 종종 청룡·백호 비보로서 정자(모정)가 있다. 마을의 청룡과 백호 가운데 지나치게 짧아 땅 기운이 누설된다고 여겨지는 지점에다가 돌을 세우거나[立石] 정자를 세우기도 했다.

전라남도 순천군 선암사 입구에는 강선루라는 누각(정자)이 있다. 강선루 좌우의 청룡·백호는 서로 교차하지 않고 마주 보고 싸우는 형상이다. 그 중간에 강선루라는 누각을 '끼워 넣어' 이 둘의 충돌을 방지하였다. 전형적인 밀교 비보술이다. 군청 차원에서 세워진 비보 정자도 있다.

전라북도 순창군청 북쪽에는 금산(433미터)이 있다. 순창의 진산에 해당하며, 산 7부 능선에 정자가 하나 서 있다. 관선 군수 시절(1995년 이전), 청와대로 투서가 가장 많이 들어간 곳이 순창군이었다. 왜 이런 악성 투서가 많이 생겼을까? "순창의 진산이 반듯하지 못하고 비딱하게 기울었기 때문에 인심도 그러하다"는 술사들의 말이 있었다. 이에 순창군이 그곳에 정자를 세워 비딱한 산의 균형을 잡게 했다.

— 신명호《전북일보》순창 주재 기자)가 1995년 필자와의 구술 인터뷰에서 증언한 내용

만약에 대통령 관저 정자가 귀문방인 북동쪽에 위치한다면, 또 정자의 목질이 복숭아나 버드나무라면, 그리고 정자의 지붕 꼭대기가 탑이거나 도깨비 등 특정 짐승 문양을 이미지화하였다면, 그것은 명백한 주술 행위에 해당된다.

대통령 관저의 정자는 또 다른 문제가 있다. 관저에 있으면 안 되는 것이기 때문이다. 왜 그러한가? 정자를 뜻하는 '亭(정)'은 사물의 모양을 본뜬 상형문자다. 다음의 그림처럼 언덕 위에 하나의 집이 있는 것을 '亭'이라 한다.

대부분 정자는 산 위나 마을 어귀 언덕 위에 자리한다. 강변에 자리할 때도 그 가운데 높은 바위를 찾는다. 당나라 때의 풍수학자 양균송(楊筠松, 834~900)이 말한 4가지 땅 모양[四象] 가운데 잠시 맥이 내려오다가 멈춰 쉬는 곳[息]이나 우뚝 솟은 곳[突]에 자리한다. 신라 말 최치원(崔致遠, 857~?)도 양균송의 4상(四象) 개

념을 정확히 이해하고 수용하였다(이 책 147쪽 참고). 들판이나 호수 근처에 정자를 지을 때는 주변보다 높아서 그 일대의 '랜드마크[突]' 역할을 해야 한다. 한남동 관저는 양균송이 말한 식(息)이나 돌(突)에 해당하지 않아 정자가 들어설 수 없다.

더 큰 문제가 있다. 정자는 대부분 집 안이 아닌 집 밖에 설치한다. 유명 정자를 염두에 둔다면 쉽게 이해할 것이다. 서울의 망원정·낙천정·세검정·압구정(소멸), 담양의 면앙정·송강정·식영정, 순창의 귀래정, 함양의 원계정, 봉화의 청암정, 부여의 백화정 등을 보면 이해가 된다. 정자가 마땅히 머무르는[處] 곳이 있다. 그렇지 않다면 어떻게 될까?

한자 '處(처)'가 들어간 글자들이 있다. 처세(處世), 처녀(處女), 처지(處地), 처신(處身), 처분(處分), 처벌(處罰), 처방(處方)……. 이때 '처'는 동사다. 처세는 세상[世]에 내가 머물 자리를 정한다[處]는 뜻이다. 처녀는 과거 봉건사회에서 유래한 여성 차별적 언어이다. 밖으로 나돌게 하지 말고 특정한 곳에 여자[女]를 머물게 한다[處]에서 유래한다. 처지는 특정한 땅[地]에 머물 곳을 잡다[處]는 의미다. 처신은 내 몸을 마땅한 장소에 둠을 말한다. 처신을 잘못하면 망신(亡身)이다. 처방은 병의 증세에 따라 약제를 배합한다는 뜻이다. 처방을 잘못하면 사람이 죽을 수 있다.

이렇게 동사로서 '처'는 '특정 터(place)를 마땅하게 잡는다(take)'는 뜻이다. 터를 잡게 되면 '사건이 발생한다(take place).' 제대로 된 곳을 잡으면 좋은 사건이 발생하고, 잘못된 곳에 터를 잡으면 불행이 생긴다.

정자 주술 연표

시기	시행자	근거	내용	비고
고려	문종(1056년)	『송악산명당기』	예성강 변에 장원정 건립으로 국운 연장 기원	이후 100년 동안 왕들이 행차함
	의종	연복정, 태평정 등 다수 정자 건립	국운 연장 기원	의도와 달리 의종 자신이 살해됨
조선	민간		정자는 민간에 유입되어 마을 입구 혹은 고을 진산에 비보술로 세워짐	전국 도처에 있는 비보 정자 (예: 전라북도 순창군 진산의 정자)
2024년 5월	대통령 관저		관저 안에 있는 2평 정자	제자리가 아닌 곳에 설치된 탓에 주술 행위 의혹이 있음

정자가 세워져야 할 곳에 세워지지 않으면 어찌 되는가? 조선조 풍수학 고시 필수과목인 『금낭경(錦囊經)』은 "재앙이 하루가 가기 전에 생긴다[禍不旋日]" 하였다. 물론 하루가 가기 전에 재앙이 생긴다는 말은 과장이지만, 그만큼 재앙과 복이 빠르게 나타남을 강조한 것이다. 비보술로서 정자 입지도 함부로 해서는 안 되는 이유다.

누가 그 손에 '王'을 새겼나

　　2021년, 대통령후보 경선 토론 때 윤석열 후보가 손바닥에 '王(왕)' 자를 쓰고 등장해 논란을 일으켰다. 글자는 카메라에 온전히 잡혀 전국에 방송되었다. 이는 사실 놀랄 일도, 새로운 일도 아니다. 비보술 가운데 하나이기 때문이다.

　　과거에는 누가 이런 비보 행위를 했을까? 유학적 소양을 바탕으로 한 문신보다는 주로 무신들이 했다. 특히 무신정권 때 극성을 부렸다. 1170년부터 1270년까지 100년, 무신들이 정권을 장악했던 시기다. 1170년 보현원(개경 동남쪽 사찰로 의종이 자주 연회를 즐긴 곳) 난으로 출발한 무신정권은 1270년(원종 11년)까지 이의방→정중부→경대승→이의민→최충헌→김준→임연 등으로 권력이

교체되면서 100년을 지속한다. 이들의 권력 교체는 합리적 양위가 아니라 무력에 의한 것이었다. 이들 대부분은 지배계층이 아닌 하층 혹은 천민 출신이었다. 운이 좋고 때가 오면 누구든 권력을 잡을 수 있었다.

노비들도 때를 기다렸다. 신종 원년(1198년), 만적 등 노비 6명이 개경 북산에서 땔나무를 하다가 반란 모의를 하였다.

> 1170년 정중부·이의방 반란 이래로 높은 관직도 천민과 노예에서 나왔다. 장군과 재상에 어찌 타고난 씨가 있겠는가? 때가 되면 누구나 차지할 수 있다. 우리라고 어찌 뼈 빠지게 일만 하면서 채찍 아래에서 고통만 당하겠는가?
>
> —『고려사』, 신종 1년(1198년) 5월 기사 중에서

노비들이 동조하였다. 그들은 누런 종이 수천 장을 잘라서 모두 '丁(정)' 자를 새겨서 식별하자고 약속하였다.

> 우리가 흥국사(태조 왕건이 만월대 근처에 지은 절)에 집결하여 북을 치고 고함을 치면, 궁궐 안의 환관들이 호응할 것이다. 관청 노비들은 궁궐 안에서 나쁜 놈들을 죽일 것이다. 우리가 성안에서 벌 떼처럼 일어나 먼저 최충헌을 죽이고, 각자 자기 주인을 죽이자. 노비 문서를 불태워 천민·노비를 없애면, 공경·장상도 우리가 할 수 있다.
>
> — 앞의 책

그러나 반란 모의는 동료 노비의 밀고로 실패로 끝나고 만다. 만적 등 100여 명은 체포되어 강에 수장된다.

왜 그들은 丁을 썼을까? 丁은 못[釘]을 형상화한 글자다. 못질함을 의미한다. 못질은 노동을 뜻한다. 그래서 丁은 노동의 주체인 '장정'을 뜻하게 되었다. 즉 만적 일행은 자신들이 노동의 주체이자 역사의 주체임을 丁을 통해 선포했다. 그들 반란의 대의명분이었다. 만적의 난은 분명 노예 해방운동이었다. 그들은 문자 주술로 반란에 참여하는 노비들에게 정당성을 확신시키고자 하였다. '착한' 주술이었다. 그러한 주술을 누구에게 배웠을까? 바로 그들의 상전들이었다.

그로부터 850여 년이 지난 2022년 대통령선거를 앞둔 때였다. 국민의힘 경선 TV 토론은 총 6회 치러졌다. 경선 후보들이 참석한 가운데 윤석열 후보의 손바닥에서 王이 목격된 것은 토론 3차(2021년 9월 26일), 4차(9월 28일), 5차(10월 1일) 등 총 3회였다. 3회 모두 검은색 매직펜으로 쓰인 손글씨였고, 3·4차 때보다 5차 토론회 때 글씨가 더 진하고 굵었다.

이에 대해서는 야당은 물론 같은 당 내에서도 "혹시 대선과 관련된 역술이나 주술적 의미를 담은 부적 아니냐"는 의구심을 제기했다. 윤 후보는 "이웃 어르신들이 정권교체를 염원하는 마음으로 써준 것"이라고 했다. 그러나 TV 토론 자리에 반복적으로 王을 쓴 데 대한 해명으로는 매우 부족했다. 경쟁 후보 중 한 명은 "손바닥에 부적을 쓰고 다니는 것이 밝혀지면서 참 어처구니없다는 생각밖에 들지 않는다. 부적 선거는 포기하길 바란다. 정치의 격을 떨어뜨리는 유치한 행동이다"라고 비판했다.

또 다른 경쟁 후보 역시 "왕(王) 자 논란은 미신으로밖에 설명할 방법이 없다"며 "4차 산업혁명 시대에 미신을 믿는 그런 사람이 대선후보나 대통령이 되면 되겠느냐"고 했다.

그러나 어쩌랴? 그 사람이 대통령이 되었으니, 할 말이 없다. 비이성에 대한 이성의 패배이자, 탈주술화에 대한 재주술화의 승리였다(그가 임기를 다 채우지 못할 상황에 처한 것은 논외의 문제다).

王과 丁 모두 문자 비보다. 문자 비보는 고려 이후 1천 년 동안 흔한 일이었다.

▬▬ 현판 글에 반발한 고려 무신들

만적의 난이 있기 18년 전인 1180년(명종 10년) 11월의 일이다. 궁궐 안 강안전을 새롭게 고쳤다. 강안전은 국왕 즉위식이나 연등회 등이 개최되던 중요한 곳이었다. 강안전 문 현판 이름은 원래 향복(嚮福: 복을 가져다주는 문)이었는데, 이 문이 중방(重房: 무신들의 회의기구) 동쪽 모퉁이와 가까웠다. 향복이란 현판이 중방을 마주했기에 무신들이 이에 대해 따졌다.

향복(嚮福)과 항복(降伏)은 음이 서로 비슷하다. 문신이 이런 이름으로 우리 무신을 억눌러 항복시키려는 것이다.
—『고려사』, 명종 10년(1180년) 11월 4일 기사 중에서

그리하여 왕에게 '현판을 고쳐달라'고 요구하였다. 이에 문신 민영모가 왕의 명을 받아 '영희(永禧)'로 고쳤다. 이에 다시 무신들이 반발했다.

문신들의 의도를 헤아릴 수가 없습니다. '영희'에 별도의 깊은 뜻이 있는지 어찌 알겠습니까? '희(禧)'는 복(福)이란 뜻이지만, '영(永)' 자의 길흉을 알 수 없습니다. '중(重)' 자는 우리 중방(重房)의 명칭이니 중희(重禧)로 고치기를 청합니다.

— 앞의 책

그리하여 왕은 무신들의 뜻대로 '중희'로 현판을 고쳤다. 무신들은 글자 하나에도 운이 달라진다고 벌벌 떨었다. 전형적인 문자 주술이다.

▬▬ 고려 왕실을 불안케 한 '십팔자득국설' 주술

도선은 '십팔자(十八子)' 주술을 걸어 고려왕조를 불안케 했다. 주술을 건 주체는 고려 왕실을 흔들고자 하는 외척과 무신 세력이었다.

최유청(崔惟淸, 1093~1174)이 '창작'한 〈옥룡사선각국사증성혜등탑비(玉龍寺先覺國師證聖慧燈塔碑)〉의 비문(이하 편의상 「도선국사비문」으로 표기)에서 도선이 이인(異人)을 만나 비보술을 전수받은 후 다시 "음양오행술을 더욱 열심히 연구하였다[益研陰陽五行之術]"고 하였다. 도선의 비보술에 음양오행이 추가됨을 알려주는 대목이다. 최유청이 비문을 작성하던 때는 1150년(의종 4년)이다. 이때 고려 왕실에 음양오행설이 깊숙이 수용되었음을 말해 준다. 그런데 음양오행설은 고려 왕실을 두렵게 만든다. 다름 아닌 오행종시설에 따른 '십팔자설(十八子說)' 때문이다. 앞서 소개한 바와 같이 오행종시설은 왕조가 오행[木·火·土·金·水] 순서로 교체된다는 주장이다.

고려 왕실은 오행상 수덕을 천명하였다. 전 왕조인 신라가 오행상 금덕이었다면 그다음 왕조는 수덕이어야 하기 때문이다. 그러나 이보다 더 중요한 것으로, 고려 왕실은 자신이 용의 후손[龍孫]이라고 믿었다. 왜 용의 후손이라 자부했을까? 태조 왕건의 할아버지인 작제건에 대한 신화는 다음과 같다.

당나라 황제가 개경에 잠시 들러 그곳 여인과 동침한다. 황제가 떠난 뒤 태어난 아이가 작제건이다. 작제건이 장성하여 아버지를 찾아 당나라 상선을 탔다. 해상에서 풍랑을 만나 점을 치니 "배에 있는 고려인을 섬에 내려놓으라" 하였다. 섬에 내리니 한 노인이 나타나 말한다. "나는 서해 용왕이오. 최근 늙은 여우가 나타나서 경을 외우는데 그때마다 심하게 머리가 아프다오. 제발 그 여우를 쏘아 죽여주시오." 작제건이 용왕을 따라갔다. 늙은 여우가 나타나서 경을 외우려 할 때, 그를 쏘아 죽였다. 용왕은 작제건을 용궁으로 초청하여 딸을 아내로 삼게 하였다. 작제건과 용왕의 딸이 낳은 아이가 용건이다. 왕건의 아버지다.

— 『고려사』, 「고려 세계」 중에서

그뿐만이 아니다. 『고려사』는 고려 2대 혜종도 용의 아들임을 밝히고 있다. 혜종의 어머니인 장화왕후에 대한 기록에서다.

왕건이 군사를 이끌고 나주를 행군하던 중 목이 말라 우물을 찾았다. 우물가에 오다련의 딸이 빨래를 하고 있었다. 왕건은 그녀의 미모와 재치에 반하여 그의 집을 찾았다. 그런데 그 며칠 전 처녀가 꿈을 꾸었다. 용이 자기 배 속으로 들어오는 꿈이었다. 꿈 이야기를 부모에게 말하니 필시 왕비가 될 꿈이라고 해몽하였다. 그런데 마침 왕건 장군이 오 씨 집을 찾아온 것이다. 장차 왕이 될 것을 믿고, 딸을 왕건과 결혼시켰다. 그녀가 바로 장화왕후이다. 장화왕후의 아들이 고려 2대 혜종이 되는데, 혜종도 자신을 용의 아들로 믿어 늘 잠자리 곁 큰 병에다가 물을 담아두었다(용은 늘 물이 필요하기 때문이다).

—『고려사』, 「태조 후비 장화왕후 오씨」 중에서

거란의 침입으로 고려의 존립이 위태로울 즈음, "용의 후손이 12대에 끝나면 이씨가 나라를 세운다[龍孫十二盡木子得國]"는 도참이 떠돈다. 왜 '12'란 숫자가 나왔을까? 고려 왕실은 스스로 수덕임을 자부했다. 오행상 수에 숫자 1과 6이 배속한다. 그 가운데 큰 수인 6의 2배수는 12이다. 고려왕조는 12대 만에 망한다는 도참이다. 그런데 12대가 지나고도 고려는 망하지 않았다. 그렇다고 조짐이 없었던 것은 아니다. 고려 12대 왕은 순종(1048~1083)이다. 문종의 맏아들로 1083년 8월에 문종이 죽자 왕이 된다. 그러나 재위 3개월 만인 1083년 11월에 죽어버린다. 왕실은 불안했다. 정말 고려가

12대로 망하는 것 아닌가 하는 두려움이었다.

이즈음 '용손십이진목자득국'이 '십팔자득국설'로 축약되어 조정과 백성들에게 퍼진다. 十八子를 합성하면 李가 된다. 십팔자설은 이자겸(李資謙, ?~1126)에서 시작하여 무신 이의민(李義旼, ?~1196)을 거쳐 이성계(李成桂, 1335~1408)에서 완결된다. 무려 200년 이상 고려 왕실을 두렵게 하였다. 그러한 까닭에 고려 왕실은 국운을 연장하려는 비보술을 더욱 빈번하게 시행한다.

고려가 수(水)의 운이라면, 그 뒤를 잇는 왕조는 오행상 목(木)이 되어야 한다. 목덕을 가진 이가 새 왕조를 연다는 것이다. 목덕의 주인은 누구일까? 목이 들어간 성씨는 많다. 李(이), 林(임), 柳(유), 權(권), 宋(송), 楊(양)…… 이 가운데 누가 먼저 목덕을 하늘로부터 받았다고 선수 쳤을까? 이씨가 먼저 치고 나왔다. 그 첫 주인공이 이자겸이다.

이자겸은 인주(인천) 이씨다. 인주 이씨가 고려 왕실 외척으로 등장하게 된 때는 현종 때다. 현종이 거란의 침입(1101년)에 공주로 피란할 때 공주절도사였던 김은부가 세 딸을 바쳐 모두 왕후로 만들었다. 그때 김은부의 아내가 인주 이씨 이허겸의 딸이었다. 외손녀 셋이 왕후가 되자 외척 집안의 후광은 인주 이씨 집안에까지 미쳤다. 왕후들의 외사촌이 되는 이자연(이허겸의 손자)은 모처럼 잡은 가문의 기회를 놓치지 않았다. 그는 현종의 아들 문종에게 세 딸을 모두 시집보냈고, 그중 인예왕후는 순종, 선종, 숙종, 대각국사 의천 등을 낳았다.

이자겸의 등장은 숙종 아들 예종이 이자겸의 딸을 왕비로 맞으면서다. 이자겸의 둘째 딸이 예종의 왕후로 들어가 원자(훗날 인종)를 낳으면서 이자겸의 권력은 강화된다. 이자겸은 인종이 즉위하자 정권을 독점한다. 이때 이자겸의 나이 72세, 인종은 14세였다. 노회한 정치인 이자겸이 손자뻘인 풋내기 임금을 다루기란 너무 쉬웠다. 권력을 확고히 하기 위해 자신의 셋째·넷째 딸을 나란히 인종과 결혼시켰다. 인종에게 이자겸의 딸들은 이모였다. 결혼 풍속도 시대의 산물이었다. 그러나 현대적 관점에서 '이모님' 두 분을 아내로 맞아들인다는 것을 어떻게 해석해야 할까? 이자겸은 인종의 외할아버지이면서 장인이었다. 그는 나이 어린 외손자이자 사위인 인종을 등에 업고 권력을 휘둘렀다.

이자겸은 인종과 함께 신하들의 절을 받았다. 아예 왕이 될 작정을 했다. 이자겸은 '십팔자득국설'을 은밀히 퍼뜨렸다.

'십팔자득국설'은 원래 이자겸이 만든 것은 아니다. 중국 수나라 때의 군벌인 이밀(李密, 582~619)이 주인공이다. 그는 포부가 크고 사람됨이 넉넉하였다. 임금이 될 덕목을 갖추었고, 책략도 풍부했다. 게다가 "천하를 구하는 것이 자신의 임무"라고 생각했다. 이밀은 아버지의 작위를 이어받아 수양제(隋煬帝, 569~618) 친위부대의 대도독이 되었다.

이때 그는 은밀히 〈십팔자득천하(十八子得天下)〉라는 동요를 만들었고, 거리에서 아이들은 그 노래를 불렀다. '이씨가 천하를 차지한다'는 의미였다. 소문을 들은 수양제는 화가 나서 이씨 성을 가진 모든 관원을 죽였다. 수양제의 이모 아들, 즉 이종사촌 형 이연도 죽여야 했다. 차마 사촌까지 죽일 수 없어 이연을 617년 변방

'이씨가 천하를 차지한다'는 <십팔자득천하>의 주인공 당 고조 이연

인 태원 지방관으로 보냈다. 간접 살해가 목적이었다. 태원의 북쪽
은 돌궐이었으며, 만리장성 안쪽 사방도 수양제에 저항하는 세력
들이었다. 그런데 이연은 수양제의 허를 찔렀다. 돌궐과 손을 잡고,
수양제 저항 세력과도 우호 관계를 맺었다(수양제를 배신한 것이다).

이때는 수양제의 사치와 토목공사가 절정에 달하던 때였다. 많
은 양민이 굶어 죽거나 맞아 죽었다. 때(운)가 무르익었다고 판단한
이밀은 617년에 수양제에게 반기를 들었다. 이밀의 군대는 수나라
군대보다 우세하여 곧 새로운 왕조를 건설할 수 있었다. 많은 군벌
들이 그에게로 몰려와 황제 자리에 오를 것을 권하였다. 태원으로
쫓겨난 이연조차도 황제에 오를 것을 간청하는 글을 은밀히 보냈
다. 그러나 운은 그의 편이 아니었다. 617년, 이밀은 낙양으로 진격

하였으나 수나라 군대의 강력한 저항에 밀렸다. 게다가 다음 해인 618년, 수나라 장수 왕세충의 매복에 걸려 큰 타격을 입었다.

운명은 이연 편에서 섰다. '이밀의 반란을 진압하고 수나라를 지킨다'는 대의명분으로 이연은 태원에서 군대를 이끌고 수도인 장안으로 들어갔다. 그리고 황제인 수양제를 폐위시키고 당나라를 세웠다. 결국 십팔자득천하의 주인은 이밀이 아닌 이연이 되었다.

이를 두고 후세인들은 "때[時]를 잘못 만난 것인가, 본래 타고난 명(命)이 그러한 것인가?"라며 이밀을 안타까워하였다(이후 이밀은 당나라에 투항하여 높은 벼슬을 받았으나 다시 모반을 꾀하다가 죽임을 당했다).

이자겸은 중국판 '십팔자득천하'를 고려판 '십팔자득국'으로 변용하였다. 그는 인종을 살해하고 왕위를 찬탈할 계획을 노골적으로 세웠다. 1126년 이자겸이 군사를 이끌고 궁궐로 쳐들어오려 하자 인종은 급히 척준경에게 이자겸을 제거하라는 서신을 보냈다. 왕의 명령을 받든 척준경은 궁궐로 들어가 인종을 호위하고 이자겸의 군사들을 제압했다. 대세가 기울었음을 안 이자겸은 소복 차림으로 인종 앞에 나왔으며, 곧 영광으로 유배되었다(영광굴비는 영광에 있던 이자겸이 임금에게 굴비를 진상하며 사죄의 뜻을 반복하면서 유명해졌다). 이자겸의 자식과 부하 들도 귀양을 가야 했으며, 왕비와 두 딸도 궁궐에서 쫓겨났다(그러나 인종과 그 후임 왕들이 후하게 대접하였다. 딸들은 친정아버지 이자겸보다 남편 인종 편이었기 때문이다).

이자겸이 믿었던 십팔자득국설은 수십 년 후 이의민으로 이어진다. 소금 장수 아버지와 옥령사라는 사찰의 노비인 어머니 사이에서 태어난 이의민은 타고난 완력 덕분에 군인으로 성장하였다. 그는

1184년부터 1196년까지 12년 동안 고려 왕실을 장악하였다. 1170년 정중부의 난에 가담하여 장군으로 승진했고, 이의방의 명령으로 의종의 유배지로 찾아가 의종의 허리를 꺾어 죽였다(이 책 204쪽에서 자세히 설명). 갑작스럽게 왕이 죽자 경대승이 집권하였다. 1173년 반(反) 무신 운동인 김보당의 난, 조위총의 난의 진압에 참여한 공로로 상장군에 올랐다.

그는 언젠가 붉은 무지개가 두 겨드랑이 사이에서 일어나는 꿈을 꾸었다. 이것을 주변 사람들에게 자랑하고는 하였다(그러나 『오행지』는 무지개를 상서로운 것이 아니라 태양, 즉 임금을 가리는 신하의 흑심으로 해석한다). 또 그는 '용의 자손은 12대로 끝나고 다시 십팔자가 나라를 세운다'는 말을 은밀하게 퍼뜨려 사람들을 모았다. 그러나 명종 26년(1196년) 이의민은 최충헌·최충수 형제에게 살해되었다. 최충헌은 이의민을 추종하던 문신 38명도 함께 죽였다. 살해된 문신 수를 보더라도 이의민이 왕이 되기 위하여 많은 사람들을 포섭했음을 알 수 있다.

그로부터 200년 후인 1388년, 고려의 무신 이성계가 다시 십팔자득국설을 들고 나왔다. 다음은 『고려사』 해당 부분이다. 역사의 주인공은 문신이 아닌 무신이었다.

(1388년, 위화도 회군을 앞두고) 이성계가 장수들을 설득하였다.

"높은 나라(명나라)의 경계를 범한다면 천자에게 죄를 얻는 것이요, 종사와 백성 들의 화가 곧 닥칠 것이다. 내가 옳고 그른 것을 가지고 글을 올려 회군할 것을 청하였다. 그러나 왕이 살피지 않고, 최영 장군도 노망이 나서 듣지 않는다. 그대들과 함께 임금을 뵙고 직접 이로 인한 길흉을 아뢰자. 임금 옆에 있는 악의 무리를 죽여 백성들을 편안하게 해야 하지 않겠는가?"

장수들이 화답했다.

"우리나라 안위가 장군의 한 몸에 있으니 감히 명을 따르지 않겠습니까?"

이에 군대를 돌려 압록강을 건너는데, 태조가 백마를 타고 붉은 활에 흰 깃을 단 화살을 꽂고 강가에 섰다. 군사들이 강을 건너는 것을 지켜보았는데, 군중이 멀리서 보며 '십팔자가 나라를 얻는다'는 노래를 힘껏 불렀다.

—『고려사』, 우왕 14년(1388년) 5월 기사 중에서

이성계는 언제부터 어떻게 십팔자득국설을 활용한 것일까? 그의 야망은 하루아침 일이 아니었다. 이미 30대 후반부터 야심을 품었는데, 1370년대 당시 실력자인 경복흥(慶復興, ?~1380)을 자주 찾았다. 경복흥은 이성계의 미래를 예측한 듯 자기 자식들을 부탁했다. 또한 "동한(東韓: 한반도) 사직을 그대(이성계)가 장악할 것"이라고 말했다. 이성계의 야심을 읽은 것이었다. 그의 야심은 1380년 황산(전라북도 남원군 지리산 소재) 전투 후 노골적으로 드러났다. 그는 황산 전투에서 왜구 두목 아지발도를 사살하고 대승을 거두는 전과를 올렸다. 승전 후 개경으로 오는 길에 전주 오목대에서 승전을 축하하는 잔치를 벌였는데, 그때 그는 기쁨과 술에 취해 〈대풍가(大風歌)〉를 불렀다(현재 오목대에는 〈대풍가〉 현판이 걸려 있다).

〈대풍가〉는 천하를 통일한 한나라 고조 유방이 고향인 풍패(豊
沛)에서 승리를 기념하면서 부른 노래다. 그 첫 문장은 '大風起兮
雲飛揚'으로, '큰바람 일어나니 구름이 날아오르네'란 뜻이다. 이성
계가 유방을 자신의 롤모델로 삼겠다는 뜻이었다. 그는 1388년 위
화도 회군 후 십팔자가 바로 자기 자신임을 신비화하여 조정과 백
성들에게 퍼뜨렸다.

어떤 사람이 나의 집을 찾아와 '지리산 바위 속에서 책 한 권을 얻
었다'며 바쳤다. 책에 '목자(木子)가 돼지를 타고 내려와서 다시 삼한
(三韓) 강토를 바로잡을 것이다'라고 쓰여 있었다. 木子는 李의 파자
이며, 돼지는 돼지띠(이성계는 1335년 을해생 돼지띠)를 의미한다. 돼지띠
이씨가 건국한다는 뜻이다.

— 『조선왕조실록』, 태조 1년(1392년) 7월 17일 기사 중에서

이것은 조선 개국 후 정도전이 태조 이성계에 지어 바친 노래 〈수
보록(受寶籙)〉에도 실렸다.

지리산 석굴 속 글에 이르기를, "목자(木子)가 돼지를 타고 내려와서
삼한 국경을 다시 바로잡도다" 하였다. 또 비결서에 이르기를, "조선
은 대로는 800대, 해로는 8천 년을 내려갈 것이다[卜世八百卜年八千]"라
하였다.

— 『조선왕조실록』, 태조 2년(1393년) 7월 26일 기사 중에서

십팔자(十八子: 李) 주술 연표

나라	시기	주체	내용	결과
수나라	7세기 초	이밀	이(李)씨가 천하를 얻는다.	실패 후 피살
		이연	위와 같음	성공으로 당(唐) 개국
고려	11세기 초	조정과 백성	왕씨가 12대에 망하면 이씨가 나라를 얻는다.	고려 12대 왕 순종이 즉위 3개월 만에 죽음
	12세기 초	이자겸	이씨가 나라를 얻는다.	실패 후 유배
	12세기 말	이의민	위와 같음	실패 후 피살
	14세기 말	이성계	위와 같음	성공으로 조선 개국

숫자 800과 8천이 언급된다. 8[八]은 오행상 목(木)에 배속되는 숫자다. 목덕을 받는 이성계의 조선이 '800세대 8천 년 다스린다'는 뜻이다.

▬▬ 수륙재를 이용한 엽기적 행각

숫자·문자·건축 비보는 주술이긴 하지만 노골적으로 잔인하지는 않다. 반면에 잔인한 주술이 하나 있다. 삿된 마음으로 '산귀신

물귀신에게 굿을 하는 것'이 바로 그것이다. 게다가 현대에 이런 일이 벌어졌다는 것은 하나의 충격이었다.

2018년 9월 9일, 충청북도 충주시 소재 중앙탑공원에서는 제13회 세계소방관경기대회의 성공 개최를 기원하는 〈수륙대재(水陸大齋) 및 국태민안(國泰民安) 대동굿 등불 행사〉가 있었다.

세계소방관경기대회는 스포츠를 통한 국가 간 소방 정보의 교류와 전·현직 소방관과 소방관 가족들의 친목 도모를 위해 열리는 일종의 '소방관 올림픽 경기대회'다. 1990년 뉴질랜드의 오클랜드에서 제1회 대회가 개최된 이래로 2년마다 열리고 있다. 2018년에는 충주에서 개최되었다. 그런데 '일광조계사'라는 종교단체가 이 대회의 성공 개최를 기원한다는 명목으로 수륙재를 지낸 것이었다.

본래 '수륙재'란 억울하게 희생된 원혼을 국가 차원에서 진무하기 위해 개최한 민속(불교+도교+무교) 의례다. 수륙재의 '수륙(水陸)'은 흐르는 물[水]에서 신선이 음식을 취하고, 깨끗한 땅[陸]에서 귀신이 음식을 취한다는 뜻에서 따온 말이다. 불교보다는 도교와 무속에 가깝다. 수륙재를 통해 국태민안(國泰民安: 국가의 태평과 국민의 편안)을 기원하는 것은 아름다운 일이다. 문제는 고려·조선 왕조에서는 국가의 재정을 축내고 백성의 고혈을 짜낼 정도로 심했다는 것이다. 또 이후 민간의 수륙재는 엽기적이었다.

고려 성종 4년(982년) 6월, 최승로(崔承老, 927~989)는 임금에게 「시무 28조」를 올리면서 비보술과 결부된 수륙재의 폐단을 지적했다.

재(齋)를 지내는 폐단은 4대 임금이신 광종 때 시작되었습니다. 남의 헐뜯는 말을 믿고 죄 없는 사람들을 많이 죽이고는 불교 인과응보설에 현혹되어 불사를 많이 일으키셨습니다. 때로는 비로자나참회법회(독경을 읽는 일종의 굿)를 베풀기도 하고, 귀법사에서 무차회(無遮會)와 수륙회(水陸會)를 열기도 하셨습니다. 백성의 고혈을 짜내 재를 지내셨습니다. 승려와 부랑 거지들이 함께 섞여 재에 참여하는데, 이것이 무슨 이익이 되겠습니까?

— 최승로, 「시무 28조」 중에서

최승로의 간언에도 불구하고 수륙재를 포함한 여러 '굿'들이 고려와 조선 중엽까지 국가의례로 전승되었다. 조선 9대 왕인 성종 때 벌어진 '최호원의 비보술' 사건도 이와 관련된다(이 책 246쪽 참고).

최호원 사건 이후 조선에서 수륙재는 혁파의 대상이 되었고, 사림과 신하들의 수륙재 폐기 요구는 조선 연산군과 중종 때까지 지속되었다. 이후 왕실에서 비공개적인 수륙재가 간혹 있었으나 조선 후기 이후에는 국가 행사에서 사라졌다. 대신 민간으로 유입되며 삿된 방식으로 왜곡되어 비승비속의 승려·무당·법사·거사·도사들의 호구지책이 되었다. 복을 비는 불안한 실존들을 유혹하는 굿판이 된 것이다.

2018년 9월 9일에 중앙탑공원에서 벌어진 수륙재도 그러한 타락한 굿판의 하나였다. '일광조계사'라 불리는 사찰(조계종이 아님) 소속의 '건진 법사'라는 이가 주도한 수륙재였다고 한다. 한 인터넷 언론에서는 2021년 10월 12일 방송에서 "충주 일광사 주지인 혜우 스님에 따르면, 건진 법사는 자신이 어릴 때부터 키웠고 신내림

받은 무속인으로 서울 세종문화회관 부근에서 자리 잡았으며 재벌들이 찾을 정도로 대단한 사람"(열린공감TV)이라고 전하기도 했다.

더 자세한 내용은 한 일간지가 단독으로 보도했다.

> 윤석열 국민의힘 대선후보 선거대책본부에 무속인 전모(61) 씨가 '고문'이란 직함으로 활동하는 사실이 확인됐다. 전 씨는 정계와 재계에서 '건진 법사'로 알려진 인물이다. 전 씨가 윤 후보의 검찰총장 시절부터 대권 도전을 결심하도록 도왔다는 주장과 함께 자신은 '국사'가 될 사람이라고 소개했다는 전 씨 지인의 증언도 나왔다. 국사는 신라와 고려 시대 때 왕의 자문 역할을 하는 고승에게 내린 칭호다.
>
> —「윤석열 부부와 친분 있는 무속인, 선대본서 '고문'으로 일한다」,
>
> 《세계일보》, 2022년 1월 17일 기사 중에서

그가 스스로를 "국사가 될 사람"이라고 발언했다고 하니, 비승비속의 전형인 도선이 좀비가 되어 다시 나오는 모습이 연상된다. 문제는 이날 굿판에서 살아 있는 소를 통째로 가죽을 벗겨 재물로 올렸다는 점이다. 어떻게 살아 있는 소에게서 가죽을 벗길 수 있을까? 힘이 센 소가 가만히 있지 않을 터인데? 마취를 강하게 하여 가죽을 벗긴 후, 소가 깨어날 즈음 다시 가죽을 덮어씌우고 도력으로 살려낸 것처럼 '쇼'를 했을 것이다(가죽이 벗겨진 소가 제단 위에 올려진 사진은 인터넷을 통해 쉽게 확인할 수 있다).

통째로 가죽이 벗겨져 벌건 속살이 드러나고 빨간 피가 뚝뚝 떨어지는 소를 목격한 시민들은 물론, 세계소방관대회에 참가한 외국인 선수단은 큰 충격을 받았다. 국가적 망신이었다. 소뿐만 아니라 10여 마리의 돼지 사체를 무대 앞에 전시해 놓고 치른 무속 행사였다.

2022년 2월 15일 더불어민주당의 한 의원은 여의도 당사에서 기자회견을 가졌다. 전 씨가 이 "엽기적 굿판의 총감독"이라는 내용이었다. 끔찍한 장면을 목격한 어린이들은 울음을 터뜨리며 달아나기도 하였다는데, 그 어린이들의 마음에 깊이 각인된 상처는 누가 책임질 것인가? 어떻게 대한민국의 어른들이 이런 짓을 했는지 사회적 비판과 처벌이 있어야 했다. 그러나 무슨 까닭인지 아무 일도 일어나지 않고 조용했다.

또 하나의 문제는 이 수륙재에 '서울중앙지방검찰청 검사장 윤석열'과 '코바나콘텐츠 대표 김건희'라는 이름이 적힌 등이 걸려 있었다는 것이다.

대통령 선거를 2개월 앞둔 시점에서, 당시 국민의힘의 대표는 공중파 라디오에 출연해 이 사건에 대해 말하던 중 「오늘의 운세」를 언급하며 "많은 비과학적인 것을 개인이 받아들이고 삶에 적용하는 부분이 있다"며, "이런 것 때문에 우리 후보 배우자가 영부인으로서 자질이 없다고 주장하는 것은 과도한 주장"이라고 옹호했다.

하지만 이는 천박한 주술 행위에 불과했다. 도선이라는 악마의 주술에 빠져 있었던 것이다.

택일 비보, 아무 날에나 행하지 않는다

2022년 3월 9일 실시될 제20대 대통령 선거를 앞두고 대선후보들의 토론은 모두의 관심사였다. 토론 날짜가 정해지고 토론이 예정대로 진행되는 것은 당연한 일이었다. 그런데 국민의힘 후보가 일종의 '꼬장'을 폈다.

대통령 선거를 40여 일 앞둔 2022년 1월의 일이다. 유력한 두 후보의 TV 토론이 합의되었다. 지상파 방송사가 양자 토론을 27일 밤 10시부터 120분간 주관할 예정이었다. 그런데 국민의힘에서 31일 오후 7시를 특정하며 변경할 것을 요구했다. 오후 7시는 직장인의 경우 퇴근이나 회식을 하는 시간대이기에 시청하기 곤란한 때다. 상식적으로는 밤 10시가 합리적이었다.

특정한 날짜를 고집하는 이유에 대해 다시 무속 논쟁이 벌어졌다. 국민의힘을 대표하는 윤석열 후보의 사주를 염두에 둔 길일·길시 때문이라는 것이었다. 구체적인 반증의 근거가 없어 후보의 개인적 사정으로 넘어가는 듯했다. 그로부터 보름쯤 후인 2022년 2월 초의 일이다. 대선이 한 달밖에 남지 않은 때였다. 2월 8일 '4당 대선 후보들'의 TV 토론이 확정되었다. 그런데 이번에도 윤석열 후보 측이 2월 8일은 '후보의 건강 등을 이유'로 어렵다며 날짜 변경을 요구했다.

자신이 소속된 당에서 합의한 약속을 스스로 번복한 것이었다. 정치권의 금기어인 '대선후보의 건강 문제'를 스스로 드러내면서까지 TV 토론 변경을 요구하였다. 이번에도 무속·주술 논쟁이 일어났다. 2월 8일은 해당 후보에게 나쁜 운이기 때문이라는 역술인들의 해석이 인터넷과 일부 언론에 보도되었다.

여기에 권위 있는 한국학 학자까지 이 문제를 본격적으로 제기하였다. 호사카 유지(保坂祐二, 1956~) 세종대 교수였다. 호사카 교수는 일본 도쿄에서 태어나 도쿄대를 졸업한 명문가 엘리트이다. 이후 한국에 건너와 고려대학교에서 정치학으로 석·박사를 취득하고 1998년에 세종대 교수로 부임했다. 2003년에는 아예 한국으로 귀화했다. 호사카 교수는 2차 TV 토론 날짜를 국민의힘이 2월 11일로 변경한 것과 관련해 '무속인 관여'로 추측했다.

무속인들은 날짜와 방향을 고집한다. 날짜나 방향에 길흉이 있다고 믿기 때문이다. 예를 들어 결혼식은 대안(大安) 날에 해야 한다든가,

장례식은 우인(友引) 날에는 반드시 피해야 한다 등, 일본에서 흔히 날과 방향의 길흉을 알아보고 행동의 지침으로 삼는 사람들이 특히 많다. (……) 윤 후보 측이 2차 4자 토론이 정해진 후, 건강상의 이유로 거부한 날짜인 2월 8일은 의아하게도 우인 날이다. 우인 날에 장례식을 하면 가까운 사람이 사망한다고 흔히들 말한다. 또한 우인 날은 '무승부가 된다'고 하는 날이기 때문에 승부를 걸어도 의미가 없다고 한다. 그에 반해 윤 후보 측이 2차 4자 토론을 제안해 온 날 2월 11일은 대안이다. 대안 날에는 무엇을 해도 성공적이라고 흔히들 말한다. 일본에서 그런 무속적 사상을 완성시킨 사람이 다카시마 가에몬이다.

—《대전일보》, 2022년 2월 8일 중에서

『다카시마 역단(高島易斷)』(한자음을 따라 '고도역단'으로 불리기도 한다)은 좋은 날과 나쁜 날이 표기된 일본의 '운세 달력'이다. 다카시마 가에몬(高島嘉右衛門, 1832~1914)이 고안한 달력이다. 사업가의 아들로 태어난 그는 요코하마에서 외국 무역을 계획하였으나, 바쿠후[幕府]의 금지령을 어겨 옥살이를 하게 되었는데, 이때 역술을 공부했다고 알려졌다. 출옥 후에는 사업가로 크게 성공하여 경제계의 주역이 되었고, 정치·경제·군부 지도자들과 깊은 유대를 쌓았다. 1894년에는 역술서인 『다카시마 역단』을 출간하였다.

다카시마 가에몬은 특히 이토 히로부미와 각별한 관계로 지내면서, 이토 히로부미의 일거수일투족에 대한 길흉을 점쳐 주었다. 을사늑약을 한국에 강요한 1905년 11월 17일도 다카시마 가에몬이 정해주었고, 이토 히로부미가 그에 따른 것이었다.

일본 '역술의 성인[易聖]'으로 불리는 다카시마 가에몬. 그가 집필한 『다카시마 역단』은 일본의 지도자들은 물론 일본인의 일상생활에도 지대한 영향을 끼쳤다.

▰▰▰▰ 안중근에게 저격된 이토 히로부미, 다카시마 가에몬도 말리지 못했다

이토 히로부미와 다카시마 가에몬은 사돈 사이였다. 다카시마 가에몬의 맏딸이 이토 히로부미의 며느리였다. 그들이 세운 '조선 정책'에 대한 유명한 일화가 있다. 1909년 10월 12일의 일이다.

이토 히로부미가 병상 중인 다케시마를 방문한 자리에서 1909년 조선에 건너가 '조선 문제'를 해결하고 오겠다고 하였다('조선 문제'란 조선을 병탄하는 일을 말한다). 이에 다카시마 가에몬은 점을 쳤고, 간곡히 말렸다. "운수가 매우 사나우니 가지 마십시오." 이에 이토 히로부미가 웃으면서 "조선 문제만 해결한다면 이 한목숨 아깝지 않습니다"라고 하였다.

"그렇다면 어떤 일이 있어도 이름에 산(山)이나 간(艮) 자가 들어간 사람을 조심하십시오." 이것이 다카시마 일생일대 마지막 점이었다. 그는 이후 더 이상 점을 치지 않았다. 다카시마의 예언대로 이토 히로부미는 그로부터 보름 후인 10월 26일 '艮'이 들어간 이름인 안중근(安重根) 의사에게 하얼빈 역에서 피살된다.

다카시마는 자신의 죽는 해와 달도 예언했는데, 실제로 그렇게 되었다. 일본에서는 너무나 유명한 일화다. '야후 재팬'에서 '이토 히로부미의 피살을 예상했던 남자, 다카시마 가에몬(伊藤博文の暗殺を予想した男高島嘉右衛門)'을 검색하면 쉽게 확인할 수 있다. 2023년에 부임한 서울 주재 《마이니치신문》 기자인 후쿠오카 시즈야도 "일본인이라면 다 아는 이야기"라고 증언했다.

'산(山)'과 '간(艮)'은 『주역(周易)』의 간괘(艮卦)에서 나온 말이다. 다카시마 가에몬이 이토 히로부미의 일을 점쳤더니 '간괘'가 나왔다. 간괘의 괘상(卦象)이다.

산(山)들이 겹치는 것을 간(艮)의 형상이라 한다. 군자는 이를 보고서 자신의 생각이 지금, 이 자리를 벗어나지 않게 한다[兼山 艮 君子 以 思不出其位].

— 김기현, 『주역』 하권 중에서

다카시마 가에몬은 이토 히로부미가 지금의 자리[其位]에서 벗어나지 않음[不出]에 생각[思]을 두어야 한다고 풀이하였다. 그러나 이토 히로부미의 '생각'은 그 자리를 벗어남[出其位]에 있었다. 산과 간을 침범해서는 안 되었다. 특히 한반도는 간방(艮方)으로 상징된다. 침범해서는 안 되었다. 산과 간에 의해 해를 입는다는 것이 다카시마 가에몬의 점사(占辭)였다.

이러한 다카시마 가에몬의 역술 실력 때문에 그 이전부터 이토 히로부미뿐만이 아니라 많은 일본 지도자들이 다카시마의 점에 의존하고 있었다. 『다카시마 역단』은 한문으로 번역되어 청나라의 실력자 원세개·이홍장 등에게 전해졌고, 영어로도 번역되었다. 청일전쟁·러일전쟁도 그의 점괘에 따라 개전하였으며, 그의 점괘대로 승리하였다.

『다카시마 역단』은 지금까지 해마다 출간되어 일본인의 일상생활, 특히 택일 관련하여 지대한 영향을 끼치고 있다.

윤석열 후보의 택일 고집은 호사카 유지 교수가 언급한 '택일 주술'이다. 물론 어떤 일을 도모할 때[時]를 정하는 것은 중요한 일이다. 때는 물리적으로 시각·날짜·달·연이란 구체적 단위로 표기된다. 인간 세상은 과학과 이성만으로 움직이지 않는다. 동서고금을 막론하고 운[때]에 대한 믿음은 있어왔다. 전쟁을 앞둔 장군도 언제 출전을 해야 길한가를 음양 참모에게 자문 받았다. 과거 일본과 중국에서도 그랬다. 제왕절개를 앞둔 산모와 보호자에게 '수술 시각을 잡아오라'는 산부인과 의사도 때를 의식하기 때문이다. 결혼일·이삿날부터 국가 행사까지 택일은 지금도 동아시아 3국에서 무시할 수 없는 민속이다. 그러나 정도가 지나치면 문제가 된다.

택일 비보에 대한 고려와 조선의 상반된 입장

택일 비보는 고려 때 특히 심했다. 인종 2년(1124년), 송나라 서긍 (徐兢, 1091~1153)이 사신 자격으로 고려에 입국하여 1개월간 머물 다가 귀국했다. 방문 목적은 전왕인 예종의 죽음을 조문하고, 신왕인 인종의 왕위 계승을 축하하기 위함이었다. 그해 6월 12일 예성강에 도착한 그는 다음 날 사절단을 이끌고 개경에 들어간 후, 사절 임무를 마치고 8월 27일 송나라로 돌아갔다. 귀국 후 『선화 봉사고려도경(宣和奉使高麗圖經)』 40권을 지어 휘종 황제에게 바쳐 고려의 문물을 비롯한 자세한 실정을 소개했다('선화'는 휘종의 연호 이다).

> 고려는 본래 두려워하며 귀신을 믿고, 음양에 얽매여, 병이 들어도 약을 먹지 않는다. 비록 부자지간의 지친이라도 서로 보지 않고 오직 저주(咀呪)로 압승(厭勝: 비보)하는 것을 알 뿐이다.
>
> — 서긍, 『선화봉사고려도경』 〈사우〉 중에서

'음양에 얽매인다'는 뜻은 매사 택일, 숫자, 방위, 색상, 문자 등을 음양오행에 배속하여 길하고 흉함을 따진다는 뜻이다. 고작 1개월 간 개경에 머문 중국인 서긍이 잘못 본 것일까? 그렇지 않다.

그보다 훨씬 전인 고려 6대 왕 성종 때 일이다. 성종 9년(990년) 6월, 송나라 시성무(호부관리), 조화성(병부관리)이 고려에 사신으로 왔다. 송나라 황제를 대신하여 성종에게 왕 임명장을 전하고자 함이었다. 문제는 당시 고려가 택일에 얽매어 중국 사신이 올 때마다 반드시 좋은 달과 날짜를 택하여 조서를 받았다는 점이다. 시성무와 조화성은 이 때문에 한 달 넘게 공관에 머물며 길일을 기다려야 할 상황이었다. 화가 난 사신들이 고려를 힐책하자 겁먹은 국왕이 바로 다음 날 임명 문서를 받았다. 이 사실은 『고려사』뿐만 아니라 송나라 역사서 『송사(宋史)』에도 자세히 기록될 정도였다. 고려는 주술의 나라였다.

택일 비보의 어리석음은 조선 유학자들의 비판 대상이 되었다. 문관 출신인 이방원은 임금(태종)이 된 뒤 이 어리석음을 깨트리고자 했다. 세종 1년(1419년), 『장일통요(葬日通要)』라는 책이 출간되었다. 병조판서 조말생, 호조참판 김자지, 풍수관리 이양달 등이 태종의 명으로 택일에 관한 책을 편집하기 시작하여 세종 때 완성한 것이었다. 태종이 이 책을 만들게 한 계기는 다음과 같다.

후세의 음양가들이 많은 금기를 만들어, 택지와 택일에 관하여 길일과 길시를 택하느라 수년 동안 결정들이 미뤄지기까지 한다. 나는 일찍이 두 번이나 흉하다고 하는 날에 일을 치렀으나 아무런 해가 없었다. 이와 같은 택일 금기는 알 수 없는 일이다. 마땅히 여러 서적을 두루 열람하여, 성현의 말을 바탕으로 무속의 고질을 타파하도록 하라. 하나의 책을 지어 바치라.
— 『조선왕조실록』, 세종 1년(1419년) 3월 9일 기사 중에서

명을 받은 대신들은 『예기』『춘추』와 같은 오랜 고전부터 한나

라 청오자, 당나라 여재, 송나라 주자(朱子)·채성우·호순신·왕수 등 석학과 음양 전문가의 견해를 총망라하여 핵심 내용을 정리했다. 그 책이『장일통요』이다. 편집자들은 이 책의 핵심 주제를 다음과 같이 세종에게 보고했다.

> 택일·택지에 대하여 논하옵니다. 청오자는 "좋은 해를 택하는 것이 좋은 달만 못하고, 좋은 달이 좋은 날만 못하고, 좋은 날이 좋은 땅만 못하다" 하였습니다. 왕수는 "좋은 해가 좋은 달만 못하고, 좋은 달이 좋은 날만 못하고, 좋은 날이 좋은 시만 못하고, 좋은 시가 좋은 땅만 못하다"고 하였습니다.
>
> — 앞의 책

택일 관찬서인『장일통요』는 "연월일시가 아무리 좋아도 좋은 땅만 못하다"고 주장한다. 택일 비보술이 아무리 뛰어나도 좋은 땅, 즉 풍수에서 말하는 길지만 못하다는 것이다. 비보술을 버리고 풍수술을 취하라는 말이다. 고려의 비보술이 폐기되고, 풍수술로의 패러다임 전환이 태종 때 시작되었다(『장일통요』는 임진왜란 때 불타 전해지지 않는다). 이후 세종, 세조, 성종 등은 모두 풍수로 관심을 돌렸다.

그로부터 66년 후인 성종 16년(1485년) 비보술이 잠깐 등장하지만 바로 폐기된다(이 책 241쪽 참고). 이러한 택일 비보가 2022년 대한민국 대통령 선거에 화려하게 '부활'했다. 조선왕조조차도 공식적으로 부정한 택일 비보술이다. 그 사회사적 배경은 무엇일까?

윤석열 대통령 부부와 관련된 주술(비보술) 일지

주술 행태	날짜	장소	내용	역사적 사례	참고
굿	2018년 9월 9일	충청북도 충주시 중앙탑공원	살아 있는 소의 가죽을 벗긴 '수륙재'	고려와 조선 중기 왕실에서 시행	윤석열 검사 장시절
택일	2022년 1월 및 2022년 2월	방송 3사	대선후보 토론 날짜를 변경하여 특정 날짜 고집	고려 왕실이 신봉, 『송사』에도 기록되어 있음	일본에서도 중시됨
문자	2021년 총 3회	방송 3사	윤석열 후보가 손바닥에 '王' 자가 쓰인 채로 출연	고려 왕실과 무신들이 특정 글자를 고집	
도지구타법	2022년 5월 10일	청와대 입구	청와대 개방식 때 74인의 국민대표가 복숭아 가지를 들고 입장	고려부터 일제 강점기까지 시행됨	
이궁(移宮)	2022년 5월 10일	용산	대통령 집무실을 용산으로 옮김	고려 서경·남경·중원천도론	
숫자	집권 후 20여 회	정부 주요 부처	특정 숫자인 '2,000'이 들어간 정책 발표 및 시행	신라·고려·조선왕조마다 9, 6, 8 숫자 중시	
정자	2024년 5월	한남동 대통령 관저	대통령 관저에 정자 설치	고려 왕실에서 특정 장소에 주술 차원의 정자 설치	

한국의 지식인과 지도자 들이 가졌던 전통사상에 대한 무시나 무식(특히 오리엔탈리즘적 태도)의 빈틈을 천박한 무속인들이 파고든 결과이다. 또 택일을 믿는 대선후보들이 있다면, 그것은 자기의식과 뚜렷한 소명의식, 그리고 국가와 사회 전반에 대한 카리스마 있는 통찰력의 부재로 인한 자신감 결여 탓이다.

2장

만들어진 신 '도선', 한반도 상공을 배회하다

— 주술을 맹신한 고려왕조

고려 8대 임금 현종과
『훈요십조』의 진위

      고려·조선·대한민국을 주술에 빠트린 원흉은 『훈요십조』이다. 고려 태조가 후손에게 남겼다는 10가지 가르침을 담은 책인데, 문제는 그 진위 여부에 있다. 이에 대해 역사학자 이병도와 일본인 동양사학자 이마니시 류(今西龍, 1875~1932), 그리고 이후 역사학자들 사이에 논쟁이 있었으나 아직도 결론이 나지 않았다.

    현재 대한민국의 『훈요십조』에 대한 공식 입장은 무엇일까? 한국학중앙연구원이 편찬한 『한국민족문화대백과사전』에 수록된 '훈요십조' 항목은 다음과 같다.

    943년 태조가 세상을 떠날 무렵에 박술희에게 전해 후세의 귀감으로 삼게 한 것이라고 한다. 따라서 『훈요십조』는 고려 왕실의 헌장으로 태조의 신앙·사상·정책·규범 등을 보여주는 귀중한 문헌이라고 할 수 있다.

동시에 『훈요십조』의 발견 경위와 관련해 몇 가지 중요한 문제가 제기된다고 밝혀 위작 가능성을 열어두고 있다.

『고려사』「최제안전(崔齊顏傳)」에 의하면, "신서와 훈요는 병란(兵亂)에 분실되었는데, 최제안이 이미 죽은 최항(崔沆)의 집에서 얻어 바침으로써 세상에 전하게 되었다"고 한다. (……) 그런데 최제안이 왜 최항의 집에 갔으며, 또 최항은 어떠한 경로로 신서·훈요를 소장하게 되었는가는 검토할 문제이다. 최제안은 대유학자 최승로(崔承老)의 손자로, 역대에 벼슬한 중신인데, 아마 최항 사후에 수사(修史)의 책임을 맡고 사료를 채집하기 위해 최항의 집에 갔다가 우연히 그것을 발견한 것으로 여겨진다.
그런데 최항이 소장한 그것은 궁중비전(宮中秘傳)의 헌장이므로, 부본이 있을 수 없는데, 어떻게 원본을 사장(私藏)했는가가 문제로 남는다. 여기에 대해서는 몇 가지 학설이 있다.

한국학중앙연구원도 『훈요십조』의 신빙성에 대해 확신하지 못함을 의미한다. 더구나 박술희는 왕건 사후 권력 쟁탈에 밀려 강화도로 유배당한 뒤 암살된 인물이다. 설사 왕건이 박술희에게 『훈요십조』를 은밀히 전해주었다고 해도, 폐족이 된 박술희 가문이 이를 온전히 보존하기는 어려웠을 것이다. 어쨌든 『훈요십조』라는 문건에서 '도선'이란 인물이 처음 등장한다.

한반도 역사에서 최초로 도선이 등장한 것은 도선이 죽었다고 알려진 898년보다 100여 년이 지난 뒤를 살다간 최제안에 의해서다. 최제안은 『훈요십조』의 존재를 세상에 알린 인물이다. 문제는 『훈요십조』의 위작설이다. 1918년, 동양사학자 이마니시 류는 『훈요십조』가 위작임을 밝히는 논문을 《동양학보》 제8권에 기고했다. 요약하면 다음과 같다.

고려 태조 왕건이 죽기 한 달 전(943년 4월)에 남겼다고 한 『훈요십조』가 왕실이 아닌 최항이란 개인 집에서 나왔다. 『훈요십조』는 왕건 사후 60여 년이 지나서 최제안이 최항에게 받아서 현종(재위 1009~1031)에게 바쳤다. 『훈요십조』 마지막 문장은 '마음속에 이를 간직하라[中心藏之]'는 네 글자로 맺었다. 이어서 '후임 왕들이 이를 서로 전하여 보배로 삼았다'고 하였다. 태조의 국가 경영 방침이 적힌 궁중 비전(宮中秘傳)이다. 원본 이외에 복사물이 있을 수 없다. 이러한 비전이 개인 집에 보관될 수 없다. 최제안과 최항 모두가 신라계 사람이고 현종 역시 경순왕 계열의 후손이다. 당시 집권 세력을 형성했던 전라도 나주·영암 중심의 호남 세력을 없애기 위해 조작했을 가능성이 크다.

왕건은 『훈요십조』를 박술희에게 전했다고 하였다. 왕실에 비장(秘藏)한 것도 아니다. 왕건 사후 박술희에 의해 왕실로 이관 조치가 되었는지도 불분명하다. 이유는 그가 유배지에서 암살당했기 때문이다. 만약 그래도 은밀히 보관되었다면 박술희의 아들 박정원에게 전해져야 마땅했다. 그런데 박정원의 행적도 이후 알려진 것이 없다. 아마도 박술희의 암살과 함께 죽임을 당한 듯하다.

흥미로운 것은 현재 면천(沔川) 박씨는 박술희를 시조로 하며, 그 아들 박정원을 2세로 하는 족보를 남기고 있다는 점이다. 그리고 박정원 아래로는 아무런 후손 이름이 없이 '---'로 표기된 뒤, '1세조(一世祖) 박주(朴柱)'라는 인물이 등장한다. 이것은 박정원과 박주 사이에 몇 세대를 격하고 있다는 것을 의미한다. 이로 보아 박정원은 후손 없이 처형되었고, 훗날 방계 후손이 면천 박씨 대를 이어온 것으로 추정된다. 따라서 정황상 왕건이 박술희에게 남겼다는 『훈요십조』가 제대로 보존되거나 전해질 상황이 아니었음이 분명하다. 훗날 조작되었음이 분명한 것이다.

━━ 그들에게는 정적을 내칠 근거가 필요했다

왜 최제안은 『훈요십조』를 조작했을까? 최제안과 최항과의 관계 속에서 그 이유를 찾을 수 있다. 최제안은 최승로의 손자로서 고려 왕조에서 현종, 덕종, 정종, 문종 등 네 임금을 섬긴 문신이다. 할아버지 최승로 역시 고려 6대 성종의 즉위와 함께 그의 신임을 받아 유교적 통치이념에 따른 제도 정비에 이바지한 인물이다.

최항 역시 최언위(崔彦撝, 868~944) 손자다. 최언위는 885년 당나라에 유학하여 문과에 급제한 뒤 909년 귀국하였다. 신라의 마지막 왕인 경순왕의 아들과 최언위의 딸이 혼인을 맺을 정도로 그의 집안은 명문가였다. 신라가 망한 후, 최언위는 고려에서 태자 사부 벼슬을 받았다.

최제안과 최항은 건국 시기부터 고려의 '살아 있는 증인'이었던 셈이며, 동시에 현종을 즉위시킨 일등공신들이었다. 거란 침입으로 소실된 실록을 편찬하려면 이들 집안에 소장된 사료가 1차 사료가 될 수밖에 없었다. 최항과 최제안은 같은 집안 출신으로 신라 계열이었다. 당시 권력관계를 보면, 현종 즉위 전까지는 전라도 세력이 권력을 장악하고 있었다.

단적인 예가 있다. 현종 즉위 직후, 거란 침입 때 현종은 경상도가 아닌 전라도로 피란길을 택했다. 신라 세력이 아닌 후백제 세력이 있던 전라도로 피란해야 목숨을 보전할 수 있는 상황이었다. 먼 훗날의 이야기이지만 공민왕이 홍건적의 침입을 받았을 때(1361년) 경상도(안동)로 피란한 사실을 염두에 두면 이해가 된다. 즉 왕이 위기에 처했을 때 왕실을 보호하고 받아줄 수 있는 지역이 어디인가? 현종 즉위 때까지 전라도 세력이 고려를 지탱해 주고 있었음을 알 수 있는 대목은 현종의 피란 노정에 있다.

현종 원년(1010년) 12월 9일 거란이 고려를 침입했다. 왕은 12월 28일 전라도로 피란을 떠났다. 이듬해 1월 1일 개경이 점령되었고, 왕은 1월 13일 나주에 도착했다. 이후 거란군이 물러가자 왕은 전라북도 고부와 금구를 거쳐 1월 26일 전주에 도착했다. 그리고 전주에서 7일 동안 머물렀다. 거란군이 물러갔으면 속히 개경으로 환궁해야 하는데, 전주에서 1주일을 더 머물렀다. 전주는 한때 후

현종의 피란길(1011)

공민왕의 피란길(1361)

현종 때는 백제계, 공민왕 때는 신라계의 도움을 받았음을 알 수 있다.

백제의 도읍지였다. 그곳에서 7일을 머물렀다는 것은 당시 전주 세력이 고려 왕실과 밀접한 신뢰가 있었음을 이야기해 준다.

그런데 현종의 외가는 신라계였다. 할머니는 신라 경순왕의 사촌 누이였고, 그 할머니의 아버지는 경순왕의 큰아버지였다. 왕자시절 현종의 군호는 '대량원군'이었다. 대량은 가야·합천의 지명에서 유래한다.

현종이 즉위하자 고려 내 신라 세력은 전라도 세력을 확실하게 내칠 방도를 궁구하였다. 그 결과물이 『훈요십조』이다.

권력에 대한 욕망은 진실의 눈을 가린다

다음은 『훈요십조』 제8조 전문이다(우리가 현재 읽고 있는 고려의 『태조실록』은 9대 임금인 덕종 때 다시 편찬된 것이다. 1010년 거란의 침입으로 개경이 전소되면서 모든 사료가 소실되었기 때문이다. 전적으로 신뢰하기는 어려운 사료다).

차현(충청남도 공주시 정안면과 천안시 광덕면 사이에 있는 고개) 이남과 공주 금강 바깥쪽은 산의 모양과 땅의 기세가 모두 배반하고 있다. 인심 또한 그러하다. 그 아래 지방 사람들이 조정에 참여하고 왕후·외척과 혼인하여 나라의 정사를 잡게 되면 변란을 일으킬 수도 있다. 후백제가 고려에 패배한 원한을 품고 왕실을 침범하며 난을 일으킬 수도 있다. 또 일찍이 관청에 예속된 노비와 잡직들이 권세가에게 의지하여 신분을 세탁하거나 부역을 면제받기도 할 것이다. 왕후나 궁궐에 빌붙어 간교한 말로 권력을 희롱하고 정사를 어지럽게 하여 재앙에 이르게 하는 자가 반드시 있을 것이다. 비록 선량한 백성이더라도 마땅히 관직에 올려서는 안 된다.

— 『고려사』, 태조 26년(943년) 4월 기사 중에서

그런데 고려 태조부터 7대 목종까지 전라도 세력(후백제)이 고려에서 주요 요직을 지냈다. 태조 왕건의 부인 장화왕후 오씨와 그 아들 혜종은 나주, 건국공신 신숭겸은 곡성, 왕건에게 발탁되어 6대 성종까지 고려를 섬긴 최지몽은 영암, 태조를 도와 공을 세운 김길은 광주, 건국공신 나총례는 나주, 견훤의 사위로서 훗날 왕건에게 귀순한 박영규와 그의 딸 동산원부인(태조의 17번째 부인)은 순천…… 모두 전라도 출신이다.

고려 왕실에서 신라계와 후백제계와의 갈등은 불가피했다. 특히 『훈요십조』를 집안에 소장하고 있었다고 한 최항, 이를 발견하였다고 한 최제안은 현종의 신임을 전폭적으로 받고 있던 신라계였다. 그들에게는 이 기회가 전라 세력을 내칠 수 있는 절호의 기회였다. 『훈요십조』의 조작을 가능케 하는 또 하나의 국제적 사건이 현종 때 발발한다. 다름 아닌 거란 침입이다.

━━━ 『훈요십조』 조작을 부추긴 외세의 침입

『훈요십조』 제4조의 뒷부분은 다음과 같다.

거란은 짐승과 같은 나라로 풍속이 같지 않고 말도 다르니 의관제도(衣冠制度)를 삼가 본받지 말라.

'짐승과 같은 거란족'이라고 하였지만, 기실 거란족은 우리와 동족이다. 단재 신채호(申采浩, 1880~1936)는 『조선상고사』에 '여진, 선비, 몽고, 흉노 등은 우리와 동족'이라고 썼다. 물론 동족이더라도 서로 적대적 관계로 있었던 것은 어제오늘의 일이 아니다. 같은 민족이면서 원수처럼 싸우고 있는 남북한 관계가 이를 말해 주지 않는가?

어쨌든 고려 태조 왕건은 942년 거란과 단교했고, 이후 거란과 고려는 별다른 갈등 없이 지냈다. 그러다가 986년 거란이 고려에 화친을 요청했고, 993년에는 고려가 서희를 보내 화친을 요청했다. 당시 송나라·고려·거란 3국은 이해관계에 따라 화친과 단교를 반복했다. 993년 거란이 고려를 침략하자 서희가 화친을 요청하였고, 994년 고려는 거란의 제후국이 되었다(거란 연호 사용). 2년 뒤인 996년 고려 6대 왕 성종은 거란의 성종(聖宗)으로부터 왕으로 관작을 받았다. 거란 황제가 고려 성종에게 관작을 주는 글인 책봉문의 내용은 다음과 같다.

그대(고려 성종)의 충성과 공경함을 생각하자면 마땅히 높은 관작에 봉하여 1품의 귀한 자리에 올려 영예로운 직위를 받아야 한다. 이에 왕의 작위를 주어 상서령 고려 국왕으로 삼는다.

—『고려사』, 성종 15년(996년) 3월 기사 중에서

이에 대해 고려 국왕 성종은 "예를 갖추어 책명을 받고 전국의 죄수들을 풀어주었다."

성종에 이어 고려 7대 왕 목종(재위 997~1009) 역시 거란으로부터 왕으로 임명받았다(999년). 8년 후인 1007년에 거란은 목종에게 관직을 높이고 식읍 7천 호를 주었다. 그렇게 거란이 책봉한 고려 왕 목종을 강조(康兆, ?~1010)가 난을 일으켜 죽이고, 현종을 왕으로 세웠다. 거란에 대한 배신이었다. 거란은 그 책임을 물어 전쟁을 선포했다. 이것이 우리나라 사극이 자주 우려먹는 '고려·거란 전쟁'의 발발 이유다.

1010년 거란 침입으로 개경은 불탔고, 현종은 전라도 나주까지 피란하는 수모를 당했다. 개경에 보관 중이던 국가기록물은 모두 불탔다. 8년 후인 1018년, 거란이 다시 고려를 침공했다. 현종이 약속한 거란 입조를 하지 않았기 때문이었다. '현종의 거란 입조'란 고려 왕 현종이 신하 자격으로 거란의 조정 회의에 참석하는 것을 말한다. 고려 현종이 약속을 지키지 않자 거란이 쳐들어왔다.

현종과 고려 입장에서는 거란이 '원수'였다. 명백하게 거란을 '적'으로 규정할 필요가 있었다. 그 규정을 『훈요십조』에 삽입하였을 것이다. 당시 외교관계를 보면 이해가 된다. 1010년 거란 침략 후

고려는 송나라에 복속 요청을 하고(1014년), 1016년에는 송나라 연호를 사용했다.

▬▬▬ 현종의 킹메이커 최항의 입김

『훈요십조』를 소장하고 있었다는 최항은 1024년에 죽는다. 3차에 걸친 거란 침략을 경험한 최항은 누구인가? 당나라 유학생 출신 최언위(고려에서 정2품 관직을 지냄)의 손자다. 그는 성종 때 20세 나이로 과거에 합격했고, 승진을 거듭하였다. 목종 때에 2차례나 과거 시험을 주관하는 관직(지공거)을 맡았다(시험 책임자였는데, 이때 시험에 합격한 이들은 지공거와 문벌을 형성하고 세력화했다). 그는 왕과 크고 작은 일을 함께 의논하였다. 왕이 병이 든 와중에 김치양이 반역을 꾀하므로, 최항이 채충순 등과 함께 대책을 세워 현종을 맞아 즉위시켰다.

최항은 현종의 은인이자 '킹메이커'였다. 현종은 그를 사부로 삼았다. 전임 왕 성종이 팔관회가 번거롭고 소란하다고 하여 폐지하였는데, 최항이 팔관회를 다시 설치하자고 요청하였다. 바로 이 부분도 『훈요십조』에 반영되었다.

내(태조 왕건)가 지극히 바라는 것은 연등회와 팔관회이다. 연등회는 부처를 섬기는 까닭이고, 팔관회는 하늘의 신령 및 오악·명산·대천·용신(龍神)을 섬기는 것이다. 후세에 간신들이 이 행사를 더 하거나 줄일 것을 건의하는 것을 결단코 마땅히 금지하라.

—『고려사』, 태조 26년(943년) 4월 기사 중에서

당시 상황을 재구성해 보자. 팔관회는 전왕 성종이 폐지하였다. 성종은 현종의 사촌 형이다. 팔관회를 부활한다는 것은 전임 왕의 권위를 부정하는 것이다. 전임자 정책을 쉽게 폐기할 수는 없다. 팔관회를 부활시키려면 전왕(성종)보다 더 권위 있는 왕을 내세워야 한다. 확실한 방법은 고려 창업자, 즉 태조의 명을 앞세우는 방법이다. 태조의 이름에 가탁한『훈요십조』가 나오게 된 본질적 이유다.『훈요십조』는 태조 왕건이 남긴 유훈이 아니라 최항이 임금에게 올린 국면전환[換局]용 '시무 10조'였다. 그것을 최제안이 태조 왕건이 남긴 유훈이라 속여 현종에게 올린 것이다.

『훈요십조』가 쉽게 조작 가능한 당시의 시대적 사건이 있었다. 현종 원년(1010년)에 거란의 침입으로 개경이 함락되고 만월대 연경궁이 전소되었다. 궁내에 두었던 역대 사적이 다 타버렸다. 따라서 현종 4년(1013년)에 사적 편찬을 시작해 이후 20여 년이 지난 덕종 3년(1034년)에 완성을 본다. 모든 사적과 기록이 타버렸기 때문에 왕명을 받은 황주량(문하시중 등 최고위 관직을 지낸 학자)은 고려의 옛일을 기억하는 조정 대신들을 찾아가 자료를 수집하여 역사 편찬 작업을 하였다. 태조부터 목종까지의 총 36권으로 된『칠대사적(七代事跡)』이 그것이다.

황주량이 주관한 사적 편찬에 관여한 이가 최항이었다. 그가 왕에게 올리고자 했던 정책, 즉 '시무 10조'를『훈요십조』로 위장시켰

던 것이다. 최항이 비록 현종의 '사부'이기는 하지만 자신의 정책으로 올리기보다는 태조의 유훈으로 올리면 권위가 섰을 것이기 때문이다. 최항은 이를 은밀히 작성하여 최제안에게 슬쩍 넘겼을 것이다. 『고려사』에는 『훈요십조』가 세상에 나타나는 과정이 다음과 같이 소개되어 있다.

> 처음 태조의 『신서훈요』는 전쟁으로 불타서 잃었는데, 최제안이 최항의 집에서 얻어 간직하여 두었다가 조정에 바치니, 이로 인하여 세상에 전해졌다.
>
> —『고려사』, 「최제안」 중에서

『훈요십조』는 『신서훈요』의 뒷부분을 구성하는 책으로, 이전 왕들이 후백제(전라도) 계열을 중시하던 정책을 폐기하고 신라 계열을 중심으로 하는 새로운 정책안이었다. 실제로 이후 왕들은 『훈요십조』를 고려 멸망 때까지 지속적으로 인용·활용하였다.

또 다른 반문이 제기될 수 있다. 『훈요십조』가 왜 고려 멸망 때까지 통용되었을까 하는 점이다.

이는 통치자로서 현종의 성공 덕분이었다. 거란의 침입 등 초기의 어려움을 극복한 현종은 성공한 왕으로서, 여러 분야에서 새로운 제도를 세워 나라의 기반을 튼튼히 했다. 고려 왕실은 현종의 직계 후손들이 계속 왕위를 이었다. 태조 왕건이 시조라면, 현종은 중시조가 된 셈이었다. 현종부터 제17대 왕 인종까지 고려는 약 130년 동안 긴 번영기를 맞이했다. 현종 때 세상에 알려진(조작된)

『훈요십조』가 고려 말까지 영향력을 발휘할 수 있었던 이유다. 현종은 도선이 실존 인물임을 확실히 하기 위해 그를 선사로 칭해 지위를 부여했다. 최제안과 최항에 의해 만들어진 가공의 인물이 역사적 인물로 등장하는 순간이었다.

이후 역대 왕들 역시 『훈요십조』에 언급된 도선을 좀 더 구체적인 생존 인물로 성역화할 필요가 있었다. 나라를 통치하기에 아주 좋은 주술이 될 수 있다고 보았기 때문이다. 이제 '도선의 창조와 성역화' 과정을 추적해 보자.

왜 도선의 탄생 설화에
오이가 등장할까?

      설화는 역사적 사실이 아니다. 그러나 설화란 본디 "한 사회의 집단생활 내에서 자연적으로 발생·생장하여 집단의 사상·감정·생활사상을 표현하게 된 것"(손진태)이어야 역사적 가치가 있다. 그런데 도선의 탄생 설화는 특정한 지식인(최유청)이 특정한 권력자(고려 의종)의 명에 의해 만들어졌다. 그래서 '지배계급'의 설화가 되고 말았다. 도선이 생존했다고 주장하는 827~898년부터 250년이 지난 1150년의 일이다. 모든 기록이 자동으로 저장되고 열람이 가능한 21세기와 달리 12세기의 기록문화는 열악했다. 더구나 잦은 전쟁으로 어렵사리 보관한 기록물도 모두 사라졌다. 그러한 상황에서 죽은 지 250년이 지난 도선의 생애를 제대로 서술할 수 있었을까?

이 책에서 필자가 문제 삼는 것은『훈요십조』의 진위 여부가 아니다. 태조 왕건이 유훈으로 남겼다는『훈요십조』는 태조가 죽고 나서 바로 발표된 것이 아니라 현종 이후에 세상에 알려졌다. 그 이전까지 도선이란 인물은 그 어떤 기록에도 언급되지 않았다. 왕의 명령으로「도선국사비문」을 쓴 최유청은 1093~1174년 사이를 살다 간 인물이다.

최유청의 6대조인 최준옹은 고려 개국공신이다. 아버지 최석과 아들 유청 형제도 장원급제하여 고려의 대표적 문벌 가문을 이루었다. 최유청은 숙종, 예종, 인종, 의종, 명종 등 다섯 임금을 섬긴 대학자이자 명신이었다. 그런 최유청에게 의종이 도선의 생애를 '창작'하라고 한 것이다. 최유청 가문의 권위를 빌려야 신빙성을 얻을 수 있었기 때문이다. 최유청은『훈요십조』가 세상에 알려지고도 50여 년 후에 태어난 인물이다.『훈요십조』에서 도선에 대한 언급은 다음 문장뿐이다.

여러 사원은 모두 도선이 산과 물의 순역(順逆)을 점쳐서 지은 것이다. 도선이 이르기를, "내가 점을 쳐 정한 곳 외에 함부로 덧붙여 창건하면 지덕(地德)이 줄어들고 엷어져 왕업이 길지 못하리라" 하였다.

— 『고려사』, 태조 26년(943년) 4월 기사 중에서

『훈요십조』는 도선의 직위, 생애, 저서 등 그 어떤 것도 언급하지 않았다. 최유청이 56세 때인 의종 4년(1150년), 즉『훈요십조』가 세

상에 알려진 지 다시 100여 년이 지난 뒤 왕명에 따라 도선의 생애를 써야 했던 것이다. '창작'을 할 수밖에 없는 상황이다. 최유청은 이전의 유명 실존 인물들(최지몽, 혜철, 윤다, 경보, 형미)의 생애를 바탕으로 짜깁기를 한다. 그것이 〈옥룡사선각국사증성혜등탑비〉의 비문이다(「도선국사비문」으로 표기). 「도선국사비문」이 밝히는 도선의 탄생 대목은 다음과 같다. 최유청이 도선에 관한 자료 수집의 어려움을 말한 대목이기도 하다.

> 임금(고려 18대 왕 의종)께서 즉위 4년(1150년) 10월에 신(최유청)에게 분부하셨다. '선각 국사(도선)의 높은 덕은 국가에 그 공로가 크다. 우리 선왕(17대 인종)께서 여러 번 고인에게 직위를 하사하여 지극히 존중하였으나, 선사의 행적이 지금까지 문자로 전래하지 못하고 있는 것을 부끄럽게 여기는 바다. (……) 신(최유청)은 분부를 맡고 황송한 마음으로 귀가하여 그 사실의 상세한 것을 얻어 이제 차례로 기록한다.
> — 『선각국사 도선』(영암군, 2007년)에 수록된 번역문과 원문 참고

도선이 죽었다는 898년부터 252년이 지난 후 최유청은 도선의 행적을 글로 쓰려 했다. 그런데 임금(의종)도 선사의 "행적은 지금까지 문자로 전해진 것이 없다[行蹟至今尙未文傳之]"고 하였다. 도선에 대한 기록이 252년 동안 전해진 것이 없는데, 어떻게 도선의 행적을 쓸 수 있을까? 최유청은 어떻게 도선 행적을 비문으로 지었을까? 우선 최유청이 쓴 도선의 생애를 살펴보자.

스님의 이름은 도선이고, 속성은 김씨, 신라 영암 출신이다. 그의 선대 가계와 아버지와 할아버지에 대한 역사적 기록은 없다. 혹자는 이르기를 신라 태종대왕(무열왕) 첩의 후손이라고도 하였다. 어머니 강씨 꿈에 어떤 사람이 밝은 구슬을 주면서 삼키라고 하여 삼켰더니 임신이 되었다. 만삭이 되도록 매운 것, 비린 것을 피하고 오로지 독경과 염불에 뜻을 두었다. 선사는 태어난 뒤 젖먹이 때부터 다른 아이들과 달랐다. 어릴 때 장난하거나 울 때도 그의 뜻은 불법을 공경하고 두려워하는 마음이 두터웠다.

아버지가 누군지를 밝히지 않았다. 그러한 까닭에 이후의 도선 탄생 설화는 다양한 버전으로 진화한다. 『세종실록지리지』의 도선 탄생 설화 대목은 다음과 같다.

어머니 최씨가 뜰 가운데 길이가 한 자가 되는 오이가 있어 그것을 몰래 먹었더니 임신이 되었다.

이러한 내용은 조선 효종 4년(1653년)에 월출산에 세운 〈영암도갑사도선국사수미선사비〉에서도 반복된다. 다음은 비문 중 일부다.

어머니가 빨래하다가 떠내려오는 오이를 먹었더니 임신이 되었다.

설화에 등장하는 오이는 남자의 성기를 상징한다. 도선이 아비 없는 자식이었다는 결론이다. 실제로 아버지가 없었을 수도 있지만, 도선을 창작하려다 보니 마땅한 근거가 없었기 때문일 수도 있다. 그렇다면 도선의 생애는 어떤 실존 인물들의 생애를 짜깁기한 것일까?

▬▬ 다채롭게 꾸며진 도선의 생애와 학맥

최유청이 도선의 스승이라고 소개한 혜철(惠哲, 785~861)의 탄생과 유년기를 보자(혜철은 실존 인물이다).

> 혜철 선사는 아이 때부터 행동 하나하나가 보통 사람과 달랐다. 심지어 소란스럽게 노는 가운데서도 시끄럽지 않았으며, 편안하고 조용한 곳에서도 스스로 고요하였다. 노린내와 비린내를 맡으면 피를 토하였다. 절에 가서 부처님 주위를 돌 때는 범패를 불러 승려를 본받으니 전생의 업에 부합함을 알 수 있었다.
>
> — 김지견 외, 『도선 연구』에 수록된 「선각 국사 도선 연구」(정성본) 재인용

다음은 최유청이 쓴 도선의 '수업 시대'이다.

> 15세가 되었을 때 이미 깨달음이 많고 성숙할 뿐 아니라, 기술과 예술에까지 겸비하였다. 드디어 머리를 깎고 월유산 화엄사에 나아가서 대경을 독습하여 1년도 채 되지 않아 통달하였다. (……) 846년(문성왕 8년), 20세 때 홀연히 스스로 생각하며 말했다. "대장부가 마땅히 교

법을 여의고 스스로 정리하여야 할 것이거늘, 어찌 능히 움직이지 않고 전적으로 문자에만 고수하고 있겠는가?"

이때 혜철 선사는 중국의 지장 선사에게 공부하고 귀국하여 곡성 동리산 대안사에서 머물렀다. 그에게 가르침을 구하는 자가 구름처럼 모여들었다. 도선도 제자 되기를 청하였다. 혜철 선사가 도선의 총명함을 가상히 여겨 지극 정성으로 지도하였다. 23세 때 혜철 선사로부터 구족계(具足戒: 승려가 지켜야 할 계율로, 정식 승려가 됨을 의미)를 받았다.

—『선각국사 도선』(영암군, 2007년)에 수록된 번역문과 원문 참고

그런데 도선이 스승으로 모셨다는 혜철은 누구인가?

혜철은 신라 경주 출신으로 어려서 출가하여 영주 부석사에서 화엄학을 배우고, 22세에 구족계를 받았다. 814년에 당나라에 유학하여 지장(智藏, 735~814)에게 배우고 839년에 귀국한다. 화순 쌍봉사에 잠시 머물다가 곡성 동리산에 태안사를 창건하고 선풍을 일으켰다. 혜철의 '수업 시대'를 좀 더 살펴보자.

혜철은 15세가 되었을 때 출가하여 부석사에 머물며 화엄경 강의를 들었다. 한 번에 5줄씩 읽을 정도로 총명하였다. 글과 뜻을 엮어 책을 만들어, 옛날에 풀지 못했던 것을 해결하였고 못 배우는 사람의 몽매함을 없애주었다. 동료들이 어제는 함께 공부하던 학우였는데, 지금은 이끌어주는 스승이 되었으니 진실로 불교계의 안자(공자의 제자)라고 하였다.

— 김지견 외, 『도선 연구』에 수록된 「선각 국사 도선 연구」(정성본) 재인용

도선과 혜철의 '수업 시대' 내용이 비슷하다. 최유청이 도선의 일대기 창작에 끌어다 쓴 것이다. 도선이 실존하지 않았다는 결정적 방증이 또 있다. 신라와 고려 때 활동한 고승들은 사후 임금의 명에 따라 제자나 후학들이 비문을 쓰고 비를 세웠다. 최유청의 「도선국사비문」에 밝힌 '도선의 스승과 제자'라고 한 당시의 고승 혜철의 비문은 827년, 윤다(允多, 864~945)의 비문은 951년, 경보(慶甫, 869~948)의 비문은 958년에 완성되었다. 그런데 그 중간에 위치한 도선의 비문은 없다.

또 위 3인의 비문에 '도선'에 대한 언급이 없다. 도선이 혜철의 수제자였다고 하는데, 정작 혜철은 그 법맥을 윤다에 넘긴다. 윤다의 비문에 그 학맥이 소개된다.

중국의 지장은 혜철에게 전하였고, 혜철은 선사 여(如)에게, 여는 윤다에게 전하였으니, 즉 윤다는 지장의 증손인 셈이다.

— 앞의 책

최유청 비문에 경보는 도선의 법맥을 잇는 제자라고 하였다. 그런데 경보의 비문에는 자신의 '스승' 도선에 대한 언급이 없다. 어찌 제자가 자기 사부를 누락시킬 수 있을까? 이는 도선이 허구의 인물임을 방증한다.

최치원이 쓴 비문을 모은 책인 『사산비명(四山碑銘)』은 고승 3인과 숭복사에 대한 내용이다. 최치원은 낭혜 화상 무염(無染, 800~888), 진감 선사 혜소(慧昭, 774~850), 지증 대사 도헌(道憲, 824~882)의 비문을 쓴다. 이들 3인뿐만 아니라, 신라와 고려 때 활동한 고승들에 대한 비문 저술은 예외 없이 그들 사후 바로 진행된다. 최치원(857~?)은 도선(827~898)과 생존 연대가 겹치는데 최치원이 30살이나 어리다. 도선이 신라 효공왕과 고려 태조에게 큰 역할을 하였다고 전제하면 최치원이 왕명으로 도선 비문을 쓰기에 충분한 인연이었다. 도선이 죽은 직후 비문이 쓰이고 비가 세워져야 마땅했다.

또 도선을 '선각 선사(고려 8대 임금 현종)', '선각 왕사(15대 숙종)', '선각 국사(17대 인종)'로 추증했다고 하였다. 정작 태조 왕건은 아래에 소개할 형미 승려에게 '선각 선사'란 호를 내린다. '선각'이란 호도 최유청이 형미(逈微, 864~917)의 것을 가져온 것이다.

문제는 또 있다. 도선이 당시 "신라 효공왕에게 알려져 경주로 초청을 받았다"고 최유청이 비문에 썼다. 그렇게 도선이 큰스님이었다면, 『삼국사기』 『삼국유사』에 이름이라도 언급되었어야 했다. 전혀 언급이 없다.

━━━ 태조 왕건의 안중에 없었던 존재

도선이 허구의 인물임은 태조 왕건의 동시대 스님에 대한 예우를 살펴보면 명확해진다. 도선은 왕건 탄생과 삼한통일을 예언하고, 훗날 왕건을 찾아갔다고 하였다. 그렇게 중요한 도선을 왕건은 재위 시절 한 번도 언급하지 않았다. 태조 왕건을 도왔던 스님으로는 선각 선사 형미가 있었다. 광주 출신으로 장흥 가지산 보림사

<영암 도갑사 도선국사>, 한국민족대백과. 도선의 실존 여부에 대한 논란이 있다.

에서 출가한 형미는 891년 당나라에 유학하여 운거(雲居, ?~902)에게 배웠다. 귀국 후 강진 무위사에 머물렀다. 917년 왕건은 형미에게 궁예(弓裔, ?~918)에게 사신으로 가달라고 부탁했다. 형미는 태봉국 도읍지인 철원에 가서 궁예에게 왕건의 말을 전했는데, 형미의 말을 듣고 화가 난 궁예는 형미를 그 자리에서 죽였다(어떤 말에 궁예가 분노했는지 구체적인 기록은 없다. 궁예가 왕건을 견제하기 위해 형미 처형이라는 극단적인 카드를 꺼냈다거나, 자신을 미륵불의 화신으로 여기는 궁예 앞에서 미륵불 신앙을 비판했기 때문에 처형되었다는 주장들이 있다). 훗날 왕건은 고려를 개국하고 개경 오관산에 탑을 조성하여 형미를 장사 지내주었다. 그리고 2년 후 '선각 선사' 시호를 내렸

고 비문은 최언위에게 짓게 했다.

또 다른 예도 있다. 왕건은 태조 19년(936년) 현성사라는 절을 창건했다. 밀교 계통의 스님인 광학과 대연이 후백제 견훤(甄萱, 867~936)의 수군 침입을 막아준 공로에 대한 보답이었다. 이후 현성사는 왕실 전용 원찰(개인 사찰)이 된다. 이렇듯, 태조 왕건은 자기에게 도움을 준 승려들에게 분명하게 보은했다. 왕건의 탄생과 삼한통일을 예언한 도선에 대해서 왜 왕건은 어떠한 '보은'도 하지 않았을까? 도선이란 실체가 없었기 때문이다.

그럼 왜 도선의 출생지가 전라남도 영암군 군서면 구림리로 특정되었고, 지금도 영암군은 이를 관광자료로 홍보하고 있을까? 사실 영암군이 자랑하고 홍보해야 할 인물은 도선이 아닌 최지몽이다.

▬▬▬ '고려의 노스트라다무스' 최지몽

최지몽(崔知夢, 907~987)은 전라남도 영암군 군서면 동구림리 성기동 출신이다(도선의 출생지와 동일하다). 유학자였지만 동시에 풍수와 천문학(점성술)에 능해 고려 건국 이전에 이미 후삼국의 통일을 예언한 장본인이다.

최지몽은 남쪽 바닷가 영암 사람으로, 처음 이름은 총진이었다. 성품이 청렴하고 인자하였으며, 총명하고 배우기 좋아하였다. 경서·사서를 두루 섭렵하였고, 특히 천문·별점에 정통하였다. 18세 때인 924년

(태조 7년) 왕이 그의 이름을 듣고 불러서 꿈을 점치게 하였다. 최지몽은 풀이하였다.

"반드시 후삼국을 통일할 것입니다."

그 말을 들은 왕건이 기뻐하며 '꿈[夢]'을 풀 줄 안다[知]'는 의미로 이름을 지몽(知夢)으로 바꾸어주었다. 비단옷을 하사하며 정6품 벼슬에 임명하였다. 이후 최지몽은 왕건의 정벌 전쟁에 늘 수행하였다. 후삼국을 통일한 왕건은 최지몽을 궁 안에 고문으로 모셨다.

고려 2대 왕 혜종(912~945)의 장인 왕규(王規, ?~945)가 혜종을 해치려는 계획을 세웠다. 이때 최지몽이 왕에게 "유성(流星: 뜨내기별)이 자미(紫微: 제왕의 별)를 침범하였으니, 나라에 반드시 도적이 있을 것입니다"라고 하였다. 혜종은 이에 대해 대비책을 세워 자신을 죽이러 온 자객을 직접 제압했다.

이후 혜종이 붕어하고 3대 왕 정종(923~949)이 즉위했다. 최지몽이 점을 쳐보고 정종에게 아뢰었다. "가까운 시기에 변란이 있을 것이니, 수시로 거처를 옮기셔야 합니다." 지몽의 예언대로 또 왕규가 반란을 일으켜 개경에 쳐들어왔지만 태조의 사촌동생인 왕식렴이 이를 진압하였다. 왕규와 그 추종자 300여 명이 함께 처형되었다. 정종은 최지몽을 포상하여 노비·말·은그릇을 하사하였다.

고려 4대 왕 광종(925~975) 때는 왕의 귀법사 행차를 따라갔다. 술에 취해 예를 빔하여 외걸현으로 귀양 보냈는데, 무려 11년이나 귀양살이를 하였다. 고려 5대 왕 경종(955~981) 5년(980년), 왕은 최지몽의 귀양을 해제하고 내의령(종1품)에 임명하고, 은그릇·비단 이불·휘장·옷·말·무소뿔 허리띠를 하사하였다. 어느 날 최지몽이 아뢰었다. "객성(손님별)이 제좌(帝座: 제왕의 별)를 범하였으니 왕께서는 뜻밖에 닥칠 사태에 대비하십시오." 얼마 지나지 않아 왕승 등이 반역을 도모하다가 처형당하였다. 이에 최지몽에게 어의(御衣)와 금띠를 하사하였다.

(⋯⋯) 고려 6대 왕 성종(961~997) 원년(982년), 왕은 벼슬을 높여주고 최지몽 부모에게도 작위를 내렸다. 성종 3년(984년) 78세의 최지몽은 사직을 청하였으나 허락하지 않았다. 대신 조회를 면해주고 내사방에 가서 예전처럼 일을 보게 하였다. 성종 6년(987년) 최지몽이 병이 나자, 성종은 약을 하사하고, 병문안하였다. 81세에 죽으니, 성종이 몹시 슬퍼하였다. 부의로 베 1천 필, 쌀 300석, 보리 200석, 차 200각, 향 20근을 내렸고, 관청으로 하여금 장례를 주관하게 하였다. 태사(太師)로 추증하였다. 성종 13년(994년)에 경종의 묘정에 배향되었다.

—『고려사』, 「최지몽」 중에서

최지몽은 고려의 '노스트라다무스'였다. 태조 왕건부터 성종까지 여섯 왕을 모시면서 천문·점성술로 왕실을 지켜주었다. 왕건의 삼한통일을 예언하였을 뿐만 아니라 반란을 미리 예언하여 고려 왕실을 지켰다. 고려 왕실에 이보다 더 고마운 은인이 있을까?

1150년 최유청은 의종의 명에 따라 도선을 창작할 때 최지몽의 생애를 윤색한다. 거기에 혜철·윤다·경보의 탄생 설화, 수업 시대, 경력들을 덧붙였다. 도선이란 유령이 이후 악마가 되어 1천 년 가까이 한반도 상공을 배회하며 주술을 걸어놓았다. 늙은 악마이다.

도선이란 허구의 인물을 탄생시키는 데 참조한 실존 인물들을 도표화하면 다음과 같다.

도선의 생애 창작에 인용된 인물들

	일행(一行)	형미	혜철	경보(도승)	최지몽	도선
생몰년	683~727	864~917	785~861	869~948	907~987	827~898
국적	당	후삼국	후삼국	후삼국	고려	후삼국
출생지	허난성	광주	경주	영암	영암	영암
출가한 절		보림사	부석사		화엄사	화엄사
유학한 나라		당	당	당		당
전공	밀교		밀교		유학/천문	밀교
후원한 왕	당 현종	왕건	신라 문성왕	왕건	왕건	신라 효공왕
시호	대혜	선각	혜철		민휴	선각
머문 절	천태산	무위사	태안사	옥룡사		옥룡사

풍수술의 탈을 쓴 비보술

흔히 도선을 '풍수의 대가'라고 말한다. 그러나 최유청이 쓴 「도선국사비문」을 분석하면 풍수 관련 내용은 단 한 마디도 없다. 내용은 모두 비보술이다. 비보술은 밀교의 택지술이다. '땅[地]을 고른다[擇]'는 말 때문에 풍수술로 착각한 것이다. 이러한 착각으로 인해 도선을 풍수의 대가로 상정하게 되었고, 이후 역사가 엉뚱하게 흘러가며 고려 이후 지금까지 한반도를 주술에서 벗어나지 못하게 하고 있다. 「도선국사비문」의 해당 부분이다.

대사(도선)가 옥룡사에 머물기 전, 지리산에서 암자를 짓고 머물렀다. 어느 날 어떤 사람이 대사 앞에 나타나 말했다.

"저는 세상 밖에 숨어 산 지가 수백 년 가까이 됩니다. 조그마한 술법이 있으므로 대사님께 바치고자 합니다. 천한 술법이라고 비루하게 여기지 않으시면 뒷날 남해 물가에서 가르쳐드리겠습니다. 이 역시 대보살(지덕이 뛰어난 수행자)이 세상을 구제하고 인간을 제도하는 법[大菩薩救世度人之法]입니다."

그리고 홀연히 사라졌다. 대사가 기이하게 생각하고, 남해의 물가를 찾아갔더니, 그 사람이 과연 있었다. 그는 모래를 쌓아 산천순역의 형세[山川順逆之勢]를 보여주었다. 돌아보니 그 사람이 간 곳이 없었다. 대사가 이때부터 환히 깨달아 더욱더 음양오행술[陰陽五行之術]을 연구하였다. 비록 금단옥급(金壇玉笈) 같이 깊고 오묘한 비결책[幽邃之訣]일지라도 모두 마음에 담았다.

인용문에서 밑줄 그은 한자 원문 4곳의 부연 설명은 다음과 같다.

① 대보살구세도인지법(大菩薩救世度人之法): 세상과 인간을 구제하는 주체(대보살)와 방법을 말한다.
② 산천순역지세(山川順逆之勢): 산천 지세가 순한가 역한가를 모래로 모형을 만들어 보여주었다.
③ 음양오행지술(陰陽五行之術): 그후 음양오행 이론을 더욱 연구했다.
④ 금단옥급(金壇玉笈) 유수지결(幽邃之訣): 금단옥급과 같은 난해한 비결책들도 모두 익혔다.

각각에 대해서는 다음과 같이 해석을 덧붙일 수 있다.

① : '인간을 구제하는 방법으로서 산천순역지세를 모래로 모형을 만들어 보여'주었는데, 그 행위 주체는 '대보살'이란 뜻이다. 대보살은 불가 수행자 가운데 지덕이 높은 사람을 말하니 고승을 뜻한다.

② : 산길과 물길의 오고 감이 제대로 흘러가 사람이 살기에 적절하면 좋은 땅이다. 반면 산길과 물길의 흐름이 엉망이어서 폭염·폭우에 취약한 곳은 흉지가 된다. 당연히 그곳은 사람이 살 수 없게 된다. 우리가 사는 21세기에는 국토교통부·환경부·행정안전부 소관이다. 이러한 업무가 고려와 조선이 공인한 풍수의 본질적 내용이었는가? 그렇지 않았다. 고려와 조선의 공인 풍수는 위 내용과 전혀 관련이 없으며, 묘지(음택)·집터(양택)·고을과 도읍지(양기) 선정에 관한 것이었다. 이 가운데 마지막 부분, 즉 양기 풍수와 겹치는 부분은 있다.

참고로 고려와 조선의 공인 풍수서와 공식 풍수관리 명칭은 다음과 같다.

③ : 도선은 지리산 도사[異人]를 만난 후 "음양오행설을 더욱 연

	고려	조선
소속 관청	서운관	관상감
풍수관리 명칭	일관(日官)	지관(地官)
과별	지리업	지리학
공인 풍수서	『신집지리경』『유씨서』『지리결경』『경위령』『지경경』『구시결』『태장경』『가결』『소씨서』	『청오경』『금낭경』『호순신(지리신법)』『명산론』『지리문정』『감룡경』『의룡경』『착맥부』『동림조담』

구하여 '금단·옥급' 같은 난해한 비결서도 모두 자유자재로 다룰 줄 알았다" 하였다.

음양오행설은 송나라 이후(11세기 이후)에 유행한 풍수지리설[이기파 풍수(compass school)]에 끼어들어 그 성립에 일정 부분 기여한다. 본디 음양오행설과 풍수설은 전혀 다르다. 도선이 생존했다는 당나라 때에는 음양오행설이 풍수 이론에 유입되지 않았다. 그 이전의 풍수 유파는 형세파(form school)였다.

④ : 문제는 비문에서 언급한 '금단·옥급'이 중국과 한반도 풍수서 목록에 없다는 점이다. '금단'은 도교에서 '신선을 모시는 제단', '옥급'은 '옥을 입힌 책상자'란 뜻이다. 당나라 이후 21세기까지 중국과 한반도에서 유포된 풍수 서적 가운데 그러한 제목의 책은 없었다.

고려왕조에서는 풍수관리 선발시험에 공인된 풍수 서적을 명시하고 있었다. 왜 도선의 비문을 쓴 대학자 최유청은 당시 풍수관리 선발 과목들을 언급하지 않았을까? 이에 대한 결론은, 도선이 풍수(지리)와는 전혀 관련이 없다는 것이다.

그럼 도선이 행했다는 '대보살구세도인지법'의 구체적 내용은 무엇인가? 다름 아닌 비보술이다. 비보술과 풍수는 전혀 다른 영역이다. 그런데 도선을 '한반도 풍수의 비조'로 상정하는 후세 학자들은 '비보풍수'라는 용어를 만들어 도선을 풍수계로 끌어들인다.

이에 대해 불교학자 서윤길(1941~) 동국대 명예교수는 다음과 같이 이야기하고 있다.

도선 국사의 비보 사상이란 산천비보 혹은 비보사탑사상이라고

하는 것으로서, 국토를 잘 다스려[治地] 국가와 국민의 복리증진을 도
모하려는 사실응용(事實應用)의 사상을 말하는 것이다. 곧 국내 산천
중에서 길지나 또는 비보상 중요한 곳을 간택하여 사(寺)·탑·불상·부
도 등을 건립하고 각종 법을 수행함으로써 제불보살(諸佛菩薩)과 지
신력(地神力)의 가호를 빌어 일체의 흉사(凶事)를 사전에 방지하고 모
든 길사를 초래케 하여 국가와 국민 그리고 정법을 수호하려는 불교(밀
교)적 비보 사상이라고 하는 것이다.

이와 같은 도선 국사의 비보 사상에 대하여 그 사상적 근저가 풍
수지리·음양오행·도참 등의 도교나 유가 또는 민간신앙에 있는 것처
럼 이해하고 있는 것이 일반적인 통념으로 되어 있다. 그뿐만 아니라
이 방면에 깊은 관심을 가지고 있는 국내외의 많은 학자들까지도 모
두가 이러한 견해를 그들의 논저 중에서 밝히고 있다.

— 서윤길, 『한국밀교사상사』 중에서

서윤길 교수는 도선의 비보술은 풍수가 아닌 밀교의 택지술임
을 분명히 하고 있다.

도선의 비보술은 무엇인가? 밀교의 택지술, 즉 최유청이 쓴 내용
은 그가 살았던 1150년 전후에 있었던 고려의 비보술을 말한 것이
다. 그리고 당시의 비보술은 고려 왕실의 정치 행위였다(자세한 것
은 3장 참고. 소설의 하위분류 가운데에는 역사소설이 있다. 21세기 작가가
18세기 어느 한 시대 혹은 18세기 인물을 소설로 썼다고 가정하자. 이때 21세
기 작가는 18세기를 소설 속에 형상화하였을까? 아니면 자기가 사는 21세
기를 말하였을까? 당연히 자기가 사는 21세기를 말할 뿐이다. 12세기의 인

140

물 최유청은 9세기 인물 도선에 대한 비문을 쓰면서, 12세기에 자기가 살던 시대를 말하였을 뿐이다. 즉 최유청은 12세기 비보술을 이야기하였다.)

도선의 비보술은 풍수술이 아닌 밀교의 택지법임을 일관되게 그리고 체계적으로 논증하는 서윤길 교수도 도선이란 인물의 실존 여부를 의심한다.

도선 국사는 신라 말경의 고승이었으나 그의 생애나 사상 및 행상을 알아볼 만한 정확한 자료가 없다. 그리하여 그에 대한 자세한 것은 알 길이 없다. 그러나 후대인들에 의하여 엮인 몇몇 기록에 의하면, 도선 국사는 비보사탑설을 주장하였고, 그것은 도선 국사로부터 시작되었음을 알 수 있다.

— 앞의 책

서윤길 교수도 도선의 생존을 "후대인들에 의하여 엮인" 기록을 통해 알 수 있다고 하였다. 후대인들의 창작이 맞다. 그렇다고 하여 비보사탑설 자체를 부정할 수는 없다. 밀교의 택지법인 '비보사탑설(비보술)'은 고려 개국 때부터 전해져 왔고, 1150년 최유청은 의종의 명에 따라 도선을 비보술의 대가로 만들었다.

지금까지 우리는 비보술과 풍수술을 혼동하여 왔다. 그 차이가 무엇인가를 도표화하면 다음과 같다.

고려·조선·21세기 비보술과 풍수술 대조표

	비보술	풍수술	비고
내용	지형지세를 점쳐서 길흉을 정하고, 주술 목적을 위한 천도(도읍지 옮김), 궁궐과 정자 신축, 비보 사탑 조성, 법회(굿) 등을 통해 병든 땅을 다스리거나[治地] 혹은 고치는 행위[醫地]	묘지·주택·고을·도읍지 터잡기의 기술 (혹은 예술). 땅의 형세와 규모를 객관적으로 살핌	비보술은 불교의 유파인 밀교에서 유래
목적	재난과 질병 치유를 통한 개인과 공동체 개운(開運)	묘지·주택·관청과 사옥·고을·도읍지 터잡기	
주요 고전	『대일경』『유희야경』『소재경』『관정경』등 밀교 경전들	고려는 태사국(이후 서운관), 조선은 서운관(이후 관상감)이 규정한 공인 풍수서 각각 9종	고려의 풍수 서적은 실전되었으나, 조선의 공인 풍수서들은 현재 모두 번역·출간됨
당나라 인물	일행	양균송	
신라 인물	도선(승려)	최치원(유학자)	최창조 교수는 도선을 실존 인물로 여기나, 필자(김두규)는 허구의 인물임을 주장
고려 인물	묘청, 김위제, 영의, 백승현, 신돈, 보우 등 주로 승려	음덕전, 오윤부 등 서운관 소속 관리 '일관(日官)'	
조선 인물	최호원(풍수 겸)	이양달 등 관상감 소속 관리 '지관(地官)'으로 중인(中人) 출신	

21세기 인물 / 활동 / 풍수에 대한 입장	최창조(전 서울대 교수) / 삼성·한화 등 대기업 고문 / 묘지 풍수 부정	김두규(우석대 교수) / 문화재청 문화재 위원, 신행정수도(세종시)·경북도청사·강원도청사 입지 선정 공식 자문위원 / 묘지 풍수 인정	
청와대 터에 대한 입장과 근거	**흉지** 일제 강점기 총독과 대한민국 대통령들 말로가 불운함	**길지** 해방 후 최빈국이었던 대한민국이 2024년 현재 세계 경제·문화·스포츠 강국이 됨	대통령의 불운은 대통령제의 막강한 권한 남용 탓

▬▬ 가난한 지식인과 승려의 밥벌이가 된 '비결' 위조

『고려사』와 『조선왕조실록』에 인용되는 도선의 저서로는 다음과 같은 것들이 있다[옥룡자는 도선의 자(字)이다].

『도선국사참서』　　　　『도선참기』

『도선기』　　　　　　　『도선한도참기』

『도선답산가』　　　　　『삼각산명당기』

『도선명당기』　　　　　『삼한운기비록』

『도선밀기』　　　　　　『선각국사찬서』

『도선비결기』　　　　　『송악명당기』

『도선비기』　　　　　　『옥룡자문답』

『도선산수기』   『옥룡집』

『도선송악명당기』

도선이란 인물의 실체가 없는데 어떻게 이런 책들이 세상에 나왔을까?

위에 언급한 책 가운데 현재 전해지는 것은 단 한 권도 없다.『고려사』『고려사절요』『조선왕조실록』『승정원일기』에서도 책의 제목과 문장 한두 줄만 소개될 뿐이다. 어찌 된 일인가?『훈요십조』와 「도선국사비문」이 창작된 이후 후세의 술사들이 도선의 권위에 가탁하였기에 전문이 있을 수 없다. 해방 이후에도 술사들의 '도선비결' 창작은 계속되고 있다. 대개 필사본 형태로 유포된다. 필자도 필사본『도선비결』을 몇 권 갖고 있다. 고증할 방법이 없기에 계속하여 위작들이 쏟아진다.

이미 고려 때에 '비결' 위조가 문제시되었다. 고려 15대 왕 숙종 때의 일이다. 숙종 6년(1101년)에 "광명사 승려 광기, 종6품 손필, 진사 이진광 3인이 음양서를 거짓으로 만들다가 발각되어 곤장을 치고 유배보냈다"는 대목이 나온다. 가난한 지식인들의 밥벌이였다.

도선을 가탁한 위작들이 우후죽순으로 나오자 16대 왕 예종은 즉위하자마자(1101년) 특별조치를 취했다. 김인존, 김연, 최선, 이재, 이덕우, 박승중 등 문신과 풍수관리 10여 명으로 하여금 비결·풍수·비보술에 관한 책들을 모아서 같은 점과 다른 점을 비교하고, 번잡하고 혼란스러운 부분을 삭제하여 하나의 책으로 편찬하게 한 것이다. 그렇게 편찬된 책이 '바다 동쪽에 있는 나라의 비결서'란 뜻의 『해동비록(海東秘錄)』이다.

『해동비록』이 편찬된 직접적인 배경은 예종의 부왕인 숙종 때의 술사 김위제 때문이었다. 전혀 이름도 들어보지 못한 말단 관리 김위제가 어느 날 장문의 상소를 통해 '남경(한양) 천도'를 주장했다. 문제는 김위제가 기존의 공인 풍수서는 전혀 인용하지 않고, 이전까지 듣지 못한 '비결'들을 인용하면서 풍수계를 흔들어놓은 것이었다.

김위제가 상소에서 도선의 저서라고 인용한 책들은 『도선기』 『도선답산가』 『삼각산명당기』 『신지비사(神誌秘詞)』 등 5종이었다. 이 가운데 앞의 3권은 도선과 관련된 책명이며, 『신지비사』는 단군조선 때 지어졌다고 전해진다. 도선이 지었다는 책들은 『삼국유사』 『삼국사기』에 인급이 없이 고증할 방법이 없다. 다만 『신지비사』는 『삼국유사』 『삼국사기』에 언급이 있어 어느 정도 신빙성이 있다. 『삼국유사』의 해당 문장은 다음과 같다.

또 『신지비사』 서문에는 "소문(蘇文) 대영홍(大英弘)이 서문과 아울러 주석하다"고 했다.

고구려 때 '소문(=관직명) 대영홍이 『신지비사』에 대해 서문을 쓰고 주석을 하였다'는 뜻이다. 고구려 때의 『신지비사』가 고려 때도 전해졌음을 말해 주는 대목이다. 훗날 단재 신채호는 『조선상고사』에서 신지를 단군 시대의 사관으로 추정하며 "단군조선의 개국과 산천지리 명승을 노래한 것으로 후세인들이 이두문과 한자의 오언시로 번역한 것"이라 추정하였다. 김위제는 『신지비사』 10구(句)를 인용했다(김두규, 「『신지비사』를 통해서 본 한국풍수의 원형」, 《고조선단군학》 제31집 참고).

김위제가 인용한 것 가운데 『신지비사』를 제외하고는 고증할 방법이 없다. 김위제가 도선에 가탁한 것으로 추정하는 근거다. 추정 근거는 충분히 있다. 광명사 승려 광기, 종6품 손필, 진사 이진광 3인의 위작 사례에서 보듯 '비결서 제조'는 주술 사회에서 가난한 지식인과 승려 들의 좋은 '알바'가 되었다. 조작된 『훈요십조』에 도선이 언급되면서 비롯된 위조 행위였다.

도선은 과연 풍수에 능했을까?

　　'허구의 인물' 도선이 생존했다는 시기인 827~898년, 한반도에는 어떤 풍수가 있었을까? 도선과 생존 연대가 겹쳤던 인물 중에 최치원(857~?)이 있다. 그는 868년에 당에 유학하여 885년에 귀국한다. 17년이라는 긴 세월을 당에서 살았다. 도선이 당시 실존 인물이었다면 당나라에서 귀국한 최치원과 일정 기간 같은 공간에 살았을 것이다. 17년의 당나라 생활 동안 최치원은 유학·불교·도교·풍수를 접했다. 그때는 명풍수 양균송이 활동하고 있었다.

　　양균송은 '양구빈(楊救貧)'이란 별칭을 얻고 있었다. 가난한 사람에게 번영할 터를 잡아 가난[貧]을 구제[救]하였다는 데서 얻은 별칭이었다. 그는 당나라 희종 때 '금자광록대부(정3품 벼슬)' 벼슬에 이르렀는데, 황소의 난(875~884) 때 궁궐로 숨어들어 '옥함비술(玉函秘術)'을 훔쳐 달아났다. 그 책이 바로 세상에 유명해진 『감룡경(撼龍經)』이다. 양균송은 풍수 유파 가운데 형세파를 견지했다(그 당시 풍수에는 음양오행설이 개입되지 않았다).

양균송의 풍수 저서 가운데 『감룡경』 『의룡경』은 조선조 지리학(풍수학) 고시 과목으로 채택되었다(필자가 2009년 이 책을 번역해 출간하였는데, 책에는 음양오행술이 포함되어 있지 않았다). 거의 동시대에 당나라에 유학하여 활동하였던 최치원이 양균송의 명성을 모를 리 없었다. 그가 풍수를 알고 있었음은 초월산 〈대숭복사비〉의 비문이 방증한다.

무인년(원성왕 14년, 798년) 겨울에 이르러 원성대왕께서 자신의 사후 장사를 유언하시면서 국상 준비를 명하였다. 땅을 가리기가 몹시 어려웠는데, 마침 곡사(현 경주 괘릉)를 지목하여 거기에 무덤을 쓰고자 하였다. 이때 반론을 제기하는 자가 있었다.

"옛날 공자의 제자 자유를 모신 사당과 공자의 옛집도 끝내는 차마 헐지 못하여 사람들이 지금껏 칭송한다. 그런데도 절을 빼앗으려고 하는 것은 석가모니에게 절을 기증한 수달다(須達多)의 기부 정신을 저버리는 것이 아니겠는가? 죽은 사람을 장사지내는 것이란, 땅으로서 돕는 바이지만 하늘로서는 허물하는 바이다(봉분으로 인해 땅이 볼록해지지만, 그만큼 하늘의 공간은 줄어들기 때문). 서로 도움이 되지 못할 것이다."

그러자 국상 담당 책임자가 반박한다.

"절이란 자리하는 곳마다 반드시 질적 변화를 일으켜 어디를 가든지 어울리지 않음이 없다. 그러므로 흉지를 능히 길지로 바꾸어, 영원토록 위태로운 현실 사회를 구제하는 것이다.

무덤은 아래로는 지맥(地脈)을 가리고 위로는 별을 헤아려, 반드시 묘지에 4상(四象)이 드러나야, 천대 만대 후손에게 복을 보장할 것이다. 이것이 자연의 법칙이다. 불교(절)에는 머무는 상[住相]이 없고, 장례(무덤)에는 좋은 때가 있으니, 땅을 바꾸어 하늘의 이치에 따르는 것이다. 단지 풍수 시조 청오자와 같은 풍수가의 의견을 따랐을 뿐이다."

(……) 드디어 절(곡사)을 옮기고 이에 왕릉(괘릉: 원성왕릉)을 지었다.

— 최치원, 「대숭복사비문」 중에서(최영성, 『교주 사산비명』에서 인용)

비문에서 최치원은 2가지를 지적한다.

첫째, 절터와 무덤터의 입지는 본질적으로 다르다. 절은 아무 곳에나 지어도 좋다. 부처님이 계시기에 흉지라도 길지로 바뀔 수 있는 것이다. 이것은 바로 도선의 비보사탑설과 일맥상통한다. 도선이 정했다는 전국의 비보 사찰은 대부분 흉지에 있다. 흉지라도 비보술을 행하면 길지로 바뀐다는 의미다. 반면 무덤은 좋은 터, 즉 풍수상 길지에 잡아야 후손들에게 복이 온다는 주장이다. 절터 잡는 것은 비보술이요, 무덤터 잡는 것은 풍수술임을 밝히는 대목이다.

둘째, 무덤터는 풍수상 4상(四象: 4가지 땅 모양)에 부합해야 길지가 된다. 인용문에 언급된 4상은 풍수 용어다. 4상으로 땅을 분간하지 못하면 '풍수 선생' 자격이 없다고 할 정도다. 땅을 4상으로 분간할 줄 알 때 비로소 '눈을 뜬다[開眼]'고 말한다. 그런데 4상 용어는 양균송의 핵심 개념이다.

양균송도 자신의 책에서 4상을 소개했다. 그는 4상을 맥(脈)·식(息)·굴(窟)·돌(突)로 분류하고 그에 따라 터잡기[定穴] 방법에 차이가 있다고 하였다. 양균송의 4상을 후세 풍수사들은 '맥'을 '겸(鉗)', '식'을 '유(乳)', '굴'을 '와(窩)', '돌'을 동일하게 '돌(突)'로 바꾸어 표현하기도 한다. 내용은 같다. 예컨대 청와대 터와 조선 왕릉들은 양균송의 4상 분류법에 따르면 '식'에 해당하며, 후세의 풍수가들의 4상 분류에 따르면 '유'가 된다.

최치원은 「대숭복사비문」에서 정확하게 4상이라는 풍수 용어를 쓰고 있다. 전통 중국 풍수를 이해했음을 말해 주는 대목이다. 그런데 양균송 풍수는 음양오행술도 비보술도 아닌 형세파 풍수이다. 중국으로부터 유입된 풍수는 전적으로 형세파 풍수술로 고려와 조선을 관통했다(조선 건국 초 이기파 풍수가 하륜에 의해 처음 소개되었다).

최치원과 동시대를 살았다고 하는 도선이 풍수에 능했다면 왜 당시 임금은 도선에게 왕릉 터잡기 부탁을 하지 않았을까? 특히 최유청이 쓴 「도선국사비문」은 "헌강왕(재위 875~886)이 도선의 높은 덕을 공경하여 사신을 보내 궁궐로 맞이하고 초면임에도 매우 가까이하여 궁궐에 머물게 하였다"고 하였다. 최치원이 숭복사 비문을 썼을 때가 헌강왕이 다스리던 병오년(886년) 봄이다(그로부터 몇 달 후인 7월 5일 헌강왕이 세상을 떴다).

도선을 공경하여 경주 궁궐까지 초청한 헌강왕은 왜 '풍수 1인자 도선'을 활용하지 않았을까?

도선의 존재를 인정하지 않은 학자들

도선이 조작된 인물임을 지적한 것은 필자가 처음이 아니다. 일찍이 황현의 『오하기문』과 이능화(李能和, 1869~1943)의 『조선불교통사』에서 도선을 의문시하여 부정적 평가를 하였으나 실체를 완벽하게 부정하지는 않았다. 본격적으로 경성제대(현 서울대) 교수로 재직 중이던 이마니시 류가 1912년 「신라 스님 도선에 대해서」라는 논문에서 도선의 실체에 대해 의문을 제기하였다. 그로부터 87년 후인 1999년, 우리 시대 최고의 학승 정성본도 「선각 국사 도선 연구」에서 도선이 허구의 인물임을 강력하게 주장했다.

정성본은 1950년 경상남도 거창에서 태어나, 속리산 법주사에서 출가했다. 동국대 불교대학을 졸업하고 일본 고마자와대학에서 석·박사학위를 받았다. 일본 유학은 당시 조계종 종정이었던 서옹(西翁, 1912~2003) 스님의 권유에 의해서였다. 정성본은 고마자와대학에서 선불교의 역사와 어록을 체계적으로 공부하고 귀국한 후에 동국대 교수를 지냈으며, 지금은 한국선문화연구원 원장으로 선어록을 강의하고 있다. 그 외에 서윤길 동국대 교수도 『한국밀교사상사』에서 도선의 실존에 대해 강한 의구심을 드러내었다.

이후에도 도선의 실체를 부정한 논문들이 발표되었다. 2001년 두 논문에 의해서였다. 조수동·장기웅의 「도선의 풍수지리사상 연구」와 이덕진의 「신라 말 동리산문에 대한 연구」가 대표적이다. 특히 이덕진은 당시의 혜철·경보의 탑 비문 비교를 통해 도선의 실체를 부정하였다. 그러나 역사학계나 풍수학계는 이러한 이슈에 대해 그다지 관심을 두지 않았다.

2001년은 풍수학자 최창조 전 서울대 교수가 한국의 '자생풍수'라는 담론으로 왕성하게 활동하던 시절이었다. 그는 한반도 풍수의 비조로 도선을 설정하고, 자신의 담론인 자생풍수도 도선에서 출발한다고 하였다. 그의 이러한 주장은 2003년 3월 10일 자《교수신문》에 특집으로 크게 실려 한국의 지식인·교수들에게 신뢰감을 주었다. 그의 제자인 최원석 교수 역시 도선이 지리산에서 풍수법을 전수받은 이후 풍수 사상을 체계화하였다고 주장하였다.

한반도에 실존하지 않았던 도선이란 유령이 1천 년 가까이 우리 민족을 주술에 빠뜨렸음에도 같은 일이 반복되고 있었던 것이다. 『조선불교통사』를 쓴 이능화도 도선과 그 유령들이 한민족을 어떻게 홀렸는지 어렴풋이 짐작하고 있었다.

도선은 감여술로 농간을 부렸고, 묘청은 술수를 부려 임금을 속이고 반역을 도모하였으며, 신돈은 (공민왕의) 꿈에 나타나 벼슬을 얻어 권력을 농단했다.

— 이능화, 『조선불교통사』(이재영 옮김) 상권 중에서 번역하여 정리

도선이 비보술을 끌어들여 임금을 기만했다는 점을 지적한 것이다. 이후 이러한 도선의 유령은 우리 시대 지식인이라 일컬을 만

한 최창조 교수와 유홍준 전 문화재청장까지도 홀리고 말았다. 그리하여 그들은 '청와대 흉지설'을 만들었다. 급기야는 대한민국의 제20대 대통령인 윤석열로 하여금 집무실을 청와대에서 용산으로 옮기게 만들었다.

▰▰▰▰▰ 러시아의 라스푸틴과 한반도의 그들

여기서 잠깐, 20세기 초 러시아 로마노프 왕조(1613~1917) 멸망을 촉발케 한 라스푸틴에 대해 알아보겠다. 한반도를 떠도는 도선의 좀비 이해에 도움이 되는 사례다.

로마노프 왕조 말기의 인물인 그리고리 라스푸틴(1869~1916)은 특이한 인물이었다. 그의 이력은 고려 말 신돈과 비슷했다.

라스푸틴은 1869년 시베리아 튜멘군의 작은 마을에서 태어났다. 가난하였기에 학교에 갈 수 없었다. 그 부모도 교육을 받지 못했고, 라스푸틴 자신도 문맹이었다. 훗날 그가 회고하듯 '아웃사이더'였다. 특히 그가 자란 시베리아의 자연은 혹독하였다. 부드럽지 않았다. 강자만 살아남았다. 그는 10대 때부터 음주·절도·강간·간음을 저질렀다. 1888년, 19세였던 그는 두 살 많은 프라스코바야라는 여자와 결혼했는데, 결혼 후에도 제 버릇을 못 고치고 더 노골적으로 간음하였다.

그의 운명을 바꾼 것도 '도둑질 덕분'이었다. 1897년에 마을에서 말 2마리가 사라졌다. 사람들은 라스푸틴과 그의 부랑아 친구 둘을 도둑으로 지목하여 조사하였다. 증거가 확실한 2명은 마을에서 영원히 추방된 반면, 라스푸틴은 증거불충분 상태였다. 그렇다고 죄가 면해진 것이 아니었다.

마을 사람들은 라스푸틴에게 '520킬로미터 떨어진 니콜라이 수도원까지의 순례'를 명했다. 그리고 그 순례길은 그를 바꾸었다. 수도원을 통해 처음으로 그가 동방정교를 접했기 때문이다. 어떤 충격적 감화를 입었는지 그는 수도자가 되기로 결심했다. 그곳에서 읽고 쓰기를 배웠는데, 그때 나이가 28세였다.

1898년 고향에 돌아온 그는 '신의 계시를 받았다'고 주장했다(한국의 사이비 교주들과 유사한 삶의 궤적이다). 다음은 라스푸틴의 '간증' 내용이다.

"라스푸틴은 자신이 1898년에 계시를 받았다고 주장했다. 즉, 하루는 들판에서 일하고 있는데, 성모 마리아가 하늘에서 나타나 자기 주변을 맴돌며 날아다니는 것을 봤다는 것이다. 그는 무릎을 꿇고 앉아 명령을 기다렸지만, 성모 마리아는 아무 말 없이 지평선을 가리키기만 했다고 한다. 성모 마리아는 그에게 또다시 순례를 떠나라고 지시한 것이다. (……) 라스푸틴은 느닷없이 "신에게서 그리스의 아토스 성산(동방정교회의 중심지)에 순례를 다녀오라는 명령을 받았다"라고 발표했다.

— 조지프 푸어만, 『라스푸틴』(양병찬 옮김) 중에서

곧바로 그는 고향 시베리아를 떠나 우크라이나를 횡단하였다. 매일 40~50킬로미터를 걷는 순례길이었는데, 6개월 만에 아토스 성산의 동방정교회 수도원에 도착하였다. 이후 그는 15년 동안 수도승을 자처하며 러시아 전역을 떠돌았다. 그리스 아토스 성산, 이스라엘 예루살렘, 튀르키예 카파도키아 등을 순례하며 영적 스승을 만나 깨달음을 얻었다고 주장하였다. 라스푸틴이란 이름이 본격적으로 알려지기 시작한 것은 1900년 초부터였다. 그는 강신술(降神術: 신내림), 신지학(神智學: 신의 계시를 직관으로 인식) 등을 들먹이며 귀족 부인들에게 접근했다.

19세기에서 20세기 초는 합리주의를 바탕으로 하는 자본주의가 급속히 발전하던 시대였는데, 어떻게 이러한 강신술·신지학이 먹힐 수 있었을까? 자본주의의 발달과 더불어 오컬티즘(occultism)도 부흥기였기 때문이다. 오컬티즘이란 인간의 이성으로는 규명하기 힘든 현상을 연구하는 비밀스러운 학문[祕學]을 총칭하는 용어다. 당시에는 미국뿐만 아니라 유럽 전역에 오컬티즘이 만연해 있었다. 심지어 1860년, 링컨 대통령 재임 시절에는 백악관에서 오컬티즘의 일종인 강령회(降靈會)가 열릴 정도였다.

최근(2024년 8월) 국내에 번역 소개된 사라 페너의 인기 소설 『런던 비밀 강령회』도 19세기에 팽배한 유럽의 오컬티즘을 바탕으로 한 것이다. 문예사적으로 자본주의와 쌍둥이인 사실주의에 대한 반발로 낭만주의가 대두한 것과 비슷한 상황이다. 문학에서 낭만주의는 신화·요술·내면세계로의 침잠, 몽환적인 내용을 주로 글감으로 삼았다. 19세기 중엽 프랑스에서 오컬티즘 부활과 더불어 신비주의 단체들이 생겨났고, 유럽으로 확산하였다. 특히 후발 자본주의 국가인 러시아에서 오컬티즘에 대한 관심은 더욱 컸다.

이런 상황에 이르기까지는 러시아의 여성 신지학자 헬레나 블라바츠키(1831~1891)의 역할이 컸다. 그녀는 결혼 생활에 실패한 후 신비주의와 심령술에 관심을 갖고 여러 해 동안 아시아, 유럽, 미국 등을 두루 여행했다. 인도와 티베트에서도 힌두 성자들 밑에서 공부했다. 이후 1873년 뉴욕으로 갔고, 1875년에 몇몇 유명 인사들과 신지학협회를 설립했다. 1877년에는 『베일 벗은 이시스』를 출간하였다. 이 책에서 그녀는 당시의 과학과 종교를 비판했으며, 신비적 체험과 교리가 영적인 통찰과 권능을 얻을 수 있는 수단이라고 주장했다. 이후에는 프랑스, 영국, 독일, 인도, 벨기에를 돌며 신지학을 설파하였다.

블라바츠키는 1888년 신지학 개괄서인 『비밀 교리』, 1889년 『신지학의 열쇠』 『침묵의 소리』 등을 출간한 이후 10여 권의 저서를 출간하였다. 그녀의 영향은 100년 후까지도 지속되어, 1980년대에 그녀의 전기가 출간되었을 만큼 19세기와 20세기 유럽 정신사에 영향을 주었다. 국내에도 그녀의 책이 번역·출간되었다(『침묵의 소리』는 『운명의 바람 소리를 들어라』에 다른 작가의 신지학서와 함께 수록되어 있다).

이러한 분위기 속에 19세기 말 20세기 초, 러시아의 귀족과 황실 여성들에게 오컬티즘은 절대적 환호를 받았다. 라스푸틴은 이러한 분위기에 편승하였다. 라스푸틴이 접근한 황족과 귀족 중에는 비루보바 부인, 밀리차 대공비, 아나스타샤 대공비도 있었다.

라스푸틴은 눈치가 빨랐다. 시베리아의 혹독한 자연환경 속에서 성장한 그는 러시아의 귀족과 황족이 신체적·심리적으로 유약하다는 것을 알았다. 기침만 해도 큰 병에 걸린 것처럼 불안해하는 귀족과 황족을 보면서 속으로 비웃었다. 좀 참으면 나을 수 있는 자잘한 병까지도 두려워하는 그들이었다. 시간이 지나면 인간에게 내재한 치유력, 즉 자가치유력을 통해 저절로 낫는 병들도 많기 때문이었다.

라스푸틴이 황실의 맹목적 신뢰를 얻을 수 있었던 것은 그의 치유력과 예지력 때문이 아니었다. 그의 '수업 시대'와 '화법'은 제도권 교육을 받은 성직자와 전혀 달랐다. 체계적 교육을 받지 않았기 때문에 그의 언어는 비문이 많았고 부정확하였다. 완전한 문장을 쓸 능력이 안 되었기에 단편적인 생각들을 두루뭉술하게 말하였다. 천박한 비속어와 음담패설도 섞여 있었다. 비문법적인 데다 상징과 비유를 통한 성경 해석은 독창적이었고, 언뜻 신선하게 들렸다.

라스푸틴은 자신이 귀족이나 고위 성직자의 언어를 배우지 않았기에 그들의 화법을 따라갈 수 없음을 깨달았다. 그럴 바에야 차라리 농민들의 언어에 성경·강신술·신지학·신비주의 언어를 뒤섞는 것이 편하다고 생각하였다. 그러한 화법이 귀족과 황족에게는 신선함과 독특함을 주었다. 이 부분은 고려·조선의 왕족들에게도 마찬가지였다. 권문세가와 귀족하고만 대화하던 사람들이 갑자기 자신들과 다른 출신의 중(묘청, 신돈, 무학)과 무당(진령군)과 이야기할 때 받을 만한 신선한 충격이 있었다.

라스푸틴은 황제와 황후를 지칭할 때도 무례와 무식함을 숨기지 않았다. '바튜슈카'와 '마투슈카'를 썼다. 당시 농부들이 황제와

20세기 초 로마노프 왕조를 주술에 빠트린 라스푸틴. 그는 독특한 언변과 직관으로 유약한 왕가 사람들을 현혹시켰다.

황후를 호칭할 때 쓰던 말이었다. 라스푸틴은 2인칭 대명사도 가족이나 친구 등 격의 없는 사이에 쓰는 '티(ty)'를 황제와 황후에게 썼다. 늘 존칭만 받아오던 황제나 황후에게는 격의 없는 라스푸틴의 '반말'이 맘에 들었고, 이로써 이들은 서로 말을 텄다.

그러한 언행은 한국 사이비 종교 교주들의 것과 비슷하였다. 그들은 후천적 교육을 통해 습득한 지식보다는 직관을 활용하였다. 감성적으로 연약한 사람들을 자극하고 움직였다. 라스푸틴이 러시아 황제 부부의 신임을 얻고, 나중에는 급기야 그들을 주술로 옭아맨 것은 순전히 운 덕분이었다. '황제의 잘못된 신앙관과 황태자의 혈우병'은 그에게 행운을 가져다주었다.

니콜라이 2세 황제는 '모든 것은 신이 관장한다'는 동방정교회의

문화 속에 자랐다. 또 '운명이 우주를 지배한다'는 러시아 전통 관념에 물들어 있었다. 거기에다가 당시 오컬티즘이 전 유럽을 휩쓸고 있었다.

또 한 가지, 황제 부부가 라스푸틴을 절대적으로 의존하게 된 것은 외아들인 황태자 알렉세이의 혈우병 때문이었다. 혈우병이란 작은 상처라도 나면 며칠 동안 피가 멈추지 않는 데다가 통증이 심하고 급기야는 사망에 이를 수도 있는 병이다. 당시 의술로는 치유 불가능한 병이었다. 이 때문에 황제 부부는 삶의 의미를 잃은 상태였다. 러시아 황실의 불운은 시베리아 촌놈 라스푸틴에게는 행운이었다. 그리고 그를 괴물로 만들었다.

그는 황제 부부 앞에서 "신의 계시로 질병을 치유하고, 미래를 예언하며, 불행을 쫓아낼 수 있습니다"라고 호언장담했다. 지푸라기라도 잡고 싶은 황제 부부에게 확신에 찬 라스푸틴의 허풍은 '진리'가 되었다(이 대목은 명성황후가 아들의 병약함을 진령군에게 의존하여 치유하고자 한 것과 비슷하다).

1907년 6월 19일, 황태자 알렉세이는 넘어지면서 터진 핏줄 때문에 극심한 통증에 시달리고 있었다. 황실 의사들도 속수무책이었다. 그날 밤늦은 시간에 라스푸틴이 불려갔다. 라스푸틴은 황태자의 침대 끝에서 기도하였다.

"착한 아이야, 너의 병은 곧 나을 것이다. 너의 미래는 신만이 아신다."

다음 날 아침, 황태자의 병이 호전되었다. 기도 덕인지 신체 복원력(자가치유력) 덕인지는 알 수 없는 일이다. 그러나 그 사건으로 라스푸틴은 황실에 신적인 존재가 되었다. 황제의 숙명론과 황태자의 불치병이 라스푸틴을 '신'으로 만든 것이었다. 착한 신이 아닌 악령이었다. 이 악령은 로마노프 왕조를 몰락시켰다. 라스푸틴의 전횡으로 로마노프 왕조 붕괴를 우려한 황족 펠릭스 유수포프 공작 일행이 1916년 겨울밤에 그를 총으로 사살한다. 그러나 너무 늦었다. 이듬해인 1917년 로마노프 왕조가 멸망하고 말았기 때문이다.

나라가 망하려니까 비승비속의 사이비 교주들이 등장하는 것일까, 아니면 사이비 교주들의 발호 때문에 나라가 망한 것일까?

3장

악마의 비보술과 그 후예들

— 고려의 통치이념을 뒤흔들다

비보술로 재앙을 없애고 복을 얻는다

도선과 풍수는 본디 관련이 없다. 그럼에도 고려시대
에 비보술이 풍수술로 오해 받은 이유는 바로 아래 대목 때문이었
다. 다음은 『훈요십조』 제2조가 언급하는 도선 관련 부분이다.

여러 사원은 모두 도선이 산과 물의 순역(順逆)을 점쳐서 지은 것이
다. 도선이 이르기를, "내가 점을 쳐 정한 곳 외에 함부로 덧붙여 창
건하면 지덕(地德)이 줄어들고 엷어져 왕업이 길지 못하리라" 하였다.
내(왕건)가 생각건대 후세 국왕·왕자·왕비·대신이 각각 원당(개인 사
찰)이라 일컬으며 혹시 더 지을까 크게 근심스럽다. 신라 말에 다투어
사원을 짓다가 지덕이 쇠하고 손상되어 결국 망하는 데 이르렀으니

경계하지 않을 수 있겠는가?

—『고려사』, 태조 26년(943년) 4월 기사 중에서

　내용 중에 '사원(절터)'과 '지덕'이 언급되었기에 풍수로 오인한 것이다. 절터를 잡는 것은 풍수와 관련이 없음을 최치원이 「대숭복사비문」에서 밝혔다. 『훈요십조』 인용문에는 '산수의 순역을 점치는' 구체적 내용과 방법이 없다. 『훈요십조』가 『고려사』에 언급된다 하였는데, 해당 『고려사』는 고려 8대 왕 현종 때 시작하여 9대 왕 덕종 때 편찬된 『칠대사적』에 수록된 것이다. 이전의 7대 '왕조실록'은 거란전쟁 때 전소되어 그 내용을 알지 못한다. 거란군이 물러가자 현종이 황주량을 책임자로 하여 새롭게 쓰게 한 것이다. 그때 최항과 최제안이 『훈요십조』를 조작하여 태조 왕건 실록에 추가하였다.

　따라서 도선은 8대와 9대 임금인 현종과 덕종 이후 역사에 처음 등장한다. 그리고 그로부터 100년 후인 고려 18대 의종 때, 임금의 명으로 도선의 행적이 창작된다. 그 창작된 도선 국사 행적에 '대보살구세도인지법(大菩薩救世度人之法)'이 '산수 순역의 점치는 방법'인데, 『훈요십조』나 최유청의 「도선국사비문」에서는 그에 대해 구체적으로 밝히고 있지 않다. 분명한 것은 「도선국사비문」이 언급하는 '대보살구세도인지법'이 밀교의 핵심 택지법이라는 것이다(이에 대해서는 불교학자 서윤길 교수의 『한국밀교사상사』에 자세히 분석되어 있다). 그렇다면 밀교란 무엇인가?

164

밀교 비보술의 발전

밀교는 '비밀불교'의 줄임말이다. 드러난[顯] 불교[敎]인 현교(顯敎)의 상대어다. 현교는 언어나 문자를 통해서 드러나는 가르침이고, 밀교는 직관에 의한 깨달음을 강조한다.

최초로 신라에 밀교를 전한 승려는 안홍(安弘, ?~?)이다. 그는 진평왕 23년(601년)에 수나라로 가서 서역인 승려 셋, 수나라 승려 둘을 데리고 귀국하였다. 안홍과 같은 시기의 밀교승으로 당나라 유학승 명랑(明朗, ?~?)이 있다. 명랑은 신라 왕족으로 자장 법사의 외조카였다. 선덕여왕 원년(632)에 당나라에 유학하여 밀교의 비법을 배워 선덕여왕 4년(635)에 귀국한다. 이후 그는 외삼촌 자장 법사와 마찬가지로 왕실을 위해 복무한다(자장과 명랑의 비보술은 훗날 '도선'으로 이어진다).

신라가 당나라와 연합하여 백제와 고구려를 멸망시킨 뒤, 당나라가 다시 신라를 공격하려 할 때의 일이다. 668년 당나라 군대가 침략한다는 소식을 들은 명랑은 문무왕에게 글을 올린다.

경주 낭산 남쪽에 사천왕사를 지으면 당나라 군대를 물리칠 수 있습니다.

— 『삼국유사』 중에서

그러나 상황이 급박하여 절을 지을 시간이 없었다. 이미 당나라 군사가 신라 앞바다에 들어왔기 때문이었다. 이때 문무왕은 명랑을 불렀다. 명랑은 '임시로 절을 짓는 것'을 제안한다. 색칠한 비단을 가지고 절을 꾸미고, 풀을 가지고 동서남북과 중앙의 다섯 방위를 맡은 신상을 만들어 세웠다. 그리고 승려 12명과 함께 문두루법(文豆婁法: 일종의 주문 외기)을 시행했다. 문두루법은 밀교에서 행하는 비법이었다.

효과는 금방 나타났다. 당나라와 신라 군대가 접전을 하기도 전에 갑자기 바람과 물결이 거세게 일어 당나라 배가 모두 침몰하였다. 한 번만이 아니었다. 3년 뒤인 671년에도 당나라 5만 군사가 쳐들어왔을 때, 다시 한 번 이 비법을 베풀었다. 효과는 전과 마찬가지였다. 당나라 군대가 물러가자 신라는 정식으로 절을 세웠는데, 그것이 사천왕사였다(부적을 쓰고 주문을 왼다고 적군이 몰살될 수 있는지 의문이긴 하다).

훗날 고려 왕실의 통치술이 된 '비보술'의 흔적을 여기서 엿볼 수 있다. 절을 세우는 것, 그것이 어려우면 임시 절[假寺]이나 임시 궁궐[假闕]을 짓고, 방위 신상을 세우고, 주문을 외는 행위 등등이다. 뒤에서 설명할 밀교의 택지법 가운데 하나인 '치지법(治地法)'이다.

671년 명랑이 비보술을 행하기 30년 전에도 신라는 비보술로 효험을 본 적이 있다. 다름 아닌 황룡사 9층탑 조성이다. 선덕여왕 12년(643년)의 일이다. 신라는 고구려와 백제의 협공을 받아 대야성 등 40개 성을 빼앗기는 국난을 당했다. 신라는 당나라에 구원을 요청하는 사신을 거듭 보냈는데, 그해 9월 당 태종은 신라에 서신을 보냈다.

너희 나라는 여자를 임금으로 삼았기에 이웃 나라에 무시당하고 있다. (……) 내가 종친 한 사람을 보내어 너희 임금으로 삼고 군대를 보내어 호위케 하겠다.

— 『삼국유사』, 「탑상」 중에서

이른바 당 태종의 '선덕여왕 퇴위론'이다. 신라 내부에서도 여자 임금의 권위를 인정하는 세력과 여왕 퇴위론을 지지하는 세력으로 양분되었다. 여왕 퇴위론에 동조한 세력은 훗날 태종 무열왕이 되는 김춘추였다. 선덕여왕 입장에서는 답답한 상황이었다. 그녀는 위기를 어떻게 반전시켰을까?

선덕여왕은 자신이 후원하였던 자장(慈藏, ?~?) 법사를 활용하였다. 본래 자장 법사는 진골인 김무림의 아들로 선덕여왕 지지 세력이었다. 선덕여왕은 자장에게 재상 직을 제의했었는데, 자장이 출가를 고집하자 목을 베겠다고 위협했다. 그럼에도 자장이 완고하게 거절하여 선덕여왕도 어쩔 수 없이 출가를 허락했다. 당시 선덕여왕은 반대 세력의 위협을 받는 상황이라 자장의 도움이 절실했다. 그래서 자장은 출가 후에도 선덕여왕을 계속 돕겠다고 타협했다. 자장의 반대파 승려는 김유신·김춘추를 도운 원효와 의상 대사였다. 불교계는 당시 왕실과 유착 관계에 있었고, 이러한 전통은 고려에도 이어졌다.

643년 당나라에 유학 중이던 자장 법사는 급히 귀국하라는 명을 받는다. 귀국 후 여왕을 만난 자장 법사는 국론 분열의 해결책으로 황룡사 9층탑 조성을 제시하였다. 여기에는 사연이 하나 있다. 자장 법사가 당나라 유학 시절 태화지(太和池: 문수보살이 내려와 목욕했다는 곳) 근처를 지나칠 때 우연히 문수보살을 만났다는 것이다.

문수보살	어찌 여기에 오게 되었는가?
자장	깨달음의 지혜를 구하고자 함입니다.
문수보살	그대의 나라는 어떤 어려움에 빠져 있는가?
자장	우리나라는 북쪽으로 말갈을 연하고, 남쪽으로 왜국을 접하고, 고구려와 백제 두 나라가 번갈아 변경을 침범하고 있습니다. 이웃 나라 침략이 빈번하니 이것이 백성의 걱정입니다.
문수보살	그대 나라는 여자가 왕이 되어 덕은 있으나 위엄은 없다. 그러므로 이웃 나라가 침범하는 것이다. 마땅히 속히 본국으로 돌아가라.
자장	본국으로 돌아가 무엇을 해야 합니까?
문수보살	황룡사 호법룡은 나의 맏아들이다. 범왕(梵王)의 명을 받아 그 절에 가서 호위하고 있으니 본국으로 귀국하여 절 안에 9층탑을 조성하면 이웃 9개 나라가 항복하고 조공을 바쳐 왕업이 영원히 평안할 것이다.

— 앞의 책

물론 자장과 문수보살이 직접 만나 대화를 하였다는 것도 설화일 뿐이다. 대화 내용을 볼 때, 자장은 당나라에 승려로서 도를 닦으러 간 것이 아니었다. 당 조정과 신라와의 대화 채널로서 정세

파악과 설득을 위해 갔다(일종의 외교 사절이었다). 인용문에서 언급된 '9층탑'과 '9개 나라'는 신라가 금덕(金德)임을 간접적으로 드러낸 말이다. 오행 중 금에 배속된 수는 4와 9이며, 그 가운데 큰 수[大數]가 9이다. 물론 이 시절에 신라에 오행설이 유입된 것은 아니다. 위 설화는 고려의 승려 일연(一然, 1206~1289)이 쓴 『삼국유사』에 등장한다. 오행설은 고려 때 비로소 등장한다. 13세기의 언어로 7세기의 일을 '기록'한 것이다.

탑 하나 세우고, 절 하나 세워놓고 주문을 외니, 적군이 침몰하고 삼국이 통일되었다? 이런 황당한 일이 있을까? 역사 서술이 저렇게 진행된다면 그것은 역사가 아닌 신화다. 주술에 빠진 역사관이다. 당시 전후 맥락을 살펴보면, 자장의 황룡사 9층탑 조성은 주술 정책이 아닌 타협 정치였다. 자장 법사는 여왕 퇴위론을 지지하던 반대 세력 김춘추의 아버지 김용춘을 황룡사 9층탑 조성 총감독으로 추천·임명하였다. 훗날 밀교 계통의 스님이자 비보술을 확신했던 고려 승려 일연이 『삼국유사』에서 이를 주술과 부처의 효험으로 미화한 것이다.

왜 하필이면 탑인가, 다른 것들도 많을 터인데? "기운이 달아나면 탑을 세워 멈추게 한다[走者以塔止之]"는 비보술 가운데 하나다. 그리하여 황룡사 9층탑이 세워졌다. 탑을 세운 지 30년 만에 신라는 백제와 고구려를 멸망시키고 통일을 이룬다.

황룡사 9층탑이 세워지고 600년이 흐른 뒤에 『삼국유사』의 저자 일연은 말한다. "탑을 세운 뒤 운수가 형통하고 삼국을 통일했으니 탑의 영험이 아니고 무엇이랴." 탑 하나 세웠더니 국운이 반

황룡사역사문화관에 있는 황룡사 9층탑 모형. 삼국통일을 향한 신라의 간절한 염원
이 담겼다. ©이용선

전되어 삼한이 신라로 통일되었다는 황룡사 9층탑 전설의 전말이
다(『삼국유사』를 쓴 일연도 밀교 계통임은 그가 강화도 선원사 주지로 대
장경 사업에 관여한 데서 알 수 있다. 팔만대장경 조성 목적이 '부처의 힘으
로 외적을 물리치기를 바라는 염원'이었다는 것이 현재 우리 대한민국 한국
사 교육 내용이다. 절 또는 임시 절 건설, 불경 암송, 탑 건립, 불경을 새긴
목판 제작 등 이 모든 것이 불교와 관련된다. 풍수와는 관련이 없다).

이러한 밀교 비보술은 고려 때가 전성기였다. 태조 왕건도 '황룡사 9층탑 비보술'을 알고 있었다. 그는 즉위하자마자 개경과 서경에 탑을 세운다. 태조 왕건의 발언이다.

> 옛날 신라가 9층탑을 만들어 마침내 삼국통일을 이루었다. 지금 개경에 7층탑을 세우고 서경에 9층탑을 세워서, 현공(玄功)을 빌려 사악한 무리들을 없애고 삼한(三韓)을 합하여 한 집안으로 만들고자 하노라.
>
> —『고려사』,「최응」중에서

이병도는 '현공(玄功)'을 '불력(佛力)과 지덕(地德)의 비보'를 아우르는 것으로 보고, 이것이 비보 사탑을 세우는 목적이라고 했다. 신라 선덕여왕 때 실시되던 밀교 비보술이 고려 태조 왕건에 그대로 이어짐을 알 수 있다. 『훈요십조』를 조작한 최항과 최제안은 신라계로서 충실하게 신라의 전통을 고려에 부활시킨 것이다.

신라의 밀교는 고려에 들어와서 '총지종'이란 간판을 내세우며 왕실과 밀착한다. 총지종은 주로 질병 치료와 액막이 역할을 담당하였다. 이러한 밀교는 산천의 지세에 따라 적절한 곳을 택하여 절·탑·부처상·부도 등 이른바 '비보 사탑'을 세우고 그곳에서 여러 보살에게 기원함으로써 개인과 국가의 재앙을 없애고, 복과 이익을 얻는 것을 꾀했다.

태조 왕건은 밀교 승려인 광학·대연의 도움을 받아 견훤의 수군 침입을 막은 적이 있었다. 경주 호족 출신인 광학과 대연은 형제로서 명랑의 비보술 전통을 이어받는 밀교 승려였다. 왕건의 참모로 활동하여 공을 세웠다. 왕건은 그 공을 기리기 위해 936년(태조 19년) 현성사를 창건하였다. 현성사는 밀교 사찰임과 동시에 왕실 전용 사찰이 된다. 이렇듯 고려에서의 밀교는 위정자들의 돈독한 신앙심과 보호 정책에 힘입어 초기부터 굳건히 기반을 확립하였다. 역대 왕들은 밀교(비보술)의 추종자가 되었다.

▬▬▬ 밀교 택지술과 도선의 비보술

밀교의 택지술과 풍수의 터잡기는 내용과 방법이 다름을 앞에서 이야기하였다. 풍수는 삶과 행위에 필요한 터를 잡는 기술(예술)을 말한다. 일터, 굿터, 장터, 집터, 절터, 놀이터, 전쟁터 등 용도와 규모에 맞게 터를 잡는 행위가 풍수다.

밀교에서 수행의 장이 될 수 있는 곳은 곧 국토의 산천이었다. 크게는 도읍지 이전과 궁궐 짓기, 작게는 사찰·불상·탑 짓기나 나무 심기를 통해 자연환경을 바꾸면 운수가 달라진다는 것이 밀교의 믿음과 행위였다. 당연히 국토 산천을 존중할 수밖에 없었다. 땅을 다룬다는 점에서 밀교의 택지술과 풍수의 터잡기는 같으나 내용과 목적이 다르다. 밀교 택지술은 관지상법(觀地相法), 관지질법(觀地質法), 치지법(治地法) 등 세 분야로 나뉜다.

관지상법이란 지형이 갖추고 있는 외적인 조건, 곧 산천 국토의 지형·지세·식생 등 땅 모양[地相]을 관찰하여 길지와 흉지를 판별

하는 방법을 말한다.

관지질법은 땅의 성질을 감별하여 길지·흉지를 식별하는 방법으로서, 흙의 양·냄새·맛·색을 보고 식별한다. 2024년 1,190만 관객을 동원한 영화 〈파묘〉에서 '풍수사' 상덕(최민식 분)이 흙 맛을 보는 장면은 여기에 해당한다. 영화에는 일본이 조선의 허리에 쇠말뚝을 박아 조선의 정기를 차단했다는 내용이 나온다. 전형적인 밀교의 비보술이다. 흔히 언론은 영화 〈파묘〉를 풍수 영화라고 하지만 풍수와 관련이 없다.

치지법은 땅[地]을 치료하는[治] 법이다. '땅을 고쳐 쓴다'는 의미다. 급박한 상황 속에 길지를 찾지 못할 경우, 흉지를 다스려 길지로 변화시키는 방법이다. 치지법은 다름 아닌 비보법이다. 고려 역사에 치지법은 어떻게 나타나는가? 그리고 비보술과는 어떤 관련이 있을까? 고려는 개국 초부터 신라의 전통을 이어받아 밀교의 치지법을 활용하다가 어느 때부터인가 '치지법'이라는 용어 대신 '비보법'을 썼다.

'비보'라는 용어가 『고려사』에 등장하는 것은 고려 16대 예종 1년 (1106년)이다. 고려가 삼한을 통합한 뒤(936년) 170년이 지난 뒤다 (물론 『고려사』와 『고려사절요』는 기존의 『고려왕조실록』을 축약하여 조선 왕조에서 편찬한 것이기에 '비보'라는 용어가 그 이전에 빈번하게 등장할 수 있다. 아쉬운 것은 조선왕조가 『고려왕조실록』을 폐기했다는 점이다).

일관(풍수관리)이 아뢰었다. "송악산은 개경의 진산입니다. 여러 해 동안 빗물에 모래와 흙이 씻겨 바위와 암석이 드러나서 초목이 우거

지지 않으므로 나무를 심어 비보(裨補)하는 것이 마땅합니다." 임금
이 허락하였다.

— 『고려사』, 예종 1년(1106년) 2월 12일 기사 중에서

'나무를 심어 비보한다'는 식재(植栽) 비보다. 그로부터 60여 년
이 지난 의종 22년(1168년)에는 불교 진흥책으로 비보 사찰을 보수
하라는 지시를 내린다. 다시 30년이 지난 1198년, 20대 왕 신종 1년
때는 조정에서 정식으로 '비보도감'이라는 임시 관청을 설치한다.

산천비보도감(山川裨補都監)을 설치하였다. 최충헌이 재추(宰樞: 재
부와 중추원), 중방(重房: 무신회의 기구) 및 풍수사를 모아놓고, 나라 안
산천을 비보하여 나라의 수명을 늘리는 일을 의논하고, 마침내 이를
설치하였다.

— 『고려사절요』, 신종 1년(1198년) 1월 기사 중에서

그러나 산천비보도감이 시행한 구체적 내용은 전해지지 않는다.
다만 설치를 주도했던 무신 실력자 최충헌이 임금에게 올린 글에
서 그 일부를 파악할 수 있다.

태조(왕건)께서 반드시 산천의 순역(順逆)을 살피어 사원을 세웠으니,
이것은 지세에 순응하여 안치시킨 것입니다. 후대의 장수·재상·신
하·무뢰배·승려들이 산천의 길흉을 따지지도 않고 절을 세워 원당(개
인 사찰)이라 부르고, 지세를 손상하여 재해와 변란이 자주 일어나고

있습니다. 폐하께서 풍수관리로 하여금 그것을 검토하게 하신 뒤에 비보를 제외하고는 남김없이 철거하게 하십시오.

—『고려사』, 「최충헌」 중에서

다시 비보란 용어가 등장한 것은 154년 뒤의 일이다. 1352년 공민왕이 즉위를 기념하여 전국의 죄수들을 사면하는 글에 비보가 등장한다(모든 죄수를 사면한 것은 아니다. 불효자, 불충자, 원나라에 죄를 지은 자는 제외되었다).

선왕 대에 절들을 창건한 것은 지덕(地德)을 비보함으로써 국가에 이롭게 하려는 것이었다.

—『고려사』, 공민왕 원년(1352년) 2월 2일 기사 중에서

비보는 고려왕조의 통치 행위, 즉 정치 행위였음을 알 수 있다. 고려왕조에서 '비보'가 마지막으로 등장한 것은 고려 32대 우왕 14년(1388년) 대사헌 조준(趙浚, 1346~1405)의 상소에서다.

태조 이래로 5대 사원, 10대 사원 등 국가 비보소(裨補所) 가운데 개경에 있는 사원에게만 비용을 지급하고, 지방에 있는 사원에는 시지(柴地: 땔나무를 공급하기 위한 땅)를 지급하지 마옵소서. 『도선밀기』에 기록된 사원 이외에 신라·백제·고구려에서 창건된 사원과 이후에 새로 만들어진 사원에는 지급하지 않게 하소서.

—『고려사』, 「식화」 중에서

비보라는 용어는 고려가 건국되고 170여 년이 지난 후부터 등장한다. 도선이란 허구의 인물이 고려 건국 100여 년 후에 처음 등장하는 것과 궤를 같이한다(도선이 언급된 『훈요십조』에서는 비보라는 용어가 등장하지 않는다). 고려 현종 이후 왕들은 도선이란 허구의 인물과 비보를 신비화하였고 국가 통치에 활용하였다. 이후 비보의 실행자(주로 승려)들에 의해 비보는 '성문화'된다.

그럼 비보의 구체적 내용은 무엇일까?

＿＿＿＿ "비보를 믿지 않으면 나라가 망하고 백성이 죽는다"

원나라 유학승 출신인 굉연(宏演, ?~?)은 나옹(懶翁, 1320~1376) 선사의 제자로서 강화도 선원사 5대 주지를 지냈다. 강화도 선원사는 고려의 국가 사찰이었다. 고려가 도읍을 강화로 옮긴 뒤 무신 실력자 최우가 몽고에 대항하는 정책으로 고종 32년(1245년) 창건한 사찰이다. 팔만대장경 목판을 조각·봉안한 사찰이었다. 선원사 주지라는 지위를 엿볼 수 있는 대목이다(참고로 『삼국유사』를 지은 일연도 1261년 원종의 부름을 받고 강화군 선원사의 주지가 되어 대장경 사업에 관여한 적이 있다).

굉연은 시인으로도 유명하여 『죽간집』이라는 시집을 남겼다. 고려 말 지식인 이색(李穡, 1328~1396)과 교유하며 시를 주고받을 정도였다. 이색은 굉연을 칭찬하여 "승려들 가운데 문장가였다"고 칭찬했다. 그런 그가 고려왕조에서 시행되어 온 비보술을 요점 정리하였다. 다름 아닌 그가 지은 『고려국사 도선전』에서다.

처음에 도선이 당나라에 건너가서 일행 선사에게 배웠다. (……) 도선이 삼한의 산수 흐름을 담은 지도를 그려 바치니, 일행 선사가 붓으로 지도상에 3,800여 곳에 점을 찍으면서 말했다. "사람이 만일 병이 있어 급하면 곧 혈맥을 찾아 침을 놓거나 뜸을 떠 병을 치유한다. 산수(山水)의 병도 그렇다. 내가 점을 찍은 곳에 절을 세우거나 불상을 모시거나 혹은 탑이나 부도를 세우면 사람에게 침을 놓고 뜸을 뜨는 것과 같다. 이를 비보라 이른다. 어찌 병이 낫지 않으리요. 비보를 믿지 않으면 나라가 망하고 백성들이 죽는 것 또한 필연이다[不信裨補國破民死]."

— 굉연, 『고려국사 도선전』 중에서(영암군이 2007년 발행한 『선각국사 도선』에 수록된 번역문과 원문 참조)

'도선이 당나라에 유학하여 일행 선사에게 공부를 하였다'는 것부터가 사실이 아니다. 어떻게 중국인 일행이 한반도 산세의 문제점을 알고 해결책을 주었을까? 이는 사대주의적 발상이다. 어쨌든 굉연이 살던 고려 말에 이미 비보술이 보편적이었음을 보여주는 대목이다. 특히 마지막 문장, "비보를 믿지 않으면 나라가 망하고 백성이 죽는 것 또한 필연이다"라는 문장은 고려 사회에서 비보가 차지하고 있던 지위를 말해 준다. 고려는 완벽하게 비보술, 즉 주술에 빠져 있었다. "불신 비보, 국파 민사"로 국가 차원에서 백성들에게 주술을 걸고 있었다.

고려왕조는 말기로 갈수록 더욱더 조작된 『훈요십조』와 도선을 내세워 비보술을 강요하였다. 비보술의 '경전'은 『도선비기』였다. 이 책은 전문 없이 일부 문장만 『고려사』와 술사들에 의해 전해진다.

이러한 비보술은 조선 후기까지 일부 사찰에 전해진다. 1706년에 작성된 「백운산 내원사 사적」에 비보의 구체적 내용이 수록되어 있다.

중국 땅은 평탄하여 요임금 당시 홍수가 재앙이 되거늘, 우임금이 이를 다스려 각각 그 지리의 마땅함을 따르게 하였습니다. 그러니 어찌 흉한 일이나 허물이 있겠습니까.

그러나 우리나라는 그렇지 않습니다. 뭇 산들은 그 험함을 서로 다투고, 물들은 그 빠름을 경쟁하고, 때로는 마치 용이나 호랑이가 서로 싸우는 듯한 것이 있는가 하면, 때로는 날짐승이나 들짐승이 날아가거나 달아나는 형세가 있는가 하면, 혹은 멀리 지나쳐 제압하기 어려운 것도 있고, 때로는 짧게 끊어져 미치지 못한 것도 있습니다. 모두 서술하기가 어렵습니다. 동쪽 고을에 이로우면 서쪽 고을에 해가 되고, 남쪽 읍에 길하면 북쪽 현에 흉이 됩니다. 우뚝 솟은 산을 바꿀 수는 없습니다. 흐르는 물을 멈추게 할 수도 없습니다.

비유컨대 우리나라 땅은 병이 많은 사람과 같습니다. 그러므로 인물의 태어남은 이러한 산천 정기에 감응되는 것인데, 인심과 산천의 형세는 서로 닮지 않을 수 없습니다. 인심이 통일되지 않으므로 혹은 아홉 나라로 혹은 세 나라로 분열되어 서로 침략하여 전쟁이 끊이지 않고, 도적이 횡행하여 억제하기 불가능한 것은 스스로 유래한 것입니다.

전하께서 부처의 도를 약쑥으로 삼아 산천의 병든 땅을 치료하도록 하십시오. 산천에 결함이 있는 곳은 절을 지어 보충하고, 산천이 기세가 지나친 곳은 불상으로 억제하며, 산천의 기운이 달아나는 곳은 탑을 세워 멈추게 하고, 배역하는 산천 기운은 당간을 세워 불러들이고, 해치려 드는 것은 방지하고, 다투려 드는 것은 금하며, 좋은 것은 북돋아 세우고, 길한 것은 선양케 하면, 천지가 태평하고 부처의 가르침이 저절로 행해질 것입니다.

— 조선총독부, 『조선사찰사료』 상권 중에서

인용문 가운데 "전하께서 부처의 도를 약쑥으로 삼아 산천의 병든 땅을 치료하도록 하십시오[醫之於山川痛痒之地]"는 밀교 택지술 가운데 하나인 치지법(治地法)이다. '땅을 치료한다'는 의미에서 '의지법(醫地法)'이라고도 한다.

위 글을 쓴 이는 '도선'이며 수신자는 '태조 왕건'이다. 조작된 글이지만 밀교 사찰에 전해지는 비보 내용이 조선시대까지도 연명하고 있음을 보여준다. 한국학중앙연구원이 펴낸 『한국민족문화대백과사전』은 백운산 내원사를 "경기도 포천시 이동면 백운산에 있는 남북국시대 통일신라의 도선 국사가 창건한 사찰"로 정의하고 있다. 백운산 내원사가 밀교 사찰임도 이 글을 통해 추정할 수 있다(현재는 이름이 흥룡사이다).

지배층을 위협하는 불편한 존재

비승비속(非僧非俗)!

승려도 아니고 속인도 아닌, 이른바 '사이비 종교인'을 말한다. 환속한 승려나, 복장만으로 승려 행세를 하는 이도 포함된다. 절에서 밥 얻어먹다가 승려 행세를 하던 이도 있다. 승려·도사·무당·사당패 출신이나 점쟁이, 풍수 출신, 거사나 법사 등 공인된 자격자가 아닌데 무어라 호칭할 수 없을 때 쓰는 명칭들이다.

비승비속의 어원은 고려 때 절에서 쫓겨난 중[僧]에서 유래한다. 정식 스님이 아니라 절의 노비들이었다. 신돈 역시 절 노비의 아들이었다. 절 노비들은 절에 살았기에 그곳에 이름을 걸어놓을 수 있었다. 조선왕조는 불교를 탄압하여 사원이 위축되었고, 절 노비들은 사원에서 먹고살 수가 없었다. 중들도 먹을 것이 없는데 어찌 노비까지 챙기겠는가. 쫓겨난 절 노비들은 호적도 없고 부역·조세도 부담하지 않는 부랑자로 전락했다. 이들은 조선 후기 거사·남사당·굿중패 등으로 이어졌다. 사찰에서 내준 부적을 가지고 다니며 팔고, 그 수입의 일부를 사찰에 바치기도 하였다. 부적뿐만 아니라, 때로는 사이비 중노릇을 하면서 굿을 하거나 점을 쳐주기도 하였다.

비승비속과 이판사판은 유래가 같다. 조선이 불교를 탄압하자 승려들은 먹고살 길이 막막해졌다. 잡일(재 지내기, 부적 팔기 등)이라도 해서 절을 유지하려던 '사판 승려'와, 속세의 인연을 끊고 불법에만 정진하던 '이판 승려'로 나뉘었다. 여기서 이판사판이라는 말이 유래한다. 최하층으로 추락한 승려들의 절망적 상황을 말한다. 비승비속의 처지가 그랬다. 생존하기 위해 염치나 눈치를 가릴 처지가 못 된 무리들이었다.

역사상 최초로 비승비속을 기록한 문헌과 그 주인공은 누구일까? 역시 도선으로부터 출발한다. 도선이 지었다는 『도선밀기』가 그 근원이다(이 책 제목 또한 신돈을 제거하려는 세력들이 도선에 가탁한 것일 뿐이다). 『도선밀기』는 신돈을 비승비속으로 지목한다. 1367년 신돈을 제거하기 위해 비밀 모임에 참석한 오인택, 경천흥, 목인길, 김원명 등 10여 명의 조정 대신들이 논의한다.

『도선밀기』에 적힌 '승려도 아니고 속인도 아닌 것이 정치를 망치고 나라를 망하게 한다'는 문장은 신돈을 두고 하는 말이다. 장차 나라의 큰 근심이 될 것이므로 마땅히 왕께 아뢰어 일찌감치 제거해야 한다.

—『고려사』, 「신돈」 중에서

이후 비승비속은 세상을 문란케 하는 '사이비 교주·도사·거사'로 인식된다. 1469년 양성지(梁誠之, 1415~1482)가 조선 8대 왕 예종에게 올린 글이다.

중국에는 중이 있으면서 동시에 도사가 있는데, 우리나라는 중은 있는데 도사가 없으니, 이는 매우 다행한 일입니다(조선 건국 직후 정도전이 없앴다). 최근 남녀노소가 '사장(社長)'이라고 칭하고 혹은 '거사'라고 칭하니, 중도 아니고 속인도 아닌데[非僧非俗], 무리를 이루어 절에 올라가 향을 불사르고, 밤낮으로 남녀가 섞여 살며, 징과 북을 시끄럽게 두들기고 있습니다.

— 『조선왕조실록』, 세종 21년(1439년) 4월 18일 기사 중에서

이러한 비승비속들은 조선 22대 왕 정조 때도 문제가 된다. 1786년 사간원 관리 이우진(훗날 대사간 역임)이 임금에게 보고하는 내용이다.

우리나라에서 말하는 거사라는 것은 중도 아니고 속인도 아닌 자로서, 호적에 이름이 올라 있지 않아 군복무나 납세의무가 없으니 가장 수상한 자들입니다.

— 『조선왕조실록』, 정조 10년(1786년) 2월 22일 기사 중에서

다시 10년 후인 정조 20년(1796년), 사간(종3품 벼슬) 최중규가 비승비속을 도적으로 규정하면서 말한다.

이른바 거사와 사당으로 불리는 자는 중도 아니고 속인도 아닌 도적입니다. 이들은 백성을 속이고 유혹하며 마을에 섞여 살며 패륜아들을 미혹하는 것이 팔도가 같으나 삼남(충청·전라·경상)이 더욱 심합니다.

— 『승정원일기』, 정조 20년(1796년) 1월 15일 기사 중에서

지배층 입장에서 비승비속은 불편한 존재였다. 반면에 백성과 노비들 사이에서는 새로운 소식과 유희를 전달해 주는 매개체였고 기다림의 존재였다. 비승비속의 순기능을 소설가 황석영은 『장길산』에서 이야기한다.

> 비승비속 (……) 세존(석가모니)께서 말씀하시기를 말세가 되어 미륵이 나타나는 삼천세가 지나면 절에는 가승(假僧: 가짜 중)만이 남고, 진승(眞僧: 진짜 중)은 시은(市隱: 시중에 숨는 것)하여 저자 사람들의 생활 속에 더불어 있다 하였다. 일찍이 비승비속으로 보살도를 행하였던 유마 거사(석가모니의 제자이나 승려가 아님)가 있었느니라.
>
> — 황석영, 『장길산』 3권 중에서

피지배계층을 위한 혁명의 새로운 주체세력으로 본 것이다. 당연히 조정과 지배층에서는 싫어할 수밖에 없다. 그러나 비승비속이 장길산처럼 민중 편을 든 것은 지극히 예외적인 경우다. 대개는 지배층의 불나방들이었다.

허구의 도선을 빙자한 비승비속의 말로는 어땠을까? 그들은 도선의 이름으로 임금에게 온갖 잡술 비책을 제시하다가 공멸했다.

술수에 빠진 왕과 술사의 운명

숙종 원년(1096년), 김위제라는 인물이 역사에 갑자기 등장하여 남경(현 서울) 천도를 주장한다. 다음은 『고려사』의 해당 대목이다.

김위제는 숙종 원년에 위위승동정이 되었다. 신라 말기에 승려 도선이 당에 들어가 일행 선사 지리법을 배우고 돌아와 비기를 지어 후세에 전하였다. 김위제가 도선의 술법을 공부한 뒤 남경(南京)으로 천도하자는 글을 올렸다.

― 『고려사』, 「김위제」 중에서

『고려사』도 팩트체크를 못한 부분이 있다. 도선이란 인물도 없었고, 더구나 도선의 당나라 유학도 사실이 아니므로, 도선의 술법을 김위제가 배웠다는 것도 거짓이다.

▬▬▬ 도선의 그림자에 갇힌 고려 숙종과 말단 관리 김위제

김위제는 도선을 인용하여 고려 숙종에게 남경으로 천도하면 다음과 같은 좋은 일이 생길 것이라 하였다.

> 사방의 국가들이 조공을 와서 왕실이 번창합니다.(『도선기』)
> 36개국이 조공을 올 것입니다.(『도선기』)
> 70개국이 조공을 할 것입니다.(『신지비사』)

김위제는 누구인가? 『고려사』에 전혀 등장하지 않다가 숙종이 즉위하고 처음 등장한다. 숙종이 임시 벼슬[同正]을 준다. 말단 임시직이 임금에게 도읍지를 옮기자는 천도론을 이야기하는 것이 가능할까? 이는 대한민국 9급 공무원이 대통령에게 "수도를 서울에서 세종시로 옮기자"고 주장하는 격이다.

그런데 말단 관리의 천도론이 국가 주요 정책이 된다. 그뿐만이 아니다. 공식 풍수관리[日者] 문상이란 사람도 "맞장구를 쳤다"고 하였다. 일자(日者)는 지리업 소속의 관리다. 공식 관리가 비전문가 김위제의 상소에 맞장구를 쳤다는 것은 상식적이지 않다. 이는 숙종의 은밀한 지시가 있었기에 가능한 일이었다.

김위제는 당시 세상에 유포되지 않았던 비결서인 『도선기』『도선답산가』『삼각산명당기』를 인용한다. 이후 도선의 저서라고 인용한 책들은 고려와 조선의 술사들에게 거듭 인용된다. 김위제는 숙종의 은밀한 지시에 따라 숙종이 하고 싶었던 것을 대신 이야기한 것이다. 숙종은 김위제가 언급한 도선을 왕사로 추증한다. 도선의 권위와 위엄을 높이기 위함이었다. 김위제는 풍수 전문가가 아닌 도선의 좀비였다.

훗날의 이야기이지만, 현재의 서울이 조선과 대한민국의 도읍지가 된 결정적 비결은 『도선기』가 된다. 그런데 『도선기』는 실체가 없다. 도선이 지었다는 『도선기』『도선답사가』『삼각산명당기』 전문이 당시에도 세상에 공개되지 않았고, 지금까지도 그 책들의 전모를 아무도 모른다. 당시 일부 술사들의 인용문만 전할 뿐이다. 그렇게 중요한 풍수서였다면 당연히 고려의 풍수관리 선발 시험에 채택되어야 마땅했다. 당시 풍수관리를 뽑는 과정은 『고려사』에 다음과 같이 서술되어 있다.

무릇 지리업(地理業: 풍수학)의 시험 방식은 다음과 같다. 시험을 2일간 치르는데, 첫째 날에 『신집지리경』 10개 조항을, 다음 날에 『유씨서』 10개 조항을 접어 가려 시험 보는데 이틀간 모두 6개 조항 이상을 통하여야 한다. 『지리결경』 8권, 『경위령』 2권을 합해서 10권을 읽는데, 문장을 해독하고 겸하여 뜻과 이치에 통해야 하는 것이 6궤(机)이며, 문장을 해독하는 것은 4궤에 통해야 한다. 『지경경』 4권, 『구시결』

4권, 『태장경』 1권, 『가결』 1권을 합쳐서 10권을 읽어야 하는데, 문장을 해독하고 겸하여 뜻과 이치에 통한 것이 6궤가 되어야 하고, 문장을 해독하는 것은 4궤에 통해야 한다. 또한 『소씨서』 10권을 읽고 그속의 문장을 해독하는 것은 1궤가 되어야 한다.

— 『고려사』, 「선거 1」 중에서

시험은 쉽지가 않았다. 풍수관리로 합격하기는 어려웠다. 그리하여 10수를 해도 떨어지는 수험생에게 특전을 베풀기도 했다. 고려 7대 왕 목종(재위 997~1009)은 임금 자리에 오르던 해인 997년 관리와 백성들에게 선포한다.

진사·명경에 10번 응시하였으나 합격하지 못한 자 및 명서업·지리업(풍수학) 학생으로 10년을 채운 자는 모두 관직에 나아가는 것을 허용하노라.

— 『고려사』, 「선거 2」 중에서

그만큼 당시 풍수관리가 되는 것이 어려웠음을 의미한다. 그런데 갑자기 김위제란 인물이 등장한다. 임금에게 개경을 버리고 남경으로 도읍지를 옮기자는 글을 올린다. 이에 기존 풍수관리 문상이 동조한다. 고려는 태조 이래 서경을 중시하였다. 『훈요십조』도 서경을 중시하라고 하였다. 선왕들의 유훈을 무시하고 갑자기 남경천도론을 하급 관리가 주장하고, 이에 임금이 그 의견을 수용하였다. 이례적이다.

김위제가 말한 '36개국', '70개국' 조공은 지금으로 치면 36개국, 70개국 대사관이 서울에 있다는 것이다. 숙종이 남경 천도를 하였더라면 과연 70개국, 아니 최소 36개국이라도 조공을 왔을까?

숙종은 김위제의 상소를 곧바로 수용하지 못했다. 대부분의 신하들이 찬성했으나 유신(?~1104)과 유록숭(?~1114) 두 신하가 강력하게 반대하였다. 이 둘의 반대 이유는 "미신에 빠져 막대한 인적·물적 낭비가 불가하다"는 지극히 상식적인 주장이었다.

반대론이 느슨해질 즈음인 숙종 4년(1099년), 임금은 왕비·왕자·대신·승려들을 이끌고 직접 김위제가 제시한 터(지금의 청와대 터)를 살펴본다. 2년 후(1101년) 최사추, 윤관 등에게 다시 가서 도읍지 터를 살핌과 동시에 공사를 감독하게 하였다. 그리고 5년 만에 이궁이 완성되자, 왕이 다시 직접 행차하여 살펴보았다.

숙종의 명으로 지어진 곳이 현재 청와대 일대였다. 대한민국 대통령 집무실 터는 그렇게 탄생한다(숙종은 여기에 머물지 않았다. 그 이유에 대한 역사적 기록은 더 이상 찾을 수 없다). 왜 숙종은 『훈요십조』가 강조하던 서경 중시 유훈을 따르지 않고 남경으로 눈을 돌렸을까? 또 숙종은 왜 개경을 버리고 남경으로 천도하려 했을까? 안보? 지방 균형 발전? 권력 강화? 비보술?

숙종 이전에는 남경이 관심 밖에 있었음을 이미 앞에서 소개하였다. 한양은 북악산·인왕산·남산·낙산이라는 4개의 산으로 둘러싸인 분지다. 물의 도시가 아니다. 고려가 숭상하던 수덕(水德)과 부합하지 않는다. 그렇다면 왜 갑자기 고려가 후삼국을 통일한 지 150년이 지나서 남경에 관심을 두었을까?

첫째, 조카의 왕위를 찬탈한 숙종이 국면 전환[換局]을 위해 꺼내 든 '새로운 카드'였다.

고려와 조선의 왕위 세습에는 차이가 있다. 조선은 부자 상속이 원칙인 반면, 고려는 부자 상속도 형제 상속도 가능했다. 8대 왕 현종 때 세상에 나온 『훈요십조』에는 고려의 왕위 세습에 대해 다음과 같이 서술되어 있다.

만아들에게 나라를 전하는 것이 상례이기는 하나, 만아들이 어리석으면 그다음 아들에게 주고, 또 그마저 어리석으면 그 형제 가운데 뭇사람들이 추대하는 왕자에게 물려주어 대통을 잇도록 하라.

— 『고려사』, 태조 26년(943년) 4월 기사 중에서

그러니 고려에서는 부자 상속도 형제 상속도 가능했다. 그러나 조카에게서 왕위를 뺏는 것은 허락하지 않았다. 숙종의 아버지이자 11대 왕인 문종이 죽자 문종의 만아들 순종(숙종의 조카)이 12대 왕위에 오른다. 그런데 그는 병약하여 임금이 된 지 3개월 만에 죽는다(재위 1083년 7~10월). 이어서 문종의 둘째 아들 선종(재위 1083~1094)이 13대 왕이 되었다. 11년의 재위 끝에 선종이 죽자 그 만아들이 14대 왕이 되는데 바로 헌종이다(재위 1094~1095).

헌종은 즉위했으나 어리고 병약하였다. 헌종 1년(1095년) 7월에는 외삼촌 이자의(李資義, ?~1095)가 반란을 꾀하였다(역사가들은 반란이 아니라, 헌종을 지키려는 외삼촌 이자의와 헌종을 몰아내려는 왕희, 즉 훗날 숙종의 권력 투쟁으로 본다). 당시 사람들은 "헌종의 아버지

선종은 총명한 아우가 5명이나 있었는데도 이들에게 왕위를 주지 않고 어린 아들에게 왕위를 전하였으므로 반란이 일어났다"고 한탄하였다.

이때 반란 진압을 주도한 이가 문종의 셋째 아들 왕희(王熙, 1054~1105)였다. 반란 진압 3개월 후 그는 어린 조카를 폐위하고 왕위에 올랐다. 그가 15대 임금인 숙종(재위 1095~1105)이다. 마치 조선의 수양대군(세조)이 조카의 왕위를 찬탈한 것과 같다(차이점이 있다면, 고려 숙종은 조카를 죽이지 않았고, 조선 세조는 조카를 죽였다는 점이다).

계승 관계가 복잡한데, 도표로 하면 다음과 같다.

	문종(11대 임금)		
아들	순종(12대) →	선종(13대)	숙종(15대) ↓
손자		헌종(14대)	예종(16대)

친조카 헌종을 폐위시킨 것(헌종은 2년 후 사망한다)은 정당화될 수 없었다. 국면 전환, 즉 환국에 필요한 새 카드로 남경 천도를 꺼내게 된 이유다.

또 한 가지가 있다. 숙종의 남경천도론은 부왕인 11대 문종에게서 비롯하였다. 문종은 현명한 왕이었지만, 동시에 비보술의 맹신자였다. 당시 양주로 불리던 남경에 관심을 보여 '남경개창(1067~1068)'을 시도하였으나 흐지부지되었고, 역사서에도 이에 대한 자세한 언술은 남아 있지 않다. 아버지 문종과 마찬가지로 도참에 관심이 많던 숙종이 부왕의 유업을 계승한다는 명목으로 남경개창을 시도하며 개경으로부터 '탈출'을 시도한 것이다.

오늘의 대한민국 서울은 술사 김위제와 숙종으로부터 시작되었다. 그들을 '서울의 아버지'로 불러도 틀린 말은 아니다. 서울이라는 도시가 생겨난 것은 도선의 혼령에 씐 김위제와 숙종 덕분이다.

▬▬▬ 고려 예종과 술사 음덕전의 질투

숙종 때 갑자기 김위제라는 신진 술사가 뜨면서 '지리업' 소속 풍수관리들이 소외와 무시를 당한다. 대표적인 풍수관리가 음덕전(陰德全, ?~?)이다. 김위제가 '동정'이란 말단 임시 벼슬을 얻었을 때 음덕전은 '춘관정'이라는 종5품이었다. 그러나 음덕전은 김위제에게 밀렸다. 숙종이 김위제를 전적으로 신뢰하였기 때문이다.

남경에 이궁을 설치한 지 8년이 지났음에도 아무 효험이 없었다. 숙종은 죽고 그 아들 예종이 임금이 되었다. 예종은 아버지보다 더 깊게 길흉화복설에 빠졌다. 심지어 비보술과 더불어 도교 신앙을 통해 복을 빌었다. 고려 역사상 최초로 도관(道觀: 도교 사원)인 복원궁(福源宮)을 설치한 것도 그였다. 당시 송나라 황제로서 도교를 신봉하여 '도군(道君) 황제'로 불린 휘종에게 도사를 보내줄 것을 요청하여 궁궐 내에 도관을 세웠던 것이다. 복원궁의 주요 기능은 재앙을 없애고 복을 비는 제사 담당이었다(1392년 조선 개국과 더불어 유학자인 정도전에 의해 폐지되었다).

예종은 즉위하자마자 당시 유포되던 비결서들을 김인존, 박승중 등 10인의 문신과 풍수관리들로 하여금 한 권의 책으로 묶어 바치게 한다. 책의 이름은 『해동비록』이라 지었고, 정본은 궁궐에, 부본은 여러 관청에 보관하게 하였다.

또 예종은 송나라에 음양서를 요청하기도 했다. 사신으로 간 한조(韓祚, ?~?)가 송나라 황제 인종으로부터 『음양이택서(陰陽二宅書)』를 받아 와서 임금에게 바쳤다.

예종은 또 중국에서 귀화한 술사 호종단(胡宗旦)을 신뢰하여 많은 문제를 일으키기도 하였다. "임금이 호종단을 신임하여 그의 말에 너무 현혹되어 실수를 면하지 못하였다"라고 사관이 적을 정도였다. 호종단은 비보술에 능하여 제주도에까지 비보술을 행했다(지금도 제주도 원주민들은 호종단을 제주도 땅기운을 파괴한 원흉으로 여긴다).

이러한 예종의 취향을 파악한 이가 풍수관리 음덕전이었다. 그는 예종이 즉위하자마자(1105년) 풍수술을 버리고 비보술을 이용하여 임금의 총애를 얻고자 하였다. 그는 다음과 같은 글을 임금에게 올렸다.

개경 도읍을 정한 지 200년이 되어 지덕이 쇠하여 왕업을 연장하려면 마땅히 서경(평양) 용언 옛터에 새로 궁궐을 짓고 때로 임금께서 둘러보셔야 합니다.

—『고려사』, 「오연총」 중에서

이는 풍수술이 아닌 '지기쇠왕설'을 근거로 하는 비보술이다. 왕은 음덕전과 함께 정극공, 최자현 등을 보내어 용언의 옛터를 보게 한 후, 궁궐(용언궁: 평양 을밀대 남쪽, 일제 강점기에 평양박물관이 들어선 자리)을 짓게 한다. 궁궐이 완공되자 임금은 그곳에서 군신들의 축하 인사를 받는 행사를 거대하게 행했다.

용언궁을 지으려 할 때, 문신 오연총(吳延寵, 1055~1116)만이 3가지 이유를 들어 반대했다.

지금 용언궁을 짓는 데 불가능한 이유 3가지가 있습니다. 선왕 문종께서는 명민하고 총명한데도 술수에 미혹되어 서경에 좌우 두 궁궐을 지었으나 효험이 없어 후회하셨습니다. 헛되이 재력만 낭비하였습니다. 이것이 첫 번째로 불가 이유입니다. 최근에 남경을 새롭게 열었으나 8년 동안 길한 조짐이 없었으니, 이것이 두 번째로 불가한 것입니다. 서경의 옛 궁궐은 지금의 용언궁과 거리가 멀지 않으며 지세의 길흉도 반드시 다르지 않습니다. 하물며 명확하게 비결(秘訣)로 좋은 조짐을 경험할 만한 것도 없는데, 개경의 옛 궁궐을 버리고 새로운 궁궐을 짓기 위하여 살림집을 헐어내고 걷어내면 인민을 소란스럽게 하는 것이니, 이것이 세 번째 불가 이유입니다.

— 앞의 책

문종과 숙종이 비보술로 행했던 별궁 짓기가 전혀 효과가 없었던 것을 근거로 오연총은 반대했다. 게다가 국력 낭비이며 인민을 힘들게 한다는 것이었다(오연총은 윤관과 더불어 여진족을 토벌하고 강동 6주와 동북 9성을 쌓아 북방을 방어하여, 평화로울 때는 문신으로 임금을 모셨고 전시에는 장군으로 나라를 지킨 인물로서 당시에도 존경을 받았다. 윤관과 오연총은 서로를 존중하여, 오연총 딸이 윤관의 며느리가 되었다).

왕은 오연총의 말을 듣지 않았다. 왕과 비보술사들과의 관계는 '악어와 악어새'였다. 왕은 권력의 불안함을 극복하기 위해 비보술사가 필요했고, 비보술사는 돈과 권력을 얻기 위해 왕이 필요했다. 음덕전의 이후 행방은 묘연하다.

▬▬ 고려 인종과 '듣보잡' 묘청

허구의 인물 도선이 고려 8대 임금 현종에 의해 선사가 되었고, 15대 왕 숙종에 의해 왕사, 17대 왕 인종에 의해 국사로 승진[追贈]된 사실은 앞서 이야기했다. 대체 왜 인종은 역사상 존재하지 않은 가공의 인물을 국사로 승진시켰을까?

당시 인종의 왕권은 불안했다. 인종은 16대 왕 예종의 맏아들이었다. 6세 때인 예종 10년(1115년) 태자로 책봉되었으며, 13세 때인 1122년 외할아버지 이자겸에게 옹립되어 즉위하였다.

외할아버지 이자겸은 셋째 딸과 넷째 딸을 인종에게 시집보냈다. 인종의 어머니인 순덕왕후는 이자겸의 둘째 딸이기 때문에 이자겸의 셋째 딸과 넷째 딸인 두 사람은 인종의 이모이다. 고려시대에 근친혼이 흔했으나 2명의 이모를 아내로 삼는 것은 드문 일이었다. 외할아버지이자 장인 이자겸의 권력이 컸음을 의미한다.

이자겸은 중서성·문하성·상서성의 최고 관직을 독식하면서 동시에 자신의 권위를 높여 '조선국공(朝鮮國公)'으로 올렸다. 국공이란 지위는 태자와 동등한 자리였다. 이자겸의 일곱 아들도 높은 벼슬에 올랐다. 자식뿐만 아니라 친족들도 요직에 배치하고 관직을 팔았다.

그는 십팔자설(十八子說)을 믿고 왕이 되고자 하였다. 앞서 설명했듯 십팔자설의 시초였다. 十八子는 十+八+子＝李, 즉 이씨가 왕이 된다[十八子爲王]는 뜻이다.

이자겸은 외손자이자 사위인 인종을 연경궁에 가두고 자신의 넷째 딸(인종의 아내)을 시켜 인종을 독살하려 했다. 처음에는 독이 든 떡을 진상했으나 딸이 몰래 인종에게 은밀히 알렸다. 인종은 떡을 까마귀에게 던졌는데, 떡을 먹은 까마귀가 죽었다. 다음으로 이자겸은 딸을 시켜 독이 든 술을 올렸다. 딸은 술을 들고 가다가 일부러 넘어져 바닥에 쏟았다. 독살 시도는 두 번 모두 실패했지만, 겁먹은 인종은 이자겸이 두려워서 순순히 왕위를 넘겨주려 했다.

그러나 이자겸과 동맹 세력이었던 척준경이 인종 편으로 돌아서면서 이자겸의 반란은 실패한다. 인종 4년(1126년), 이자겸은 전라도 영광으로 유배를 간다. 인종은 이자겸의 반란을 진압하고 왕비(이자겸의 두 딸)들을 내쫓았다. 외척의 지배에서 벗어나 스스로 통치를 시작한 인종은 자신을 압박했던 외척들과 척준경 세력이 두려웠다. 개경을 벗어나 새로운 판을 짜고 싶었다.

이러한 인종의 마음을 읽고 그 앞에 등장한 인물이 묘청이다. 여기서 다시 도선이란 허구의 인물과, 조작된 『훈요십조』가 묘청과 인종을 연결한다. 묘청이 인종과 인연을 맺는 것은 이자겸의 반란으로 불타버린 개성의 정궁을 건설할 때였다. 정궁(만월대) 재건을 위해 기초 공사를 할 때 묘청은 '태일옥장보법(太一玉帳步法)'을 소개하며 도선을 끌어들인다. 태일옥장보법이란 무엇일까? 이는 인종 10년(1132년) 1월 궁궐 공사 개시일, 묘청의 행동에서 드러난다.

(묘청은) 최홍재와 공사에 참여한 관원들에게 관복을 입히고 차례 대로 서게 한다. 장군 4명에게 갑옷을 입히고 칼을 차고 네 방향에 서게 하였다. 군졸 120인은 창을, 300인은 횃불을, 20인은 촛불을 들고 둘러서게 하였다. 묘청은 그 가운데에서 길이가 360보나 되는 삼끈 네 가닥을 4번 당기는 괴이한 행동을 하면서 다음과 같이 말한다.

"이 법은 태일옥장보법인데 도선 선사께서 강정화에게 전수하였고 강정화가 나에게 전수하여 주었다. 내가 늙게 되면 백수한에게 물려 줄 것이니 다른 사람들이 알 수 있는 것이 아니다."

— 『고려사』, 「묘청」 중에서

태일옥장보법은 일종의 '굿'에 지나지 않았다. 이후 우리 역사에서 태일옥장보법은 어떤 풍수서 혹은 음양서에도 등장하지 않는다. 다만 당나라의 풍수로서 도선이 스승으로 삼았다는 일행 선사가 남긴 책 중에서 『천일태일경(天一太一經)』『태일국둔갑경(太一局遁甲經)』이 전한다. '도선이 일행 선사의 제자였다'라는 설이 그 당시 유포된 만큼 도선이 『태일경』을 알았다고 전제했을 것이고, 묘청도 여기에 착안하여 '태일옥장보법'이란 용어를 만들어냈다. 다만 '태일'은 실체가 없다.

묘청은 어떻게 인종의 신임을 얻게 된 것일까? 묘청을 소개한 인물은 백수한(白壽翰, ?~1135)이었다. 백수한이 묘청을 만나게 된 것은 그가 서경에 파견 근무를 하면서였다. 백수한은 묘청을 서경 출신의 문신 정지상(鄭知常, ?~1135)에게 소개했다. 정지상이 인종의 총애를 받고 있던 때였다. 이자겸의 반란이 진압된 뒤 정지상은 인종 5년(1127년) 척준경을 탄핵하는 글을 올린다.

탄핵의 핵심 내용은 "척준경이 이자겸을 제거한 일은 일시의 공이나 궁궐을 침범하여 궁궐을 불태운 것은 만세의 죄"라는 것이었다. 글은 척준경을 유배시키는 데 결정적인 역할을 했다. 이로부터 정지상은 정계에 두각을 나타내며 인종의 총애를 받았다. 더욱이 경연에서 고전 강의를 도맡을 정도로 실력파였다. 시문에도 뛰어나 김부식과 쌍벽을 이루었다. 그런 정지상이 묘청을 인종에게 소개한 것이다. 인종이 묘청을 믿을 수밖에 없었다.

묘청은 서경 천도를 인종에게 권유한다. 13세에 왕이 되어 이자겸의 난을 경험한 인종으로서는 서경 천도의 유혹을 뿌리치기 힘들었다. 그해 2월, 인종은 마침내 정지상과 묘청 일파의 건의를 받아들여 서경으로 가서 '새로운 정강[維新政令]' 15조를 반포한다. 내용은 새로운 것이 없었다. 왕이 마땅히 해야 할 의례적 내용들이었다(산천제사, 백성구제, 재난예방, 권농, 학교설치 등). 중요한 것은 반포식을 서경에서 행했다는 것이다. 그만큼 서경을 중시한다는 '퍼포먼스'였다.

여기에 묘청·백수한과 같은 '도선의 후예'를 자칭하는 승려들이 임금의 반포식에 함께하면서 '관객'들로 하여금 주술에 빠지게 했다(인종은 이때 서경에 몇 달을 머물다가 가을에야 개경으로 돌아온다). 인종이 서경에 머무는 동안, 묘청은 서경에 새로운 궁궐을 지을 것을 부추긴다.

> "서경 임원역 땅이 풍수가들이 말하는 대화세(大華勢)입니다. 전하께서 만일 그곳에 궁궐을 세우고 수도를 옮기신다면 천하를 얻을 수 있습니다. 금나라도 조공을 바쳐 스스로 항복할 것이고 36개국이 모두 복종하게 될 것입니다."

— 앞의 책

'대화세'란 말도 묘청이 처음 만들어낸 말이다. 풍수 서적에는 없는 용어다. 묘청이 말한 대화세란 무슨 뜻인가? 華(화)는 花(화)와 같은 뜻이다. '큰 꽃 형국'이란 뜻이다. 풍수에서는 길지(명당)를 곧잘 나무에 비유하여 설명한다. 이른바 '근간지엽화실(根幹枝葉花實)'론이다. 뿌리[根]는 시조산(백두산), 줄기[幹]는 백두대간, 가지[枝]는 내룡, 잎[葉]은 좌우를 감싸는 청룡·백호, 꽃[花]은 혈장(穴場), 열매[實]는 혈장 속에서도 핵심처(궁궐의 경우 임금 거처, 무덤의 경우 관이 안치되는 곳)로 비유한다. 그런데 이러한 비유법은 풍수 전문가가 아닌 시골 풍수들이 쓰는 화법이다. 따라서 묘청의 풍수술은 천박했다.

어쨌든 대화세란 특이한 언어에 인종은 유혹됐다. 인종은 묘청과 백수한에게 임원역의 땅에 새로 지을 궁터를 잡게 했다. 이듬해

11월에 일명 대화궁(大華宮: 큰 꽃 궁)이라는 이름의 궁궐 신축 공사가 시작되었고, 공사는 일사천리로 진행되어 불과 3개월 만에 완공을 보았다.

인종 12년(1134년), 인종은 묘청을 신임하여 삼중대통지누각원사(三重大統知漏刻院事)로 삼고 붉은 관복을 하사하였다. 왕은 수년간 묘청의 주술에 걸려 있었다.

묘청은 더 나아가 인종에게 서경 천도, 황제국 선포, 금나라 정벌을 주청했다. 반대파들이 그냥 보고만 있을 수 없었다. 이때 이지저(李之氐, 1092~1145)가 강력하게 반대하였다. 이지저는 장원급제 출신으로 문장이 당대 최고였다. 이자겸의 친척이었으나 이자겸에게 아첨하지 않았고, 종2품까지 승진한 합리적 관료였다. 이지저와 인종, 그리고 묘청 간의 대화 내용이 『고려사』, 「이지저」에 자세히 소개되어 있다. 해당 문장은 다음과 같다.

"이 무리(묘청·백수한)들이 반드시 나라를 망칠 것입니다."

그러나 묘청은 한술 더 뜬다.

"대동강에 상서로운 기운이 나타났는데, 이는 신성한 용이 토해낸 침으로 천년토록 만나기 어려운 것입니다. 청컨대 하늘의 뜻에 순응하여 황제국을 선포하시고 금나라를 정벌하소서."

다시 이지저가 반대한다.

"금나라는 강적이니 가벼이 여길 수 없습니다. 하물며 대신들이 개경에 머무르며 지키고 있는데, 한두 사람의 말에만 귀를 기울여서 대의를 결정할 수는 없습니다."

인종은 묘청의 주술에 걸리긴 했으나, 금나라와 전쟁을 일으키고 황제국을 선포하자는 말에는 겁이 났다. 이자겸의 난 등을 겪으면서 군대가 움직이는 것이 얼마나 무섭고 위험한 일인지를 체득하였기 때문이다. 인종은 묘청을 물리치고, 이지저의 말을 따랐다.

묘청 일파가 반역을 일으킨 것은 그다음의 일이다. 인종 13년(1135년) 정월, 묘청은 서경을 거점으로 군사를 일으켰다. 국호를 '대위(大爲)', 연호를 '천개(天開)'라 하고 자신의 군사를 '천견충의군(天遣忠義軍: 하늘이 파견한 충성스럽고 의로운 군대라는 뜻)'이라고 부르며 새로운 국가체제를 갖추었으나, 그는 실패했다.

훗날 단재 신채호가 묘청을 훌륭하게 평가한 것으로 알려졌으나, 이는 사실이 아니다. 단재가 묘청을 칭찬한 것은 금국정벌론과 칭제건원론과 같은 자주정신 때문이었다. 당시 금국정벌론은 묘청만의 생각이 아닌 윤관 장군의 아들 윤언이와 서경 출신의 문신 정지상이 주장한 것이었다. 오히려 단재는 『조선사 연구초』에서 묘청을 '광망(狂妄: 미친놈)'으로 표현하였다. 그의 섣부른 반란과 실패로 윤언이, 정지상 등 '주체파'들을 권력에서 배제시킨 결과를 가져왔다는 이유에서다.

묘청의 서경천도론과 반란도 조작된 『훈요십조』와 허구의 인물 도선에서 비롯되었다. 한때 인종과 묘청은 서로를 필요로 했다. 묘청은 권력과 부를 탐했고, 인종은 외척 이자겸의 횡포와 반란이 지겨워 개경을 벗어나고자 하였다. 이때 잠깐 두 사람의 마음이 부합하였다.

도선이란 악마는 묘청을 거쳐서 14세기에는 신돈을 유혹한다(이 책 217쪽). 또 15세기에는 조선의 유학자로 정3품 벼슬에 있었던 최호원에게 달라붙는다.

무능한 왕의 불안을 파고든
운명적 만남

    역사상 실존하지 않은 도선을 구체적인 실존 인물로 탄생시킨 왕이 고려 18대 임금인 의종(재위 1146~1170)이었음은 앞서 이야기했다. 그는 『훈요십조』 제2조에서 딱 2회 언급되는 도선을 위해 비문을 짓게 하였다. 이곳 말고는 그 이전의 어떤 기록(문집이나 비문 등)에도 도선이 언급되지 않는다. 의종의 속셈은 무엇이었을까?

  의종은 인종 12년(1134년)에 태자가 되었으며, 12년 후 인종이 죽자 임금의 자리에 올랐다. 부왕인 인종 때는 이자겸과 묘청의 난, 문신들의 득세, 북쪽 금나라의 위협 등으로 고려 왕권이 크게 위축되었다. 권위 회복과 왕권 강화가 절실했다. 그러나 그 방법론이 문제였다. 부국강병책이 아닌 비보술이었기 때문이다. 그는 비보술에 푹 빠졌다.

묘청의 난이 일어난 이후여서 조정 대신들은 도선을 앞세우는 비보술사들을 경계·감시하고 있었다. 비보술이 잠시 사라지는 듯하였지만, 비보술로 왕업을 연장하고 복을 부를 수 있다는 사고의 틀이 깨진 것은 아니었다.

인종은 신하 정습명(鄭襲明, 1094~1150)에게 아들 '의종의 멘토'가 되어줄 것을 유언으로 남긴다. 정습명은 의종의 사부였으며, 김부식과 함께 『삼국사기』를 편찬한 대학자였다. 그는 제자인 의종이 비보술·굿·향락에 빠지는 것을 적극 말렸다. 왕에 대한 지적이 계속되자 의종은 그를 미워하고 기피하였다. 또 김존중, 정함 등이 밤낮으로 그를 헐뜯었다. 이에 의종 4년(1150년) 정습명이 병을 평계로 사직하였다. 임금은 즉시 김존중에게 정습명 자리를 대신하게 한다. 정습명은 모욕감에 독약을 마시고 자결하였다.

정습명이 죽자 의종은 고삐가 풀려 주술과 비보술을 마음대로 시행했다. 의종 8년(1154년)에 중흥사, 11년에 별궁 수덕궁, 12년에는 토산에 중흥궐, 20년을 전후해서는 정자인 만춘정·중미정·연복정과 별궁 관북궁이 집중적으로 지어졌다. 금과 옥으로 장식한 화려한 정자와 궁궐이었다. 이 모두가 왕업 연장과 기복을 위한 비보 행위였다. 국고 낭비뿐만 아니라 민심을 흐리는 어리석은 통치 행위였다.

그는 또 최유청으로 하여금 「도선국사비문」을 창작케 하였고, 검교군기감이라는 하급 관리 김관의로 하여금 『편년통록(編年通錄)』

을 쓰게 한다. 이 두 글의 목적은 도선의 신격화였다. 『편년통록』
은 산악신앙·수신숭앙(水神崇仰)·비보사상을 바탕으로 고려 왕권
을 신격화하려는 의도에서 편찬되었다.

주술에 빠진 의종의 말로는 어땠을까? 25년 동안 임금 자리에
있었으나 그의 말로는 비참했다. 의종 24년(1170년) 정중부의 무신
정변으로 왕위에서 물러나 거제로 유배당한다. 그제야 눈물을 흘
리며 "정습명의 말을 들었다면 이 꼴을 당하지 않았을 것"이라고
후회한다. 3년 후인 명종 3년(1173년), 자신이 출세시켜 주었던 천
민 출신 장군 이의민에게 허리가 꺾여 죽임을 당한다. 시신은 연못
에 던져졌다.

의종의 불운은 점쟁이 영의(榮儀, ?~1170)와의 만남에서 시작되
었다. 대부분의 술사들은 악마들이었다. 도선이란 유령이 만들어
놓은 새끼 악마들이었다. 영의도 악마였다. 영의는 누구인가? 『고
려사』 기록은 다음과 같다.

영의는 점쟁이였다. 사천감 관리를 지낸 아버지 영상이 섬에 유배
되었다가 섬에 살던 반역자 후손에게 장가들어 영의를 낳았다. 영의
는 용모가 괴상하였으며 성품이 간사하고 교활하였다. 의종 초기에
임금의 하급 심부름꾼이 되었다. 옆에서 임금에게 조잘거리기를 "국
운의 장단과 임금 수명은 비보술과 순행(巡幸: 시찰) 빈도수에 달렸습
니다" 했다. 임금이 영의의 주술에 빠져들자 고영부, 한유정, 최균심
등 신하들이 그를 쫓아내기를 청했으나 듣지 않았다.

의종 11년(1157년) 정월 초하루 서북쪽에서 돌풍이 불었다. 천문 담

당 관리가 점치기를 "나라에 근심이 있을 것입니다"라고 하였다. 왕이 두려워하자, 이것을 놓치지 않고 영의가 재앙을 물리치는 방법을 아뢰었다. 왕이 이를 믿고 영통사, 경천사 등 다섯 절에 그해 마지막 날까지 불공을 드려 그 재앙을 물리치라고 하였다. 국고 낭비가 심했다.

영의는 왕이 걱정하거나 두려워하는 바를 엿보아 그때마다 아뢰었다. "모년 모월에는 재앙이 있을까 두려우니 액막이 제사를 지낸다면 걱정이 없을 것입니다." 제사를 지낸 후 재앙이 발생하지 않으면 영의는 "모든 것이 다 내 노력 덕분이다"라고 하였다. 주변에서 서로 다투어 그에게 뇌물을 바쳤다.

왕은 영의의 말에 따라 민간의 이름난 저택을 빼앗아 별궁과 별관을 짓기도 하였다. 국가 재정이 고갈되었고 백성들은 원망하였다. 영의가 또 아뢰기를 "궁궐 동쪽에다 '보조 궁궐[翼闕]'을 만들면 왕업을 연장할 수 있습니다"라고 하였다. 이에 왕의 동생 익양후 집을 빼앗아 이궁을 창건하였다. 영의는 반역자 후손이기에 관직 임용에 나아갈 수 없었다. 그러나 왕은 자신을 위해 복을 빌어준 공로로 호적까지 고쳐주었다. 정중부의 난 때 영의는 피살되어 목이 시장통에 전시되었다.

— 『고려사』, 「영의」 중에서

이렇게 주술에 빠진 의종은 김관의로 하여금 『편년통록』을, 최유청으로 하여금 「도선국사비문」을 쓰게 한다. 역사 날조다. 『편년통록』은 태조 왕건의 조상 때부터 12세기 중엽까지의 왕조 역사를 연대순으로 서술한 책이다. 흥미로운 것은 저자 김관의란 인물이다. 그가 언제 태어났고 언제 죽었는지도 알려진 것이 없다. 그는 '검교군기감'이란 하급 관리였다. 대학자가 아닌 하급 관리가 고려 왕실 역사책을 사사로이 쓸 수가 있었을까? 왕의 명에 따라 누군 가가 대필하였고, 김관의란 이름으로 펴낸 것이다.

『편년통록』은 왕건과 도선의 인연을 다음과 같이 적고 있다.

그때 도선이 당나라에 가서 일행 선사(683~727)의 지리법을 얻고 돌아왔다. 백두산에 올랐다가 개성 송악산에 이르러 세조(왕건의 아버지)가 새로 지은 집을 보고 말하기를, "기장[穄: 帝, 즉 임금]을 심을 땅에다 어찌하여 마(麻: 삼베 입는 백성)를 심었는가?"라 하고 말을 마치자 가버렸다. 부인이 이 말을 듣고 알리자 세조가 급히 쫓아갔는데, 만나보니 오래전부터 알던 사이 같았다. 함께 송악산에 올라 산수의 맥을 살펴보고 위로 천문을 바라보며 아래로 운수를 자세히 살펴보고서 말했다.

"(……) 그대는 또한 물의 덕이오, 마땅히 수(水)의 큰 수를 따라 집을 육육(六六)으로 지어 36구(區)로 만드시오. 천지의 대수와 맞아떨어져 내년에는 반드시 성스러운 아들을 낳을 것입니다. 이름을 왕건이라 지으시오"라고 하였다. 그리고 봉투를 만들어 겉에 쓰기를, "백 번 절하고 미래에 삼한을 통합할 임금이신 대원군자께 삼가 글월을 바칩니다"라고 하였다.

그때가 당 희종 3년(876년) 4월이었다.

—『고려사』, 「고려세계」 중에서

도선이란 이름이 『훈요십조』에 처음 거명된 이후 18대 왕 의종에 의해서 그의 구체적 생애가 덧붙여진다. 조작된 유령은 이후 고려 말까지 끊임없이 개경과 강화도 궁궐을 배회하면서 임금과 백성들의 혼을 빼놓는다.

왕과 점쟁이의 말로는 어땠을까? 이미 설명한 바와 같이, 비보술을 권장한 영의는 처형되어 그 목이 거리에 걸렸고, 비보술을 믿은 왕 의종은 허리가 꺾여 연못에 던져졌다. 모두 비참한 죽음이었다.

▬▬▬ 고려 고종과 '날구라' 백승현

고려 23대 왕 고종(재위 1213~1259)은 46년이라는 긴 재위 기간 동안에도 최씨 무신 정치로 실권이 없었다. 최충헌의 증손자 최의가 고종 45년(1258년) 살해되고 최씨 정권이 무너짐으로써 표면상으로 왕권이 복구되었으나, 여전히 실권은 무신들에게 있었다.

고종 3년(1216년)부터 계속된 거란의 침입과 뒤이은 몽골의 장기 침입으로, 고종의 재위 기간은 고려 최대의 국난 시기였다. 고종 18년(1231년) 몽골의 침입이 시작되자 이듬해에는 강화도로 도읍지를 옮겼다. 국운이 다했다는 소문이 온 나라에 퍼졌고 신하들의 사기도 저하되었다. 왕은 지푸라기라도 잡고 싶은 심정이었다.

이때 백승현이 왕에게 접근했다. 『고려사』는 백승현의 출신을 2개의 문장으로 간단히 소개한다.

백승현은 풍수를 직업으로 하였다. 고종 말년에 낭장에 임명되었다.

—『고려사』, 「백승현」 중에서

국가 공인 풍수로 활동하려면 관직이 필요하기에 임금이 임시로 벼슬자리를 준 것이다(고려나 조선왕조에서는 민간인에게 자문할 때 임시직을 주어 그들의 언행을 실록에 기재했다. 윤석열 대통령 당선자 시절, 대통령 집무실과 관저 이전을 전후하여 천공과 관상가 백모 씨가 '문제의 인물'로 언론에 등장하였다. '문제'가 된 것은 '민간인 신분'으로 은밀하게 후보지인 육군참모총장 공관, 육군 서울 사무소, 외교부장관 관저 등을 공직자들을 대동하고 들락거렸다는 점이다. 당시 국방부 대변인이었던 부승찬 박사는 이때가 2022년 4월 1일이라고 정확히 기억했다. 그는 퇴임 후 『권력과 안보: 문재인 정부 국방비사와 천공 의혹』을 출간하여 내막을 소개하였다. 공식 자문 기구의 전문가 일원으로 의견을 개진하고 그 기록을 남겼으면 문제 될 일이 아니었다). 백승현의 출신·학력·경력은 알려지지 않았다. 언변이 현란하여 그를 상대했던 기존 풍수관리와 조정 대신들이 대적할 수 없었다고 전해진다.

백승현이 '출세'를 할 수 있었던 것은 능력 덕분이 아니었다. 운이 좋았다. 고종이 비보술에 빠져 그에게 먼저 '왕업을 연장할 수 있는 땅을 물었기[嘗問延基之地]' 때문이다. 고종의 속내를 읽은 백승현이 적극적으로 '구라'를 펼쳤다.

"원하옵건대, 혈구사(강화군 선원면 선행리 혈구산 소재)로 행차하시어 법화경을 설법하게 하시고, 삼랑성(강화군 길상면 정족산 소재)에 궁궐을 만드시어 그 영험함을 시험해 보십시오."

— 앞의 책

왕이 조정 대신들을 모두 참석시켜 이에 대해 논의하게 한다. 이때 백승현은 몇 마리 말에다가 도교·불교·음양도참 서적을 실어와서 왼쪽으로 뽑아내고 오른쪽으로 골라내며 끊임없이 궤변을 늘어놓았다. 그 모습은 참석자들이 반박할 수 없을 만큼 현란했고, 왕은 그를 전적으로 믿었다. 고려 고종 때 있었던 최고의 '날구라' 장면이었다.

그때 지어진 혈구사는 고려시대에 유일하게 '대일왕도량(大日王道場: 일종의 '굿')'이 베풀어진 사찰이다. 대일왕은 밀교의 본존인 대일여래를 지칭하는 것으로 '마하비로자나'의 음역이다. 대일여래를 받들어 공양하는 법회('굿')가 대일왕도량이다. 즉 백승현도 밀교 계통인 셈이다. 도선 역시 전통 풍수가 아닌 밀교의 택지법을 실행하는 인물이었음은 앞에서 밝혔다.

백승현의 말에 따라 고종은 삼랑성과 임시 궁궐[假闕]을 만들도록 명령하였다. 그러나 아무 효험 없이 고종은 죽고 만다. 고종이 죽고 뒤를 이은 24대 왕 원종(재위 1259~1274) 때인 1264년의 일이다. 몽고가 원종에게 직접 와서 인사할 것을 요구한다. 이때 백승현이 또 비책을 내놓는다.

"마리산 참성(참성단)에서 친히 초제(醮祭: 별에게 지내는 제사)를 지내시고, 삼랑성과 신니동에 임시 궁궐을 만드시고, 친히 대불정오성도량(大佛頂五星道場: 일종의 '굿')을 여십시오. 8월이 되기도 전에 반드시 응답이 있어 왕께서 원나라 황제에게 알현하는 것을 막을 수 있을 것입니다. 그리고 삼한(三韓)이 변하여 진단(震旦: 단군의 나라)이 됨으로써 큰 나라들이 와서 조공할 것입니다."

— 앞의 책

언급된 '대불정오성도량'은 하늘의 중요한 5개의 별에 액막이와 복을 비는 법회('굿')를 뜻한다. 밀교의 영향과 도교의 습속이 섞인 굿이다. 이 역시 정통 풍수가 아닌 밀교 치지법의 변용이다. 원종은 그 말을 믿고 임시 궁궐을 짓게 하였다. 이때 예부시랑 김궤가 반론했다.

"혈구산은 흉지의 산입니다. 그런데도 백승현이 대일왕이 머무는 곳이라고 하며 일찍이 고종께 아뢰어 혈구사를 짓고 임금의 옷과 띠를 안치하라고 하였습니다. 그러나 얼마 되지 않아 고종께서 승하하셨습니다. 지금 다시 감히 근거 없는 말을 지어내 임시 궁궐을 짓자고 아뢰고 있습니다. 또 혈구사에서 친히 대일왕도량을 열도록 청하는데, 이것을 믿어서는 안 됩니다. 청컨대 이를 금지하여 주십시오."

— 앞의 책

언급된 대일왕도량은 밀교 행사로서 천재지변을 없애기 위한 일종의 '굿'이다. 액막이와 복을 비는 행위이기 때문이다. 즉 풍수술이 아닌 밀교 비보술이었다. 이때 무신 실력자 김준 역시 원종 임

210

금과 마찬가지로 백승현의 말을 믿고 있었기에 오히려 김궤를 죽이려고까지 하였다. 백승현의 말을 따랐지만, 원종은 몽고에 가야 했고, 중간에 폐위를 당했다가 다시 복위되는 수모를 겪는다. 왕의 불안을 밀교의 택지법을 통해 유혹한 사례다.

개혁 군주도 피해가지 못한
비보술의 좀비 떼

고려의 공민왕(재위 1351~1374)은 말 그대로 '준비된
왕'이었다. 다른 왕처럼 어린 나이에 임금이 되지 않고, 당시로는
성숙한 22세의 나이에, 그것도 3수 끝에 임금이 되었다(이전의 충
목왕·충정왕 때 각기 왕이 될 기회를 놓쳤다). 12세 때인 1341년 원나
라 수도 연경에 인질로 끌려간 그는 영민한 데다가 권력욕이 강했
다. 오랜 인고 끝에 1351년 원나라에 의해 고려의 왕으로 책봉되었
다. 원나라 수도에 있으면서 국제정세도 어느 정도 파악한 상태였
다. 그러나 왕이라고는 하지만 기황후 세력이 고려 왕실을 능멸하
던 시절이었다.

공민왕은 즉위하자마자 자신의 정책들을 실현해 갔다. 원나라로

부터 완전한 독립, 왕실을 능멸하는 기황후 세력 처단, 개혁을 통한 왕권 강화가 핵심이었다. 즉 고려 중흥을 위한 혁신 정치를 펼치고자 하였다. 그러나 개혁 군주 이면에는 고려 왕실 대대로 '유전'되던 '비보술' DNA가 흐르고 있었다. 그러한 DNA를 누가 언제 격발시키느냐가 문제였다.

그 처음은 보우(普愚, 1301~1382)였다. 그는 충청도 홍성 출신(아버지의 고향)으로 13세였던 1313년에 회암사로 출가하여 광지의 제자가 되었다. 보우가 『고려사』에 등장하게 된 것은 원나라 유학 덕분이었다. 당시 고려 승려들은 원나라에 유학하여 중국의 큰스님들에게 자신들의 깨달음을 확인받고 돌아오는 풍조가 있었다. 사대주의적 관념이다.

충목왕 2년(1346년), 보우는 비교적 많은 나이인 46세에 원나라에 가서 2년간 유학했다. 오가는 시간을 감안하면 유학이라고 할 수 없는 아주 짧은 기간이다. 그러나 운[時]이 좋았다. 고려 출신으로 황후가 된 기황후 주선으로 황제에게 설법할 기회를 얻었기 때문이다. 원 황제는 보우에게 금으로 짠 승복을 하사하였고, 태자 등 왕족들도 향과 폐백을 내려주었다. 이때 원나라에 인질로 온 고려의 왕자 왕기(훗날 공민왕)와의 만남이 이루어졌다. 원 황실이 보우를 크게 예우하는 것을 본 왕자는 보우와 인연을 맺는다. 보우 입장에서는 2년간의 짧은 유학으로 큰 수확을 얻은 것이다. 이처럼 사람은 누구를 만나느냐에 따라 흥망성쇠가 달라진다.

그로부터 6년 후인 1352년, 왕좌에 오른 공민왕은 보우를 찾았고, 4년 후에는 왕사로 책봉했다. 왕사가 된 지 2년째인 1357년(공민왕 6년)에 보우는 "도참설을 근거로 한양으로 천도를 하면, 36개 나라가 조공을 올 것"이라고 주장한다. 이 말을 믿은 공민왕은 성리학자이자 장인인 이제현(후궁 혜비 이씨의 아버지)을 시켜 한양을 둘러보게 하며 천도를 추진하기도 한다.

묘청의 서경천도론을 반대한 문신 이지저가 그러했듯, 이때는 문신 윤택 등이 묘청을 사례로 들며 보우의 비보술을 반대했다. 그들의 반대에도 불구하고 공민왕은 한양 천도를 위한 궁궐 신축을 진행시킨다. 1360년(공민왕 9년) 최종 천도 결정을 위해 태묘(太廟: 고려 왕의 위패를 모신 곳)에서 점을 쳤는데, 결과는 "길하지 않다[不吉]"로 나왔다. 곧 천도를 중단한다.

점괘가 불길하다고 천도를 중단한 것도 현대인의 관점에서는 어처구니없는 일이다. 그러나 그때는 달랐다. 고려시대는 점술과 주술의 세상이었다. 보우의 비보설에 따라 한양 천도를 결정한 것도 마찬가지로 어처구니가 없다. 3년 동안 한양에 궁궐을 신축하고도 태묘에서 점을 친 결과 불길하다는 점괘가 나오니 이를 중단한 것도 황당하다. 개혁 군주라 불리는 공민왕도 주술에서 벗어나지 못했음을 보여주는 대목이다.

주술에 빠져 있는 공민왕을 비보술사들이 그대로 둘 리 없었다. 보우가 비보술로 한양 천도를 주장하던 바로 그해(공민왕 6년), 종4품 풍수관리 우필흥이 임금에게 글을 올렸다.

『옥룡기』는 '우리나라 땅은 백두산에서 시작하여 지리산에서 그치니 그 형세가 수(水)를 뿌리로, 목(木)을 줄기로 삼고 있으며 검정을

부모로, 파랑을 몸으로 삼고 있으니 풍속이 땅에 순응하면 나라가 창
성하고, 이를 거역하면 나라에 재변이 일어날 것이다' 하였습니다. 여
기서 풍속이란 임금과 신하의 의복·갓·악기·제기 등이 그것입니다.
이후부터 문무백관은 검정 옷, 승려는 검정 두건, 여성들은 검정 비
단을 착용하게 하십시오.

— 『고려사』, 공민왕 6년(1357년) 윤9월 7일 기사 중에서

『옥룡기』의 '옥룡'은 도선의 호 '옥룡자'에서 유래한다. 왕이 그 말
을 따랐다고 하였으나 어느 정도 시행되었는지는 알려지지 않았다.
우필흥은 이것으로 유명해졌고, 지금도 목천 우씨 종친회에서는 이
사건을 소개하며 자랑스러운 인물로 꼽고 있다. 승려 보우도 풍수
관리 우필흥도 자신의 '전공'이 아닌 비보술을 펼쳤다.

▬▬ 비보술로 퇴색해 버린 개혁 정치

공민왕의 비보 행위는 이후에도 계속되었다. 효과는 없었다. 특
히 1359, 1361년의 홍건족 침입은 고려를 흔들어놓았다. 홍건적의
2차 침입 때(1361년)는 개경이 점령당하고 공민왕은 안동까지 피란
했다(현종 재위 당시 거란족의 개경 점령 때는 전라도 나주로 피란했으나,
이번에는 경상도 안동으로 피란한다. 왕실 지지 세력이 전라도에서 경상도
로 바뀌었음을 방증한다).

홍건적이 물러나고도 왕은 비보술에 빠져 개경이 아닌 제3의 장

소를 도읍지로 찾고자 하였다. 강화도도 그 가운데 하나였다. 성리학으로 무장한 '합리적' 문신들이 개경 환도를 강력하게 요청하지만 응하지 않는다. 이때 서운관(풍수관청)이 비보술을 바탕으로 "궁궐 강안전 수리가 완료될 때까지 우선 개경 남쪽 홍왕사에 머물면 그간의 재앙이 미래의 복으로 바뀔 것"이라는 타협책을 제시했다.

왕이 그 말을 따랐다. 그러나 이곳에 머문 2개월 동안, 더 큰 재앙이 발생했다. 이른바 '홍왕사의 변'이다. 믿었던 신하 김용(金鏞, ?~1363)에게 왕이 죽임을 당할 뻔한 사건이었다.

김용은 공민왕이 왕자 시절 원나라 볼모로 갈 때 시종한 군인이었는데, 공민왕 즉위 후 왕의 신임을 받아 출세했다. 여러 문제를 일으켰으나 공민왕은 늘 그를 감쌌다. 홍건적의 2차 침입 때 정세운·안우 등이 격퇴하여 큰 공을 세웠는데, 김용은 이를 시기하였다. 그는 공민왕의 가짜 편지를 안우·이방실에게 보내 정세운을 죽이게 한다. 그리고 다시 상관 정세운을 죽였다는 이유로 그들마저 죽인다.

자신의 죄상이 폭로될까 두려워한 김용은 원나라에 있던 덕흥군을 왕으로 옹립할 생각으로 1363년 홍왕사에 머물던 공민왕을 죽이려 한다(덕흥군은 충선왕의 서자로 공민왕을 축출하고 왕이 되려 고려를 침공하였으나 실패하였고, 원 황제는 그 경솔함을 물어 곤장 107대 형을 내리고 추방한다. 그즈음 그가 죽었을 것으로 추정된다). 이때 김용은 환관 안도치를 왕으로 오인하여 살해하고 우정승 홍언박, 김장수 등을 죽였다. 하지만 공민왕 암살은 실패로 돌아갔다. 훗날 진실이 밝혀져 김용은 사지가 찢기는 극형으로 처형되었다.

홍왕사의 변에서 겨우 목숨을 건진 공민왕은 또 다른 간신 최유(崔濡, ?~1364)의 무고로 원나라 황제로부터 폐위당할 위기에 처했으나 가까스로 넘기기도 한다. 이 와중에 백성들에 대한 권문세가의 수탈은 더욱 심해졌다. 공민왕의 개혁 정치는 헛돌았다.

━━━ 공민왕을 현혹시킨 신돈

편조(遍照, ?~1371: 후에 '신돈(辛旽)'으로 개명)라는 천민 출신 승려가 공민왕에게 접근했다. 그는 임금이 비보술에 빠져 있음을 알고, 역시 비보술을 맹신하는 김원명(金元命, ?~1370)에게 우선 접근했다.

신돈은 전형적인 비승비속이었다. 신돈과 공민왕은 고려 말 부패의 심각성을 인식하고 개혁하려는 교집합 속에 만났다고 알려졌지만, 그들의 첫 만남은 비보술로 시작되었다. 신돈을 공민왕에게 소개한 사람이 바로 김원명이었다. 그는 공민왕의 이종사촌으로, 기황후의 오빠인 기철 등 친원 세력을 죽인 공로로 일등공신에 오른 무신이었다.

처음에 신돈이 승려일 적에 김원명의 도움으로 왕을 알현했다. 신돈이 왕의 신임을 얻게 되자 그 대가로 김원명을 8위 42도부병(고려의 모든 군대)을 관장하게 하였다. 김원명이 군사들을 이끌고 민천사(개경 수륙교 옆의 절) 연못을 수축하면서 도랑을 파고 돌로 방축을 쌓아 시가지 북쪽을 가로질러 북쪽 다리까지 물을 끌어들였다. 그리고 말하였다. "이렇게 하면 장차 조정의 문신을 제압할 수 있다."

— 『고려사』, 「김원명」 중에서

김원명이 "시내를 가로질러 도랑을 파면 무신이 성하고 문신이 쇠퇴할 것"이란 술사의 말을 듣고 문신들을 제압하려 한 것이었다. 비보술이었다.

신돈은 옥천사 노비의 아들로 태어나 절에서 자랐다. 당시 고려에는 선종과 천태종이 유행했다. 선종은 지식인·귀족들에게, 천태종은 백성들에게 인기가 있었다. 동시에 밀교가 유행했는데, 이는 원 제국이 후원하는 티벳불교가 고려에 유입되었기 때문이다.

티벳불교는 밀교 경향이 강했다. 불교의 세속화와 재가(在家) 불교의 유행에 따라 대처승이 급증했고, 종파에 상관없이 승려들의 간음은 흔한 일이었다. 훗날 신돈이 공민왕의 지지 속에 여러 문제(음주·간음)를 일으킨 것도 이와 같은 시대 분위기를 반영한다.

신돈은 어깨 너머로 불교식 화법을 터득했으나 온전한 문자는 터득하지 못했다. 그의 첫 직업은 매골승(埋骨僧)이었다. '매골'이란 뼈를 묻는다는 뜻이다. 뼈를 묻는 승려란, 시신을 수습하고 매장하는 승려를 말한다. 고려시대 매골승이라는 신분의 위상은 어땠을까? 지금은 낯선 용어이지만, 고려와 조선에서는 꼭 필요한 직업 가운데 하나였다. 매골승은 주로 버려진 시신, 즉 무연고 시체를 거두어 묻는 일을 담당하였다. 천한 직업이었다.

그러한 까닭에 동시대 문신 이달충(李達衷, 1309~1385)은 신돈이 죽임을 당한 뒤, 그를 모욕하는 칠언율시를 지었다. 제목 옆에는 '신돈은 본디 매골승이었다[旽初爲埋骨僧]'라고 또박또박 적었다. 유학자인 이달충은 신돈의 권력이 정점에 달했을 무렵, 그를 앞에 두고 '술과 여자를 밝힌다'고 비난했다. 신돈의 노여움을 산 그는 파직당했다. 그러한 까닭에 신돈을 미워하였다(신돈이 처형된 후 복직했다).

왕실의 외척인 김원명이 신돈을 공민왕에게 소개하기는 하였지만, 공민왕이 신돈을 택한 것은 꿈 때문이라고 전해진다(최태민이 꿈을 이용하여 박근혜에게 접근한 것과 유사하다. 이에 대해서는 뒤에서 소개하겠다).

공민왕이 꿈을 꾸었다. 어떤 사람이 칼을 들고 자신을 죽이려 했다. 그런데 한 승려가 달려와 자신을 구해주었다. 공민왕이 꿈을 꾸고 나서 얼마 후에 김원명이 신돈을 데리고 와 인사시켰다. 김원명의 소개로 만난 신돈은 바로 공민왕이 꿈에서 본 그 승려였다. 이후로 공민왕은 신돈을 자주 불렀고 노국 공주가 죽은 뒤 전적으로 그를 의지하였다.

— 『고려사』, 「신돈」 중에서

꿈 이야기는 공민왕이 일부러 지어낸 이야기다. 개혁 정책을 펼치려 할 때 그에게는 지원 세력이 필요했다. 공민왕은 명문거족이나 초야 신진, 유생들을 피했다. 명문거족은 친척과 당파가 나무뿌리처럼 서로 얽혀서 기득권을 주장하기 때문에 싫어했다. 초야 신진은 마음과 행동을 잘 꾸며 이름을 얻으면 명문거족과 혼인하여 처음 마음가짐을 내팽개치기에 쓸 수 없었다. 유생들은 유약하여 결단력이 부족하고 사제와 동기간 사이 당파를 만들기에 쓸 수 없었다.

공민왕이 개혁의 도구로 쓸 수 있는 사람은 세속을 떠나 홀로 선 사람, 즉 '이세독립지인(離世獨立之人)'이 필요했다. 이세독립지인은 승려밖에 없었다. 그렇다 해도 승려라고 모두 쓸 수 있는 것은 아니었다. 처음에 보우를 쓰고자 왕사에 임명했으나 폐기하였다. 보우는 엄청난 재산을 소유한 기득권이었다. 이것이 승단 내에서 전혀 연고가 없는 한미한 신돈을 택한 이유다.

신돈의 화법도 공민왕을 움직였다. 역설적으로 신돈이 배우지 못했기 때문이다. 경전과 설법을 통해, 그리고 중국 유학을 통해 고승이 된 이들의 언어는 공허하고 난해했다. 반면 천민과 백성의 언어로 체화된 신돈의 불법은 공민왕에게 설득력을 가졌다. 이 부분은 앞서 소개한 러시아의 '비승비속'인 라스푸틴과도 비슷하다. 라스푸틴도 제대로 교육을 받지 못하였기에 농민 언어를 썼다. 왕이나 황제에게는 신선한 충격이었다.

신돈이 공민왕으로부터 '청한거사(淸閑居士)'라는 호를 하사받고 왕사로서 국정에 본격적으로 참여하게 된 것이 1365년(공민왕 14년)이었다. 신돈에 대한 공민왕의 요구 사항은 그가 내린 청한거사에 담겨 있었다. 맑고[淸] 담담한[閑] 마음으로 개혁을 추진하라는 뜻이었다.

그러나 공민왕이 사랑했던 노국 공주가 그해 난산 끝에 갑자기

공민왕과 노국 공주. 금슬 좋은 아내이자 적극적인 동지였던 노국 공주가 난산 끝에 사망하고 난 뒤 공민왕은 극도로 피폐해진다.

죽었다. 노국 공주는 원나라 황족의 딸이었다. 그럼에도 반원 정책과 개혁 정치를 적극 지지했다. 공주 본인은 정치 일선에 나서지 않았지만, 원나라 공주라는 이유만으로도 친원 세력과 반개혁 세력이 함부로 할 수 없었다. 공민왕의 정치적 배경이 될 수 있었다. 공주의 역할은 공민왕과 고려 신하들도 모두 인정하고 있었다.

또 공주는 권력을 남용하지 않았다. 공주가 고려의 백성들에게 존경과 사랑을 받을 수 있었던 이유다. 공민왕의 부인이지만 동시에 정치적·인간적 동지였다. 그들은 서로를 존중하고 사랑했다. 그러나 좋은 금슬을 시기하듯 오랫동안 아이가 없었다. 그러던 중

1364년 드디어 아이를 가졌다. 공민왕에게는 최대의 기쁨이자 행복의 순간이었다.

공민왕은 공주의 안전을 절실하게 기원하였고, 사형수를 제외한 모든 죄수들을 사면해 주었다. 공주가 위독해지자 산천과 사찰에 기원을 드리도록 했으며, 사형수까지 사면했다. 보람이 없었다. 다음 해 음력 2월 16일 난산 끝에 공주와 태아가 모두 죽고 말았다. 공민왕에게 이보다 더 절망적인 일이 있을 수 있었을까?

공주가 죽자 공민왕은 공황 상태에 빠졌다. 그때 신승처럼 보이는 신돈이 나타났다. 왕은 그를 절대 신임하며 국정을 맡겼다. 공민왕의 발언이다.

"사부(신돈)는 나를 구하고, 나는 사부를 구하리다. 죽고 살기를 함께해서 남의 말에 미혹함이 없으리라. 부처님과 하늘이 이를 증명하리라."

— 『고려사절요』, 공민왕 14년(1365년) 12월 기사 중에서

1366년, 공민왕의 신임을 받은 신돈의 건의로 '전민변정도감(田民辨整都監)'이 설치되었다. 수상직과 감찰서·서운관 수장 직을 겸한 신돈은 권문세족들이 불법으로 겸병한 토지를 원소유자에게 환원시켰고, 억울하게 노비로 전락한 사람들을 해방하였다. 피지배계층에게 그는 '성인'으로 칭송받았다. 신돈의 개혁으로 권문세족과 신흥 무인 세력은 힘을 잃었고, 신돈에 대한 이들의 증오와 반발은 그만큼 드셌다. 기득권 세력을 완벽하게 제압하지 못

한 신돈은 1371년(공민왕 20년) 신해환국(辛亥換局)으로 처형된다. 신돈과 공민왕의 공생관계뿐만 아니라 공민왕의 개혁 정책도 끝이 났다.

　여기서 필자가 이야기하고자 하는 것은 신돈의 개혁 정책이 아니다. 개혁가로서 그는 훌륭했으나, 개혁 정책을 구현하는 방법에서 신돈 역시 악마 도선의 좀비였다는 점은 주목할 필요가 있다.

'진사성인출', 고려와 조선을 현혹하다

      신돈이 공민왕의 신임을 얻은 초기인 1365년(공민왕 14년), 그는 "일찍이 진사년에 성인이 나온다[辰巳聖人出] 하였는데, 성인이란 어찌 내가 아니겠느냐!"며 백관 대신들을 상대로 주술을 건다. 진(辰)은 용띠, 사(巳)는 뱀띠를 말한다. 진사년(辰巳年)이란 갑진년(甲辰年: 1364년, 공민왕 13년)과 을사년(乙巳年: 1365년)을 염두에 둔 말이었고, '진사년에 성인이 나온다'는 예언은 신돈이 『도선비기』에 가탁하여 만들어낸 것이었다.

  신돈은 착각했다. 용띠 해 다음은 뱀띠 해다. 용이 뱀으로 전락한다는 사실을 몰랐던 것이다. 신돈은 용이 되려다가 뱀이 되고 말았다.

'진사성인출'은 신돈이 처형된 뒤에도 사라지지 않고 조선 태종과 광해군 때도 등장하여 왕실을 불안에 떨게 했다. 조선 후기에 들어서면 『격암유록』이나 『정감록』 등 여러 비결서에 인용될 뿐만 아니라, 지금까지도 살아남아 사이비 종교인·법사·술사·거사 들이 각종 예언서와 유튜브에 약방의 감초처럼 써먹는 용어가 되었다. 심지어 주요 일간지에서도 일부 몰지각한 기자와 칼럼니스트들이 이 말을 들먹인다.

2024년은 갑진년, 2025년은 을사년으로 '진사년'에 해당한다. 이때 새로운 성인(예: 대통령)이 등장한다는 것이다. 2024년 12월 14일, 국회에서 윤석열 대통령 탄핵소추안이 가결되었다. 헌법재판소는 180일 이내에 결론을 내야 하는데, 만약 탄핵소추안이 인용된다면 새로운 대통령을 뽑는 선거가 곧바로 치러질 것이다. 그럴 경우, 진사의 '사(巳)'에 해당하는 을사년(2025년)에 새로운 성인이 출현하게 된다는 식이다.

신돈은 개경의 기운이 쇠하였다며 왕에게 천도를 권했다. 이에 왕이 이 말을 따라 평양에 가서 땅을 살피게 한다. 신돈 역시 인종 때의 묘청과 마찬가지로 『도신비기』를 인용하였다.

신돈을 반대하는 대신들 역시 신돈을 제거하는 데 도선을 인용했다. 공민왕 16년(1367년), 오인택·경천흥·목인길·김원명·안우경·조희고 등 10인이 비밀리에 모여 신돈을 제거할 것을 논했다.

"신돈이 간사하고 아첨하며 교활한 데다 사람들 헐뜯기를 좋아한다. 훈구 대신을 배척하고 쫓아내며 무고한 이들을 살육하고 있다. 그리고 신돈 무리가 나날이 커지고 있다. 『도선밀기』에 '승려도 아니고 속인도 아닌 것이 정치를 망치고 나라를 망하게 한다'는 말이 있다. 이 사람을 두고 한 말이다. 장차 나라의 큰 근심이 될 것이므로 마땅히 왕께 아뢰어 일찌감치 제거해야 한다."

— 『고려사』, 「신돈」 중에서

신돈은 『도선비기』를 인용하였고, 그 반대파들은 『도선밀기』를 인용하였다. 이 두 책의 전문은 그 당시에도 지금도 밝혀지지 않았다. 당시에 이미 '약방의 감초'처럼 도선이 권력 개편 혹은 권력 쟁탈의 수단이 되고 있음을 보여준다.

흥미로운 것은 신돈을 공민왕에게 소개하여 혜택을 받았던 김원명이 신돈의 반대 세력으로 돌아섰다는 점이다. 이로 인해 김원명은 신돈에 의해 죽임을 당한다. 신돈이 공민왕의 이종사촌을 죽일 정도였으니 당시 권세가 어느 정도였는지 짐작하고도 남는다.

비승비속에 대한 경계는 단지 훈구 대신들만의 일이 아니었다. 신돈의 라이벌 고승이 있었다. 같은 승려로 역시 왕사였던 보우는 질투심에 휩싸인다. 한 해 전인 1366년(공민왕 15년) 보우는 왕에게 글을 올려 신돈을 비난했다.

"나라가 잘 다스려지면 참승려[眞僧]가 그 뜻을 얻게 되고, 나라가 위태로우면 사악한 승려[邪僧]가 때에 영합하게 됩니다. 임금께서 살피셔서 신돈을 멀리하신다면 국가에 큰 복이 될 것입니다."

— 『조선사찰사료』 상권, 「원증(보우)국사탑명」 중에서

그런데 공민왕은 보우의 말을 듣지 않고, 신돈을 사악한 승려가 아닌 참승려로 더욱 공경한다. 화가 난 보우는 왕사 직을 반납하고 전주 보광사(전주 동남쪽 고덕산에 견훤이 지은 절로, 조선시대에 없어짐)로 내려간다. 이런 보우를 비웃기라도 하듯 신돈은 이듬해 선현(禪顯, ?~?)을 왕사로, 천희(千禧, ?~?)를 국사로 추천하여 임명하게 한다(흥미로운 것은 왕사와 국사로 임명된 선현·천희 모두 역사에 전혀 흔적을 남기지 않고 있다는 점이다. 신돈과 마찬가지로 천민 출신의 중으로서 신돈 숙청 때 함께 처형되었을 것으로 추측된다).

보우 입장에서는 얼마나 화가 났을까? 보우는 신돈과 태생적으로 함께할 수 없었다. 보우는 기득권 세력이었다. 보우가 당시 소유한 재산은 어마어마했다. 어머니 정씨의 고향인 미원현(현 경기도 가평군 설악면)에 넓은 땅을 가졌던 그는 왕사 자격으로 '왕이 탈 말을 키운다'며 말들을 풀어놓았다. 농민들은 말들이 농작물을 뜯어먹어도 보고만 있어야 했다. 그곳 관리들도 말들을 쫓아낼 수 없었다. 그에게 신돈의 개혁 정책은 독약이었다.

그런 보우 역시 조작된 허구의 인물 도선과 숫자 36을 들먹이며 공민왕을 유혹했다. 나라를 다스리는 이치에 때와 운수를 살펴야 한다고 사기를 쳤다.

"도참설에 따라 개경의 왕기를 살피건대, 초기의 왕성한 기운을 회복하기 어렵다고 생각합니다. 한양으로 천도하시면 36개국이 조공을 하여 고려가 중흥할 것입니다."

— 『고려사』, 「윤택」 중에서

36이라는 숫자가 나온 것은 고려가 물의 덕[水德]의 나라임에서 유래한다. 앞서 소개한 바와 같이, 물[水]에는 숫자 1과 6이 배속된다. 이 가운데 큰 수 6의 곱수는 36이다. 고려왕조에서는 물의 덕을 상징하는 숫자 1과 6이 신비적 수였다. 6의 2배수 12, 12의 10배수 120, 6의 곱수 36, 36의 2배수 72 등의 숫자가 고려사에 종종 등장하는 것은 이 때문이다.

보우는 『훈요십조』가 중시하는 서경(평양)이 아닌 남경(한양)을 도읍지 후보로 추천했다. 왜 그랬을까? 남경은 보우의 사유지인 미원현과 가까운 곳이었다. 보우와 신돈 모두 비보술 활용에는 공통적이었다. 그 역시 도선이란 허구의 유령을 팔아먹는 것에 지나지 않았다. 결국 신돈과 보우의 경쟁은 보우의 승리로 끝이 난다. 신돈을 처형한 공민왕은 보우를 다시 왕사로 임명했다(공민왕 20년, 1371년). 기득권 세력의 승리다.

물론 신돈을 러시아의 라스푸틴이나 조선 고종 때의 진령군, 혹은 윤석열 대통령의 천공과 같은 부류로 취급하기는 어렵다. 신돈은 개혁 정치가였다. 다만 승려였다가 환속하였기에 비승비속으로 소개되었고, 기득권 입장에서는 나라를 망칠 인물로 묘사하기에 충분하였다.

비보술로 공민왕을 유혹했던 신돈도, 그런 신돈을 믿고 개혁 정책을 시도했던 공민왕도 모두 죽임을 당하고 말았다. 개혁 실패의 당연한 결과다. 신돈과 공민왕이 추구한 개혁이 실패한 핵심 원인은 비보술에 있었다. 비보술은 사악한 악마였다. 파우스트를 유혹한 메피스토텔레스였다.

고려 역대 왕들의 주요 비보술 행위

왕	재위 기간	비보술 행위	주창자	근거 비결	반대자	결과
숙종	1095~1105	남경 천도	김위제	도선	유신 유록숭	효과 없음
예종	1105~1122	용언궁(평양) 신축	음덕전	도선	오연총	효과 없음
인종	1122~1146	서경 천도	묘청	도선	이지저	묘청 반란
의종	1146~1170	사찰·별궁·정자 신축	영의	도선	정습명	의종· 영의 살해
고종	1213~1259	강화 혈구사· 삼랑성 궁궐 신축	백승현	법화경		효과 없음
원종	1259~1269, 1269~1274	강화 신니동 궁궐 신축	백승현		김궤	왕의 중간 폐위, 몽고 입조
공민왕	1351~1374	한양 궁궐 신축	보우	도선	윤택	효과 없음
		검정 옷 착의	우필흥	도선		효과 없음
		서경·충주 천도론	신돈	도선	오인택 경천흥 등	신돈과 공민왕 살해

4장

질투와 야망으로 뭉쳐진
투쟁의 기록

— 조선, 비보술에서 풍수술로 전환하다

조선 개국, 비보술은 어떻게 부정되었나

공민왕이 죽고 우왕·창왕이 즉위하면서 도선의 비보술은 점차 힘을 잃는다. 우왕이 비보술에 근거하여 도읍지를 옮기고자 하였으나 유학으로 무장한 신진사대부들의 생각은 달랐다. 비보술이 아닌 주자와 정자가 남긴 「산릉의장(山陵議狀)」과 「장설(葬說)」과 같은 풍수설에 기댔다. 이 두 편의 글은 『조선왕조실록』에도 등장하며 조선의 사대부들이 묫자리를 잡는 데 금과옥조처럼 활용하였다.

특히 조선 건국 후 도읍지를 옮기는 과정에서는, 도선의 좀비(비보술사)들이 아닌 고려의 풍수관리(이양달·윤신달·유한우·고중안)들과 건국 주축 세력인 신진사대부(권중화·하륜)들이 결정적 역할을 했다.

한양 천도 과정에서 결정적 역할을 하였다고 알려진 인물로 무학(無學, 1327~1405) 대사가 있다. 그는 지금까지 명풍수로 알려졌으나 역사적 사실은 그렇지 않다. 무학 대사가 한양을 정했다거나, 정도전과 무학이 '인왕산과 북악산 논쟁'을 벌였다는 전설은 전혀 근거가 없다.

▬▬ 아무것도 하지 않은 자, 무학 대사

무학의 출생에 대해서는 1327년 경상도 삼기군(현 경상남도 거창군과 합천군 일부)에서 천민 박인일의 아들로 태어났다는 것 외에 알려진 것이 없다. 1344년, 18세에 송광사에 들어가 소지 선사 밑에서 승려가 되었고, 1353년(공민왕 2년)에 원나라에 유학하여 인도 출신의 지공(指空, 1300~1363) 대사에게 가르침을 받았다. 원나라에 있는 동안 오대산 등 중국의 각지를 순례하다가 1356년(공민왕 5년)에 귀국하였다. 3년 유학은 오가는 시간을 감안하면, 다른 유학승과 달리 극히 짧은 기간이다.

무학의 이력에는 특이한 점이 있다. 『고려사』와 『고려사절요』에 법명 '무학'과 본명인 '자초(自超)'가 전혀 등장하지 않는다는 점이다. 그만큼 그가 고려왕조에서는 미미한 존재였음을 뜻한다. 그런데 『조선왕조실록』에는 빈번하게 등장한다. 조선의 개국과 더불어 그가 '떴음'을 의미한다. 그의 원나라 유학도 앞에서 언급한 것처럼 길지 않았다. 예나 지금이나 유학을 하려면 많은 학비와 후원이 필요하다.

그는 27세라는 비교적 늦은 나이에 원나라의 수도 대도(현 베이징)로 유학을 떠났다. 천민 출신에 돈도 없는 데다가 중국어도 능하지 못했다. 의사소통은 거의 필담을 통해서 가능했다. 열등의식은 그로 하여금 말수를 줄이게 하였다. 스스로 법명을 무학(無學), 즉 배움[學]이 없는[無] 자라고 한 것은 솔직한 자기표현이었다.

그런 그에게 큰 인연이 생긴다. 두 명의 고승을 만난 것이다. 한 명은 인도 출신으로 당시 고려 불교계까지 널리 알려진 지공 대사였고, 또 한 명은 당시 이미 고려에서 고승으로 존경받던 나옹(懶翁, 1320~1376) 왕사였다(사실상 무학이 의도적으로 접근한 것이었다). 나옹 왕사는 중국인 아버지와 영일 정씨 어머니 사이에 태어난 이주민 출신으로 무학과 달리 배경이 든든하였다. 무학보다 나이도 많은 데다가 그보다 6년 먼저(1347년) 자신의 '고국'인 중국에 유학을 가 있었다. 나옹은 중국에 갓 온 동포 무학을 통해 고려의 소식을 듣고자 하였다. 나옹은 무학보다 2년 늦은 1358년, 유학 생활 11년 만에 귀국한다. 그는 공민왕에 의해 1371년에 왕사로 임명되었다.

무학에게 원나라 유학 기간 3년 중 가장 큰 소득은 지공과 나옹이라는 두 고승을 만난 것이다. 당시 무명의 무학 입장에서 이들은 하늘과 같은 존재였다. 이는 훗날 그의 신분 상승에 큰 힘이 되었다.

귀국 후에도 이름 없던 무학의 운명을 바꾼 결정적 계기는 무장 이성계와의 만남이었다. 어떻게 그 둘이 인연을 맺게 되었는지 알려진 바 없으나, 무학이 함흥에 가서 이성계의 부친 이자춘(李子春, 1315~1360)의 묏자리를 잡아준 것이 본격적인 만남의 시작이었다.

그리고 우왕 10년인 1384년경부터는 각별한 관계가 되었다. 천민 출신인 무학 역시 변경 출신인 이성계와 심정적 유대감을 공유하였으며, 이성계를 통해 신분 상승을 꿈꾸었다. 조선 개국과 더불어 왕사가 된 것은 당연한 일이었다(태조 1년인 1392년).

그러나 왕사로서의 역할은 미미했다. 무학이 비록 태조 이성계의 왕사로서 계룡산 도읍지 후보지 물색에 동행한 것은 사실이지만, 풍수에 관해서는 거의 의견을 내지 않았다. 태조의 왕사였고, 도읍지 선정에 동행했다는 이유로 신비화되어 '명풍수'로 세상에 와전된 것이다.

태조 이성계는 무인이었으나, 아들인 태종 이방원은 과거에 합격한 문인이었다(이성계의 아들 가운데 이방원만 유일하게 과거에 합격하였고, 이성계는 평소 이를 몹시 자랑하였다). 고려왕조에서도 무신들은 비보술을 맹신하였다. 반면 유학이라는 '합리적' 세계관의 세례를 받는 문신들은 비보술을 부정하였다. 유학과 불교(특히 밀교)의 대결이기도 하였다.

문관 출신인 이방원도 비보술을 철저히 부정하였다. 그런 그에게 무학 대사는 멸시의 대상이었다. 다만 아버지의 왕사였기에 체면을 살려주었다. 이방원이 무학을 어떻게 평가했는지는 1405년(태종 5년) 9월, 사간원과의 대화에서 엿볼 수 있다. 무학이 죽은 직후 장례와 무덤(부도) 조성과 관련하여서다. 사간원이 글을 올렸다.

"무학은 천한 노비 출신으로 그가 살았을 때도 배울 것이 없었고, 죽어서도 기이한 자취가 없었습니다. 전하(태종)께서는 그가 일찍이 왕사였다는 이유로, 예조에 명하여 부도·안탑(安塔)·법호·조파(祖派: 학맥)·비명(碑銘) 등의 일을 정하게 하셨습니다. 전하의 이전 생각과 다릅니다. 내리신 명령을 취소하시어 전하의 말씀에 신의가 있다는 것을 보여주십시오."

— 『조선왕조실록』, 태종 5년(1405년) 9월 20일 기사 중에서

이에 대해 태종의 반응은 다음과 같았다.

"사간원의 의견이 옳다. 그것은 나의 뜻이 아니고, 상왕(上王: 태조 이성계)의 명령을 받은 것뿐이다."

무학은 태조 이성계에게 존경을 받았으나, 태종과 사대부 지식 인뿐만 아니라, 심지어 다른 승려들로부터도 시기와 무시를 받았 다. 그의 출신이 한미한 것도 하나의 원인이었지만, 설법이 횡설수 설하여 무슨 말인지 알 수 없었다는 것도 이유였다. 설법을 듣는 이들이 모두 꾸벅꾸벅 졸았다. 오죽하면 사관이 무학의 무식함을 조롱하였을까? 실록에는 다음과 같은 기록이 있다.

"왕사 자초(무학)를 청하여 200명의 중 앞에서 설법하게 하였는데, 신덕 왕후가 뒤에서 발을 드리우고 이를 들었다. 자초가 요점을 설명 하지 못하니, 중들 가운데 탄식하는 사람이 많았다."

— 『조선왕조실록』, 태조 1년(1392년) 10월 11일 기사 중에서

<양주 회암사지 무학 대사 탑과 석등>, 한국민족문화대백과. 무학의 사망 후 부도 탑 조성에 대한 조정의 반대가 있었다.

또 그가 죽을 때 고통을 못 이겨 미친 듯 신음하고 울부짖어 승려로서 체면을 잃었기 때문이기도 했다. 화장(다비) 후 큰스님이라면 나와야 할 사리도 나오지 않았다(참고로 공민왕 때 왕사로 활동하며 비보술을 주장한 보우는 1381년 입적하여 화장했을 때 사리가 100알 나왔다). 세상 사람들이 승려에게 기대하는 '존경받을 조건'을 무학은 갖추지 못했다.

그런데 무학 사후 그 제자인 '신(信)' 자 항렬의 신총, 신당, 신우 등이 무학에 대한 대대적인 성역화 작업을 하였다. 이를 태종과 대신들, 그 외 승려들 모두 못마땅하게 여겼다. 다만 그때까지 살아 있던 상왕 이성계의 체면 때문에 함부로 하지 못하고 부도 조성을 묵인하였다(현 경기도 양주 회암사지 뒷산에 무학의 부도가 있다).

임금을 분노케 한 왕조 멸망 예언

     태종이 다른 유학자들과 마찬가지로 평소 불교와 주술에 비판적 생각을 가진 것 말고도, 비보 도참술로 인해 그가 격노한 사건이 하나 있었다.

    태종 8년(1408년, 무자년)의 일이다. 조선이 건국된 지 16년째였다. 전 왕조인 고려왕조에서 주부(注簿) 벼슬을 지낸 임형이란 사람이 '이씨 왕조는 30년에 끝나고 다른 이씨가 새 왕조를 세운다'는 도참설을 주변 지인들에게 퍼뜨렸는데, 그것이 시중에 은밀하게 퍼졌다. 그다음 내용은 더욱더 조선 왕실을 불안하게 만들었다. 이른바 고려 말 신돈이 만들어낸 '용띠 해, 뱀띠 해에서 성인이 나온다[辰巳聖人出]'라는 예언이 다시 퍼진 것이었다.

> "(2년 후인) 경인년(1410년)과 신묘년(1411년)이면 어떤 일이 일어날지 징후를 알 수 있으며, 임진년(1412년)과 계사년(1413년)이면 새 왕조의 주역이 될 성인이 출현할 것이다[寅卯事可知辰巳聖人出]."
>
> ─ 『조선왕조실록』, 태종 8년(1408년) 11월 13일 기사 중에서

내용의 출처는 충청도 부여 백성 김귀 집에 소장된 비결서였다. 창업된 지 16년 된 조선왕조가 30년 만에 바뀐다면, 이제 조선왕조 수명은 14년밖에 남지 않은 것이었다. 역사적으로 개국 후 곧바로 사라진 왕조들이 얼마나 많았던가? 중국뿐만 아니라, 한반도에서도 사례는 충분하였다. 궁예의 태봉국과 견훤의 후백제도 대표적 예다. 조선왕조도 그러지 말라는 법은 없었다. 고려가 망한 지 얼마 안 된 때라, 고려를 섬겼던 옛 신하들과 고려 왕실의 혜택을 입은 사람들은 고려에 대한 그리움과 미련이 남아 있었다. 조선 왕실 입장에서는 경악스러운 일이었다.

태종은 임형의 목을 베고 다른 관련자들은 곤장 100대를 치고 3천 리 밖으로 유배를 보내라 하였다(대부분 곤장 후유증으로 유배를 가기도 전에 죽었다). 임형은 취조 중 고문으로 옥중에서 이미 죽었는데, 시신을 꺼내어 다시 목을 쳤다. 두 번 죽인 것이다. 태종의 놀람과 분노가 어느 정도였는지 엿보이는 대목이다. 그것으로 그치지 않았다. 사건 직후 서운관에 보관된 비결서들을 꺼내어 불태웠다. 또 전국 민간에 있는 비결서들을 자진해서 제출하도록 명을 내렸다. 고려 때 양산된 비결서들은 이때 모두 수거, 소각된다. 비결서와 비보술이 사라지는 결정적 사건이었다.

조선 3대 임금인 태종 이후 조선왕조에서 비보술은 거의 사라진 듯하였다. 불교, 특히 밀교를 숭상했던 고려와 달리 조선은 국교를 유교로 하였기 때문이다. 불교(밀교)는 타파의 대상이 되었다.

━━━ 15세기 사상 논쟁: 비보술과 성리학의 싸움

조선이 건국되고 90년 뒤의 일이다. 도선의 좀비들이 모두 사라진 줄 알았는데, 갑자기 좀비 하나가 불쑥 튀어나왔다. 그리고 이 사건은 조선 조정을 한 달 동안 뒤흔들었다. 조선 전역에 '핫한 뉴스'가 되었다. 이 논쟁에는 정창손, 한명회, 윤필상, 노사신, 서거정 등 원로대신 20여 명까지 합세하여 15세기 후반 조선왕조 최대 '사상 논쟁'이 되었다. 고려와 조선의 통치 이데올로기가 무엇인가에 대한 본질적 논쟁이었고, 이후 고려의 통치술인 비보술이 역사의 뒤안길로 사라지는 사건이 되었다(그러나 21세기에 도선의 좀비들은 화려하게 부활한다). 고려의 도선 비보술과 조선의 유학(성리학)과의 충돌 사건이었다.

성종 16년(1485년), 병조 참지(정3품) 최호원이 극성(황해도 황주)에서 돌아와서 9가지 일을 보고하였다. 그 가운데 네 번째 항은 '도선의 비보술을 살리자'는 주장이었다.

"황해도에 나쁜 병이 돌고 있습니다. 봉산·황주와 문화·풍천이 더욱 심하며 그 사이에 있는 안악·신천은 병이 없습니다. 신이 산천 형세를 살펴보니, 안악·신천은 모두 흙산으로 형세가 단정하고 두터우며, 산천이 둘러싸여 나쁜 병이 생기지 않습니다. 반면 황주·봉산은 돌산이 높게 솟아서 모두 불과 같은 형상입니다. 산줄기와 물줄기가 제각각이어서 산천에 독기가 있어 질병이 생기고 자손 없는 귀신들이 떠도는 것이 당연합니다. 우리나라는 산이 높고 물이 빨라 길흉 반응이 매우 빠릅니다.

도선이 3천 개의 비보를 설치하고, 또 경축진양법(불경을 외고 기도하여 액막이하는 방법)을 시행하였습니다. 지금은 비보한 곳의 절·탑·연못·숲이 거의 다 허물어져 없어졌습니다. 이것으로 인해 산천의 독기가 흘러 모여서 병이 되는가 합니다. 청컨대 도선의 산천 비보 책(『도선산천비보지서(道詵山川神補之書)』)을 근거로 재앙을 진압하는 법을 밝히소서."

—『조선왕조실록』, 성종 16년(1485년) 1월 5일 기사 중에서

왜 이런 발언이 나왔을까? 극성은 황해도 봉산과 황주 사이에 있다. 명나라를 오가는 사신들이 지나는 곳일 뿐만 아니라 군사 요충지였다. 오랜 전쟁 동안 피아간 군인들이 많이 죽어 유골들이 이리저리 뒹구는 곳이었다. 또 그곳은 유난히 악병과 전염병이 많이 돌았다. 그 까닭이 억울하게 죽은 원혼들 탓이라고 생각하였다. 선왕인 세종과 문종이 이들을 위로하는 여제(厲祭)를 직접 지내기도 하였다. 여제란 불운하게 죽었거나 제사를 지내줄 후손이 없는 귀신으로 인간에게 해를 끼친다고 알려진 귀신을 위로하는 제사를 말한다.

그 전해 겨울, 성종은 최호원을 극성 지방에 파견하여 원혼들을 달래는 여제를 주관하게 했다. 제를 마치고 귀경한 최호원이 이듬해에 문제점과 그 해결책을 올렸다.

상소 직후 조정이 발칵 뒤집혔다. 이튿날인 1월 6일부터 부제학 안처량(安處良, 1435~1505: 훗날 예조판서 역임), 좌승지 성건(成健, 1438~1495: 훗날 대사헌 역임) 등이 최호원을 처벌해야 한다는 글을 올렸다. 이에 대해 성종은 최호원의 보직만 해임했다. 이틀 후인 1월 8일, 이번에는 최호원이 불복하여 '도선의 비보술을 장려해야 한다'는 장문의 글을 올렸다.

최호원으로서는 억울한 부분이 없지 않았다. 임금의 명으로 극성 지방을 다녀왔고, 당연히 보고서를 제출해야 했기 때문이다. 보고서 내용 때문에 처벌받는다는 것 자체가 부당했다. 최호원은 아예 '이참에 하고 싶은 말을 하자'며 작심 발언을 하였다. 핵심 문장 일부이다.

"신은 학술이 거칠고 견문이 고루하며 성품이 부덕하여 잡서(雜書) 보기를 좋아하였습니다. 세조 임금께서 알아주시어, 술학(術學)에 정통하도록 신에게 허락하셨습니다. 이순지(李純之, 1406~1465: 훗날 판충추원사 역임)에게 천문·역산을, 신에게 술수 일을 맡기셨습니다.

우리 전하(성종)께서 즉위하신 이후 음양·술수·택지·택일 일체를 저에게 물으셨습니다. 그래서 산천의 형세를 살피고 훗날 국가의 쓰임에 대비하였습니다. 지난달 전하께서 황해도에 전염병 창궐을 걱정하시어 제관 자격으로 저를 극성에 보내셨습니다. 후손 없는 원혼들을 위한 제사를 지내 나쁜 병을 없애고 백성을 편히 하기를 바라시는 마음이셨습니다. 명을 받고 가서 산천의 형세를 보고 나쁜 병의 근원을 찾아보았습니다. 산천 독기가 원혼들과 서로 부채질한 까닭으로 파악하였습니다.

그래서 도선의 글을 상고해 비보술을 다시 밝히려고 하였습니다. 도선은 식견이 얕은 세속인이 아니고 신통한 승려입니다. 개경·한양 두 도읍지를 미리 정하였고, 군과 현의 산천을 비보한 곳은 자못 영험이 있었습니다. 비보를 하면 산천의 독기가 저절로 없어지고, 원혼을 달래는 제사를 지내면 귀신의 억울함이 사라져서 나쁜 병이 그치고 백성이 번성하게 될 것으로 생각합니다.

지금 도선의 비보 시설물이 허물어지고 없어졌기에 감히 배운 바를 가지고 글을 올렸습니다. 그런데 홍문관에서 신의 말을 망령스럽다고 탄핵하고, 전하께서는 보직 해임을 하셨습니다. 심장과 간장이 찢어지는 듯하여 몸 둘 바를 모르겠습니다.

과거 훌륭한 임금 시대에도 술수에 능통한 유학자가 있었습니다. 당나라 여재와 송나라 호순신은 모두 유학자로서 술수를 겸임하였으나 당시에 잘못이라고 아니하였고, 후세에 높여서 스승으로 삼았습니다. 만약 술수를 쓰지 아니한다면 몰라도 그만둘 수 없는 것이라면 홍문관의 비난을 어찌 받아들여야 하겠습니까?

개국 초기 하륜 정승은 유학의 종장으로 나라의 큰 공신이었지만 동시에 술수에 능통하였습니다. 산천의 높고 낮은 데를 오르내리며 답사하여 드디어 한양에 도읍을 정하였습니다. 또, 숭례문(남대문) 밖에 연못을 파고[南池: 1907년경 매립되었으며, 현재 남대문로5가 1번지에 표

지석이 있음], 홍인문(동대문) 안에 인공산[假山]을 만들었습니다(현 서울시 종로구 청계천로 251-1 일대로 언덕 위에 낡은 건물이 자리함). 하륜 정승은 모두 도선의 비보술을 썼으나 당시에 괴이히 여기지 않았고, 후세에도 다른 의논이 없었습니다.

신의 어리석은 생각입니다만, 술수는 옛날에는 괴이치 않게 여겼는데, 지금은 이상하게 생각합니다. 술수를 겸비한 유신들을 이전에는 배척하지 아니하였는데, 지금은 논박합니다. 무엇 때문입니까? 전하께서 이미 술수 업무를 신에게 맡기셨는데, 신이 이를 부끄럽게 여겨 임무를 수행하지 않으면 이는 충성스럽지 않은 것입니다. 신이 목격한바 극성 지방의 길흉을 도선의 글에서 질정하려고 한 것은 바로 나라를 위하고 백성을 구제하고자 하는 마음에서입니다. 저의 재주를 팔자는 것도, 불교를 숭상하자는 것도 아닙니다.

신은 천한 몸으로서 벼슬이 이미 높아졌는데, 또 무엇을 바라 재주를 팔고자 하겠습니까? 신이 두려워하는 것은 비보술이 끊어지는 것입니다. 저의 복직을 바라는 것이 아닙니다."

— 『조선왕조실록』, 성종 16년(1485년) 1월 8일 기사 중에서

최호원의 상소에는 몇 가지 오류가 있다. 도선이 한양을 예언·점지하였다는 내용과, 하륜이 한양 도읍을 정하고 비보에 능통했다는 것은 역사적 사실과 다르다. 하륜은 풍수에 능하였지 비보술에 능통한 것이 아니었다. 그러한 오해에도 불구하고 전반적으로 고려의 비보술 수용 상황을 최호원은 객관적으로 변명하였다. 최호원의 상소는 논쟁을 확대·격화한다.

비보술과 성리학의 충돌

    성종은 최호원의 상소를 원로대신들에게 보이고 논의케 한다. 왜 성종은 원로대신들에게 보여주었을까? 그들은 대개 훈구파였다. 당시 등장하는 안처량, 성건, 김종직 등 젊은 사림파와는 세계관에 많은 차이가 있었다.

  훈구파는 부국강병, 유연한 외교, 잡학(풍수·사주·의학·음악) 수용 등 학문적 풍토가 경직되지 않았다. 반면 훈구파를 밀어내고 새로운 세력으로 등장한 사림파는 성리학 이외에 그 어떤 것들도 용납하려 들지 않았다. 이후 이러한 학문의 경직화는 '사문난적(斯文亂賊)'이라는 이름으로 생각이 다른 자들을 죽이기까지 했다. 이후 조선에 성리학이라는 계급 독재(신분질서, 관존민비, 남존여비, 장남 위주 상속, 쇄국 등)를 가져와 나라의 몰락을 재촉한다. 안처량, 성건, 김종직 등이 최호원의 처벌을 주장한 것은 이러한 시대적 배경 때문이었다.

그러나 '오너 CEO'인 성종은 성리학만으로 국가를 경영할 수 없었다. 원로대신들을 '최호원 문제'에 개입시킨 것은 중재 역할을 바랐기 때문이었다. 다음 날인 1월 9일 홍문관, 사간원 등 젊은 신하(사림파)들과 원로대신(훈구파)들이 합석하여 이 문제를 논의한다. 홍문관의 주장 핵심은 '고려의 도선 비보술을 폐기하고 유학(성리학)만 장려할 것과 최호원을 엄벌할 것'이었다.

반면, 원로대신들은 사림파의 주장에 원칙적으로 동의하지만, 최호원을 그리 엄하게 처벌할 필요는 없다는 의견이었다. 원로대신들 가운데는 정창손, 한명회, 노사신, 윤필상, 심회, 윤회, 이극배, 홍응 등이 있었다. 풍수에 능한 서거정(徐居正, 1420~1488년)도 있었다. 특히 서거정은 세종, 문종, 단종, 세조, 예종, 성종 등 여섯 임금을 섬긴 노신이었다. 풍수·사주에도 조예가 있었고, 어린 시절 한동네에 살던 최고위직(1품) 풍수관리 이양달로부터 여말 선초의 풍수사(風水史)를 듣고 자랐다.

그러한 이유로 서거정은 이전부터 최호원과 함께 왕실 풍수에 자문하기도 하였다. 서거정을 포함한 원로대신들의 전반적 의견은 '홍문관의 말이 맞긴 하나, 이전부터 해오던 것이니 임금께서 알아서 하십시오'였다.

그러나 홍문관, 사간원 등 젊은 신하들(사림파)이 거세게 반발하였다. 이에 대해 성종은 1월 15일 원로대신들 가운데 참석 가능한 모두를 불러들인다. 13인의 국가 원로대신들(훈구파)이 총집합한다. 결론은 엿새 전 논의했던 것보다 더 완화된 것이었다.

> "최호원이 말한 바가 국법(성리학)에 맞지 않으나, 술수(도선 비보술)의 일은 바로 그의 직분이며 국가가 그것을 맡겼는데, 만일 본 바가 있으면 어찌 말하지 않겠습니까? 말이 비록 망령스러울지라도 크게 꾸짖을 수 없습니다."
>
> — 『조선왕조실록』, 성종 16년(1485년) 1월 15일 기사 중에서

이러한 훈구파 원로대신들의 의견을 사림파 신하들이 용납하지 않았다. 이틀 후인 1월 17일 홍문관·승정원·사헌부 신하들이 모여 결의한다.

> "최호원을 엄벌해야 하며, 그를 두둔한 원로대신 홍응, 이극배, 노사신까지도 그 죄를 물어야 합니다."
>
> — 『조선왕조실록』, 성종 16년(1485년) 1월 17일 기사 중에서

젊은 신하들의 압력에 못 이긴 성종은 사헌부에 명을 내려 최호원을 '죄인 신분으로 신문[鞫問]'하게 한다. 처벌이 목적이 아니라 최호원에게 변명의 기회를 주고자 함이었다. 임금의 발언에서 그 의도가 드러난다.

"최호원이 '도선의 비보술에 따라 비보한 곳에는 자못 영험이 있어

서 백성에게 이익이 있었다'고 하였다. 어떠어떠한 일이 비보 영험이
고 백성에게 이익이 되었는가에 대해 자세히 심문하여 아뢰라."

— 앞의 책

사헌부 역시 젊은 사림파가 장악하고 있는데, 최호원에게 호의적
일 수 없었다. 보름 후인 2월 1일, 사헌부는 임금에게 최종 의견을
보고한다.

"전 병조 참지 최호원은 도선의 비보술 채택을 두 번씩이나 주장하였
습니다. 곤장 100대를 치고 임명장을 모조리 빼앗는 죄에 해당합니다."

—『조선왕조실록』, 성종 16년(1485년) 2월 1일 기사 중에서

곤장 100대면 죽이라는 이야기다. 살아남을 수 없는 무서운 형
벌이다. 이에 대해 성종은 다시 확대회의를 소집한다. 원로대신과
6조 판서 등 23명을 불러 사헌부 의견에 대해 논의케 한다. 전체적
으로 사헌부 의견을 존중하면서도 '벌이 지나치다'는 의견이었다.
이에 대해 성종은 사헌부가 제시한 형량이 지나치다고 보고 유배
로 결론짓는다.

그러나 성종은 최호원을 처벌할 생각은 없었다. 7개월 후인 성종
16년(1485년) 9월 그를 복직시켰기 때문이다. 복직 후에 그는 비보
술을 버리고 풍수술로 왕실에 공식적으로 참여한다.

1485년(성종 16년) 도선 비보술과 성리학의 투쟁 일지

	도선 비보술	사림파	훈구파	국왕
대표자	최호원	김종직, 안처량, 성건 등	한명회, 서거정, 노사신 등	성종
1월 5일	도선 비보술 시행 상소			비보술 부분 용인
1월 6일		최호원 엄벌		최호원 해임
1월 8일	도선 비보술 시행 재상소	최호원 엄벌	사림파 주장에 동의하나 최호원 엄벌은 불가	훈구파 참여시킴
1월 9일		최호원 엄벌	위와 같음	사림파, 훈구파 합석 회의 소집
1월 15일			위와 같음	원로대신 소집
1월 17일		최호원 엄벌, 훈구파 처벌		최호원을 심문하되 변명의 기회를 주게 함
2월 1일		최호원 곤장 100대 및 파면	최호원 죄는 있으나 엄벌 불가	곤장 대신 유배
9월 8일				유배 해제 및 복직

■■■■ 비보술을 다시 불러낸 최호원의 질투심과 야망

최호원이 성종에게 올린 글 전체를 분석해 보면 모순점이 많다. 최호원은 본디 '풍수학인'이었지 도선의 '비보술사'가 아니었다. 최호원이 상소에서 주장한 대로, 그는 선왕 세조에 의해 발탁된 풍수관리였다.

세조는 안효례(安孝禮)와 최호원 둘을 풍수관리로 활용하였고, 아들 예종에게도 풍수에 관해서는 이 둘을 쓸 것을 유언했다. 그런데 둘은 라이벌 관계로 서로 풍수에 능하다고 다퉜다. 세조는 늘그막에 잠이 없을 때, 가끔 이 둘을 불러서 서로 실없는 논쟁을 벌이도록 하면서 이를 즐겼다. 다음과 같은 일화가 있다.

> 안효례가 말하기를 "우리나라는 일본과 땅이 서로 연접해 있습니다" 하였다. 이에 최호원이 꾸짖기를, "푸른 바다가 아득하기 끝이 없는데, 어찌 서로 연접해 있다고 주상 앞에서 함부로 말하시오?" 하였다. 안효례가 "물을 담고 있는 것은 무엇인가, 물밑에 흙이 있으니 어찌 서로 연접해 있지 않다고 하겠습니까?" 하였다. 최호원은 아무 말도 못 했고, 세조는 크게 웃었다.
>
> ─ 성현, 『용재총화』 중에서

세조는 죽기 한 달 전, 풍수학인 안효례와 최호원에게도 음양·풍수 관련 서적들을 주라는 명령과 함께 술자리를 베풀었다.

안효례는 중인 출신으로 일찍이 세조에게 줄을 서서 당상관까지 오른 입지전적 인물이다(세조가 조카 단종을 몰아낼 때 세조 편에 가담했다). 안효례는 성종 8년(1477년)을 끝으로 기록이 나타나지 않아 이즈음 죽었을 것으로 추정된다. 반면 최호원은 연산군 때까지 생존했다. 연산 8년(1502년) 82세의 나이로 임금에게 상소를 올린 기록이 있다. 즉 라이벌인 안효례보다 약 25년 이상 오래 산 셈이다.

최호원은 엘리트였다. 그는 세조가 대군 시절에 엮은, 군사·음양에 관한 책인 『기정도보(奇正圖譜)』를 1459년(세조 5년)에 초학자가 알기 쉽도록 편찬하는 일을 맡아 할 정도로 군사 문제와 음양술에 능했다. 그로부터 8년 후인 1467년(세조 13년) 최호원의 벼슬은 군자감의 첨정으로 종4품이었다. 그리고 1년 후엔 문과 '중시'에 합격한 5인 가운데 하나로 뽑혔다. 중시란 당하관들이 보는 시험으로 합격하면 당상관에 오를 수 있는 승진 시험이었다.

5인의 답안지를 세조에게 바칠 때의 일이다. 세조는 답안지 가운데 이부를 1등으로, 이극돈·이육을 2등으로, 이윤손을 3등으로 삼았다. 최호원의 답안지를 보고는 땅에 던져버렸다. 답안지 가운데 잡술 용어가 많았기 때문이다. 마침 세자가 들어오다가 땅에 떨어진 답안지를 주웠다. 이에 세조는 최호원이 세자의 은혜를 입었다는 명분을 들어 4등에 합격시켰다.

여기에서 보듯 최호원은 단순한 술사가 아니었다. 그는 세조 재위 시절에 풍수술을 논하였지 비보술은 전혀 언급하지 않았다. 안효례가 죽고 나서는 풍수술뿐만 아니라 비보술을 언급하기 시작했다. 그 까닭이 무엇일까? 라이벌에 대한 열등의식을 보전하고자 하는 욕망이 아니었을까 추측한다. 왜냐하면 아버지 세조와 달리 예종은 노골적으로 안효례를 중용했기 때문이다. 예종 재위 시절에 풍수에 관해서는 안효례의 세상이었다.

예종 재위 시절 안효례의 '풍수 업적'은 독보적이었다. 예종은 돌아가신 부왕 세조의 무덤 선정을 전적으로 안효례에게 맡겼다. 안효례에게 실권을 주기 위해 당하관에서 당상관으로 승진시켰다. 뿐만 아니라 안효례는 이전부터 흉지라는 소문이 돌던 세종의 무덤(현 서울시 서초구 내곡동 국정원 옆 헌인릉)을 여주 영릉으로 옮기는 데 중추적 역할을 했다.

예종 때 안효례의 '몸값'은 천정부지였다. 왕릉 자리를 주도적으로 잡는다는 것은 단순히 임금에게 신임을 받는 것, 그 이상을 의미한다. 당시에는 풍수설에 따라 묏자리를 잡는 것이 절대적 신앙이었다. 사대부 명문대가들이 서로 안효례를 모시고자 줄을 섰다. 돈과 명예에서 최호원은 안효례에게 밀렸다.

최호원에게 다행한 일은 라이벌 안효례가 자기보다 먼저 죽었다는 것이다(1477년). 이제 최호원이 당대 최고의 풍수 대접을 받아야 했다. 그는 안효례보다 더 고도의 '비법'을 내놓아 임금과 사대부들의 신임을 받겠다는 유혹에 빠졌다. 도선·무학과 같은 왕사·국사가 되고 싶었다. 그가 '도선의 비보술'을 끄집어낸 이유였다.

그러나 건국 초기와 달리 성종 때가 되면 훈구파가 밀려나고 성리학만을 중시하는 사림파가 주류 세력이 된다. 그러한 분위기 속에서 도선의 비보술은 발붙일 공간이 없었다.

앞서 말한 바와 같이, 훈구파들은 전반적으로 풍수나 고려의 비보술에 대해 관대했다. 반면, 사림파들은 고려의 비보술뿐만 아니라 '조선의 국학' 중 하나인 '풍수학'까지 부정했다. 그 단적인 예는 훗날 사림파의 종장으로 추앙받은 김종직(金宗直, 1431~1492)에게서 볼 수 있다.

김종직이 젊었을 때, 즉 세조를 모시던 때의 일이다. 세조 10년(1464년) 8월 6일, 임금은 34세의 김종직을 파직한다. 이유는 김종직이 직무 보고에서 '천문·지리·음양·음악·의약·복서(卜筮) 등 잡학을 폐지해야 한다'고 말하였기 때문이다. 이에 대한 세조의 반응은 다음과 같았다.

"김종직은 경박한 사람이다. 잡학은 나도 뜻을 두는 바인데, 김종직이 이렇게 말하는 것이 옳은가?"

— 『조선왕조실록』, 세조 10년(1464년) 8월 6일 기사 중에서

국가 경영에 유학과 함께 '실학'인 잡학도 활용해야 한다는 세조와, 성리학만으로 충분하다는 김종직이 충돌한 것이다(1년 후에 복직되었다). 그로부터 20년 후인 1484년(성종 15년) 김종직은 최호원을 단죄하는 데 앞장섰다.

▬▬▬ 격파된 비보술과 공인된 풍수술

그렇다면 조선왕조가 풍수술을 공식적으로 활용하지 않았다는 말인가? 그렇지 않다. 필자는 풍수술과 비보술이 다름을 앞서 이

야기하였다. 비보술이 사라졌을 뿐, 풍수술는 고려와 조선에서 관학으로 여전히 공인되었다.

조선왕조 잡과에 '지리학'이 있었다. 관상감 소속이었다. 조선 건국 후 태종 6년(1406년)에는 '음양풍수학'으로, 세종 20년(1438년)에는 '풍수학'으로, 세조 12년(1466년)에는 '지리학'으로 그 명칭을 바꾸었다. 관상감은 지리학(풍수학) 교수와 훈도가 각각 1명씩 있어서 풍수학을 교육하였으며, 풍수학 생도 정원은 15명이었다.

지리학 관리(지관) 선발시험은 2차에 걸쳐 시행되었다. 1차 시험은 관상감에서, 그리고 2차 시험은 관상감과 예조가 공동 주관했다. 이와 같은 시험을 거쳐 임용된 지관들은 지식이나 경제적으로 사족에 뒤지지 않았으나 중인 신분에 속했다.

조선조에 지관이 되면, 국가가 지급하는 녹봉 외에도 '알바' 거리가 많았다. 명문거족들의 묏자리 소점으로 버는 돈은 녹봉보다 많았다. 당시 명문가 묏자리 소점 보수는 보통 '쌀 서 말과 한복 두루마기 한 벌'이 기본이었다. 쌀 서 말은 지금은 그리 큰돈이 아니지만, 1920년대만 해도 머슴 1년 연봉이 쌀 3가마였으니 1개월 월급에 해당하는 돈이었다. 거기에 두루마기까지 합하면 2개월 월급에 해당한다. 적지 않는 수입이다. 조선조 중인 잡과 중에 통역관(역관)이 가장 돈을 많이 벌었지만, 지관 역시 버는 돈은 적지 않았다.

조선의 풍수술과 도선의 비보술은 내용이 달랐다. 고려에서도 마찬가지였다. 고려왕조가 선발한 풍수관리(일관)의 업무와 도선의 비보술이 하는 일은 전혀 달랐다. 사회적 문제가 된 것은 풍수술이 아니라 도선의 비보술이었다. 도선의 비보술은 조선 성종 때 최호원 유배 사건에서 알 수 있듯, 더 이상 공인되지 않았다. 그 점에서 고려와 조선의 차이점을 보여준다.

고려의 비보술은 도읍지 옮기기(천도), 별궁과 정자 짓기, 숫자 비보, 식재 비보, 문자 비보 등 앞에서 소개한 대로다(조선왕조에서는 이러한 비보 행위가 거의 나타나지 않는다. 다만 주술로부터 완전히 자유롭지는 못했다). 도선의 비보술은 조선 성종 때 사림파에 의해 격파당한 뒤 역사에서 사라진 듯하였다(조정에서는 사라지지만 민간으로 흘러들어간다).

점술과 풍수에 빠져든 최고 권력자

무속과 점술에 빠지는 일은 무당 탓인가, 고객 탓인가?
조선 15대 왕 광해군(재위 1608~1623)은 '점술 마니아'였다. 임금 자리에 오른 지 3년째인 1611년, 임금과 대신들이 국정을 논의할 때의 일이다. 영의정을 지낸 64세의 이원익(李元翼, 1547~1634: 선조·광해군·인조 3대에 걸쳐 영의정을 3번 지냄)이 임금에게 간언했다.

"전하께서 궁궐에만 계시기 때문에 드리는 말씀입니다. 또 제가 밖에서 들은 말을 아뢰지 않을 수 없습니다. 궁중에서 점술이 많이 행해진다고들 말합니다. 사실 옛사람도 시초점(주역점)이나 거북점을 이용했습니다. 그러나 지금의 점치는 것이 어찌 옛날의 이른바 거북점·

시초점과 같은 것이겠습니까. 반드시 끊어야 할 것입니다. 만약 이런 것에 얽매이면 사리가 흐려져서 끝내 국정을 혼란에 빠뜨릴 것입니다."

—『조선왕조실록』, 광해 3년(1611년) 10월 14일 기사 중에서

▬▬▬ 굿과 점으로 정무를 보았던 광해군

광해군 때만이 아니다. 조선왕조 내내 궁궐에 무당들이 드나들며 굿을 하거나 부적을 파묻어 특정인을 저주하는 일이 있었다. 다만, 그러한 주술 행위를 왕비나 후궁 같은 '실력자'들이 벌이기에 신하들이 이의 제기를 못 한 것이었다.

요즘 우리 시대와 다를 것이 없다. 윤석열 대통령의 부인 김건희(김명신)의 박사 논문은 『아바타를 이용한 운세 콘텐츠 개발 연구』로, 목차를 보면 '주역·사주·궁합·관상'에 관한 것임을 알 수 있다(국회도서관에서 인터넷으로 열람할 수도 있다. 다만, 표절 의혹을 받고 있다). 단순한 학문적 논의만이 아니라, 그녀 자신이 이 분야의 전문가라 칭한다고 한다.

그뿐만이 아니다. "김건희 여사에게는 자신과 윤 대통령이 정치적으로 고비에 처할 때마다 거취 등을 자문해 주는 사주술사 및 무속인이 분야별로 7~8인 있다"라는 《한겨레21》의 보도도 있었다(2024년 11월 17일 자). 김건희의 사주 자문단 중 한 명이었다는 류동학 씨의 주장을 보도한 것이었다. 그녀를 오랫동안 지켜본 국민의힘 출신 국회의원도 "김 여사가 윤석열 대선 캠프와 인수위 시

절에 사주쟁이와 무속인 들의 조언을 들은 것으로 알고 있었다"라고 증언하였다.

17세기 광해군도 명과학(命科學: 점성술과 사주술로 왕족의 운명과 길흉, 택일을 담당한 부서 명칭) 소속 정사륜, 승려에서 환속한 이응두를 곁에 두고 매사 점을 쳤고, 그렇게 길흉을 따진 후 움직였다. 굿을 하는 일이 빈번하여 북소리와 장구 소리가 대궐 밖까지 들릴 정도였다. 이를 걱정한 이원익이 광해군을 말린 것이었다. 당시 도성 백성들은 "차라리 죽은 다음 궁궐 귀신이 되어 제삿밥이라도 실컷 먹어봤으면 좋겠다"고 할 정도였다.

광해군이 조정 원로대신들의 말을 들었을까? 그럴 리 없었다. 광해군이 점치는 것을 좋아하니 궁궐에 점쟁이들의 출입이 빈번했다. 이때 맹인 점쟁이 신경달, 함충헌, 장순명, 그리고 앞에서 언급한 이응두, 정사륜 등이 왕의 총애를 받았다. 아주 작은 정무라도 점을 쳐서 미리 성패를 따져보았다.

특히 장순명은 늙고 눈먼 점쟁이였는데 한양에서 이름난 사람이었다. 그 소문을 들은 임금이 자주 궁궐로 불러 점을 쳐보고 대우하였다. 거만해진 그는 광해군의 세자 저주(咀呪) 사건에 연루되어 거제도로 유배되었다. 그러한 죄인인데도 광해군은 그가 점을 잘 친다는 이유로 사람을 보내 점을 칠 정도였다(장순명은 섬 유배 중에도 현령 김준민의 점을 봐주며 마음대로 돌아다니면서 거제도 부자들을 상대로 '알바'를 했다. 조정에 이 일이 알려져 현령 김준민은 파직되었다. 장순명의 죄는 묻지 않았는데, 광해군의 신임 때문이었다).

점쟁이들이 국정에 관여하기도 하였다. 조선 말엽 고종의 왕후

민씨가 진령군의 말에 빠져 궁궐에서 굿을 하고, 진령군과 그의 아들 김창열이 나랏일과 매관매직에 관여하던 것과 다를 바가 없었다.

▰▰▰▰ 조선의 도읍지가 교하가 될 뻔한 사연

광해군은 점에만 매달린 것이 아니었다. '풍수 마니아'이기도 했다. 풍수술사들이 가만히 있을 리 없었다. 광해군 4년(1612년) 8월 26일, 종6품 이의신은 한 장의 글을 올린다. 하급 관리의 상소인데다 내용이 황당하여 승정원이 임금에게 올리지 않았다. 그러나 이의신이 반복적으로 글을 올리자 결국 이를 임금에게 바쳤다. 글의 핵심 내용은 이랬다.

> "임진왜란, 반복되는 역모, 조정 관리들의 분당, 도성 주변 황폐화, 이 모든 것이 도성 왕기가 이미 쇠락한 데서 기인한 것입니다. 도성을 교하(현 경기도 파주시 교하읍)에 세우십시오. 교하 땅은 한양과 개성 사이의 중간 지점으로서 동으로는 멀리 삼각의 영산이 병풍같이 보이고, 북으로는 송악산이 웅장하게 섰으며, 남으로 천 리에 걸쳐 기름진 들판이 펼쳐져 오곡이 풍성하고, 서로는 한강이 넓게 흘러 배가 다니기에 좋습니다."
>
> —『조선왕조실록』, 광해 4년(1612년) 8월 26일 기사 중에서

본래 이의신은 풍수관리였다. 그런데 한양을 떠나고 싶은 광

해군의 사주를 받아 교하로 도읍을 옮기자는 글을 올린 것이었다. 이의신이 '한양의 불행'을 논하는 것을 보면 고려왕조가 실행하고자 했던 서경천도론·남경천도론과 비슷하여 비보술적 관념이 드러난다. 다만 이의신의 글에는 고려 때 비보술사들이 한 주장(36·72개국의 조공설 등)과 달리 도읍을 옮겼을 때 나타날 효과가 전혀 언급되어 있지 않다. 이의신은 교하 땅이 터가 넓고 배가 다니기에 좋아 풍수상 길지라고 주장했다.

임금은 상소를 예조에 내려 의논토록 했다. 상소를 읽은 예조판서 이정귀(李廷龜, 1564~1635)가 임금에게 보고했다.

"이의신의 상소는 장황하나 사람을 현혹할 뿐 무슨 뜻인지 알 수 없습니다. 도참설과 여러 술수들의 근거 없는 말들을 주워 모아 까닭 없이 나라의 도성을 옮기자 하니 괴이합니다. 삼가 생각건대, 한양의 도읍은 북악산을 등지고 한강에 임하였으며 지세는 평탄하고 도로의 거리는 균일하여 배와 수레가 모이는 중심지입니다. 비옥한 토지와 굳건한 성곽 등 형세상의 우수함은 조선 제일입니다. 중국 사신들도 모두 칭찬한 바였습니다.

그런데 이의신은 임진왜란·역모·분당이 도읍지 탓이라고 말합니다. 도읍지와 아무 관련이 없습니다. 이를 이유로 도읍지를 옮기는 일은 없었습니다. 설사 풍수설이 믿을 만하고 맞을지라도 도성을 옮기는 일은 중차대한 일입니다. 비록 풍수 대가 곽박과 이순풍이 계책을 세웠다 하더라도 오히려 경솔히 의논하지 못할 것입니다. 하물며 이의신의 수준을 아는 사람이 누가 있습니까.

고려 말엽에 요승 묘청이 임금을 현혹하기를 '개경은 왕업이 이미 쇠퇴하였고 평양에 왕기가 있으므로 도읍을 옮겨야 한다'고 하여 새 궁궐을 평양 임원역에 지었으나 끝내는 변란이 일어나고 말았습니다. 옛날 사례도 이와 같은데, 어찌 경계할 일이 아니겠습니까. 전하께서 는 이의신의 요망한 말을 물리치소서."

이정귀가 언급한 풍수 대가는 도선이 아닌 중국의 곽박(郭璞, 276~324)과 이순풍(李淳風, 602~670)이었다. 즉, 광해군 당시는 비보술이 아닌 풍수술로 패러다임이 바뀌었음을 보여주는 대목이다. 예조판서뿐만 아니라 홍문관과 사간원에서 그해 11월부터 이의신을 처벌하라는 상소가 빗발쳤다. 그러나 광해군의 반응은 달랐다.

"이의신은 자기의 풍수술로 충성스러운 말을 다하였다. 죄 줄 만한 일인가. 무릇 일이 지나치면 잘못되는 법이다. 번거롭게 하지 말라."

그러나 신하들 역시 이의신을 처벌하라는 주장을 굽히지 않았다. 광해군 4년(1612년) 말부터 시작해 3년 동안 이의신 처벌을 주장하는 상소가 계속된다. 광해군 6년(1614년)에는 이의신을 처벌하자는 상소 횟수가 한 해 동안 100회를 넘었다. 고려의 왕들이 비보술에 빠졌다면, 조선의 광해군은 풍수술에 빠졌다.

대신들의 반대로 교하 천도는 이루어지지 못했다. 광해군은 한양 도성 내에 궁궐 신축으로 방향을 바꾸었다. 사관은 그 과정을 다음과 같이 정리했다.

> 왕이 이의신의 말을 받아들여 교하에 새 도읍을 세우려고 하였으나 반대론에 밀려 하지 못하였다. 이때 승려 출신의 성지(性智, ?~1623)와 시문용(施文用, 1572~1623: 임진왜란 때 명나라 마귀 장군 휘하로 참전한 풍수사이며 한국 절강 시씨의 시조) 등이 왕에게 '인왕산 아래가 왕기가 있어 궁궐을 지을 만하다'고 아뢴다. 왕이 기뻐하며 즉시 터를 잡으라고 명하였다. 광해군의 측근 이이첨(李爾瞻, 1560~1623)도 비밀히 임금에게 아뢰었다. "교하천도론을 그만두고 인왕산에 궁궐을 지으면 백성들이 반드시 앞다투어 달려올 것입니다."
>
> —『조선왕조실록』, 광해 8년(1616년) 3월 24일 기사 중에서

당시에 신하들은 교하 천도를 반대하였으나 인왕산 궁궐 신축은 반대하지 못하였다. 궁궐 신축까지 반대하면 왕이 다시 교하 천도를 시도할까 두려워서였다.

이의신의 풍수술은 어떤 수준이었을까? 이의신은 고산 윤선도(尹善道, 1587~1671)의 넷째 증조부인 윤복의 셋째 사위였다. 지리학(풍수학) 초시에 합격하였다. 지리학은 주로 중인들이 보는 과거였다. 이로 보아 윤복의 셋째 사위였지만 서얼 출신으로 추정된다. 윤선도와 이의신은 풍수를 매개로 교류가 잦았는데, 윤선도가 이의신에게 풍수를 배웠다. 이의신의 풍수 유파는 윤선도가 효종의 왕릉 선정 작업에 참여한 뒤 임금인 현종에게 올린 보고서인 「산

릉의」(1659년)에서 엿볼 수 있다. 풍수의 2가지 유파 가운데 형세
파이다. 윤선도의 무덤은 현재 전라남도 해남군 현산면 구시리와
삼산면이 맞닿는 '성터'에 있다. 이의신이 잡은 자리다. 따라서 정
통 풍수관리임이 분명하다.

광해군의 아버지 선조 임금도 이의신을 보고 '글을 아는 사람'이
라며 인정하였고, 당대의 대신들도 그의 풍수 실력을 인정하였다.
이항복은 이의신의 풍수 유파에 대해 "산의 형세가 좋으면 수파를
따지지 않는다"고 하였다. 또 성영은 "이의신의 산 보는 법이 매우
익숙하여 내맥(來脈)을 알아본다"고 하였다. 조선 한학사대가 중
한 명인 택당 이식(李植, 1584~1647)의 선영을 잡아주기도 했다. 따
라서 이의신은 도선의 전통을 잇는 비보술사가 아니라 정통 풍수
관리였다. 이의신이 활동하던 17세기 전반은 비보술이 아닌 풍수
술이 통용되었음을 말해 주는 대목이다.

1623년, 광해군이 임금 자리에서 오른 지 15년 만에 쫓겨난 이
유 가운데 하나는 점과 풍수에 빠졌다는 것이었다. 광해군이 폐위
되자 당시의 많은 점쟁이·풍수사들이 처형되었으나 이의신의 행
방은 묘연하다. 전설에 따르면 인조반정 직후 중국 하이난도로 망
명하였다고 한다(현 해남 녹우당 종손 윤형식 선생 증언).

▬▬▬ 묘지 풍수는 주술인가, 부동산 재테크인가

광해군 이후 19세기 말까지는 비보술과 국가 차원의 풍수[國域

風水]는 소멸한다. 대신 묘지 풍수가 급속히 '발호'한다. 몇 가지 사회경제사적 이유 때문이다.

첫째, 조선 후기에 접어들면서 유교가 국교로서 더욱 공고히 정착해서다. 조선 전기(특히 성종 이전)까지는 전 왕조가 국교로 택한 불교가 여전히 왕실과 백성들의 삶에 영향을 끼치고 있었다. 그러나 사림파의 세가 강해지며 유학(성리학) 이외에 그 어떤 것도 용납되지 않게 되었다. 유교의 실천 덕목으로서 국가와 부모에 대한 충효가 삶을 규정하였다. 돌아가신 부모를 좋은 곳에 모시자는 효의 실천 방법으로 풍수가 활용되면서 묘지 풍수가 중시된다.

둘째, 임진왜란과 더불어 풍수사(두사충, 섭정국, 이문통 등)들이 명나라 군대를 따라 들어오면서 묘지 풍수에 바람을 넣어서다. 이들은 명나라 군대의 진지와 병영 위치 선정에 참모 역할을 하기 위해서 왔지만, 사적으로 왕실과 사대부의 묘지 소점에도 관여하여 묏자리 풍수에 대한 관심을 고조시켰다.

셋째, 온돌이 보편화되면서다. 이는 고택의 대청(마루)을 통해 확인할 수 있다. 대청이 방보다 큰 집은 17세기 이전에 지어진 것이다. 17세기 이후에 지어진 집은 대청보다 방의 크기가 크거나 방의 개수가 많다. 무슨 까닭인가? 방은 대개 온돌식이다. 온돌식 난방을 위해서는 땔나무가 필요하다. 땔나무는 산과 숲[山林]에서 채취한다. 그런데 조선의 산과 내와 숲과 방죽은 공개념이었다. 사유가 허용되지 않았다. '산천임택여민공지(山川林澤與民共之)', 즉 산천임택은 백성과 공유한다는 뜻이다. 백성과 공유한다고 하지만, 실은 국가와 왕실 독점이었다. 나라에 큰 공을 세운 이들이 하사받는 경우[賜牌地], 개인 소유가 가능하였으나 극히 제한적이었다.

왜 17세기에 온돌이 전국적으로 보편화하였을까? 직접적 계기는 전 세계를 강타한 소빙기(小氷期: Little Ice Age) 때문이었다. 갑자기 날씨가 추워졌다. 농작물 소출은 급감하였고, 굶어 죽는 이들이 늘었다. 이웃 나라를 침략하여 식량을 약탈하는 일들이 곳곳에서 벌어졌다. 일부 역사학자들은 17세기 중엽 여진족이 조선을 2번이나 침략한 원인의 하나로 이것을 꼽기도 한다.

소빙기에 들자 사람들은 난방이 필요했다. 땔나무가 필수였다. 산과 숲이 있어야 했다. 그런데 산과 숲은 국유재산이었다. 한두 번은 훔칠 수 있지만, 언제까지 그리할 수는 없었다. 산림을 사유화하면 땔감 문제는 쉽게 해결되었다. 무슨 방법이 있었을까?

앞서 유교의 실천 덕목이 충효임을 언급했다. 부모에 대한 효가 나라에 대한 충보다 우선이었다. 관리가 병든 부모를 봉양한다는 핑계로 사직을 청하면 임금도 거절할 수 없었다. 효도 가운데 으뜸은 무엇일까? 내 몸을 다치지 않게 하는 것이다. 조선 말엽 단발령을 내리자, '머리를 깎는 것은 큰 불효 가운데 하나일진대, 차라리 내 목을 쳐라!'라는 소동이 난 것도 이 때문이었다. 또 한 가지는 돌아가신 부모를 잘 모시는 것이었다. 불교가 국교인 고려처럼 화장(火葬)을 하는 것은 금수나 하는 짓이었다. 어떻게 모시는 것이 잘 모시는 것일까?

그것은 바로 양지 바른 곳에 매장하는 것이다. 물이 차지 않고, 뱀과 오소리 소굴이 되지 않으며, 나무뿌리가 파고들지 않는 곳이어야 한다. 그런 곳은 동네 뒷산이 최적이다. 그런데 그런 곳은 나라 땅이었다. 나라 땅을 사유화하는 방법은 무엇일까? 부모 묘를 쓰는 것이었다. 유교가 강조하는 효를 실천한다는데 국가가 어찌 막을 수 있을까?

그렇다고 부모 묘를 쓴다고 사유화가 허용되는 것은 아니었다. 이른바 '입안(立案)' 혹은 '입지(立旨)'를 관청으로부터 얻어야 했다. 즉 조상 묘가 있다는 증명서를 받으면 사유화가 가능했다. 산을 사유화할 수 있는 절묘한 방법이었다. 산이 생기면 산비탈은 밭으로 일굴 수도 있었다. 산과 산 사이 협곡은 계단으로 만들면 논이 되었다. 한 집안의 흥망성쇠는 산을 소유하느냐 여부였고, 그 산에는 조상님이 계셨다. 이른바 선산이 중시되는 사회경제사적 이유이다.

산림을 사유화하는 수단으로 묘지 풍수가 악용되었다. 이러한 산림 사유화 과정은 합법보다는 비합법적인 것들이 많아 조선 후기에 산송(山訟)과 묘송(墓訟)이 빈발하여 사회적 문제가 되었다. 17세기부터 묘지를 통한 문중 차원의 조직적인 산림 사유화가 진행되면서 산송(묘송)은 단순히 토지 사유화를 넘어 문중의 운명과 자존심을 좌우하는 것으로 인식되었다. '산송(묘송)을 한 번이라도 해야 효를 다하는 것' 혹은 "산송(묘송)은 임금님도 못 말린다"는 말이 나왔다(실제로 경기도 파주시 광탄면에 있는 윤관 묘와 심지원 묘를 둘러싼 파평 윤씨와 청송 심씨 사이의 산송은 흥선 대원군도 일제 총독도 못 말릴 정도였다).

조선 후기 실학자들이 묘지 풍수를 극렬하게 비판한 까닭은 바로 이러한 이유 때문이었다(실학자들은 권력의 주류가 아니었다. 권력의 주류들이 묘지 풍수에 집착한 것은 명당 발복에 대한 믿음보다는 부동산에 대한 욕심 때문이었다. 반면에 가난한 실학자들은 산림 사유화와 인연이 적었다).

따라서 조선 후기는 묘지 풍수의 시대였다. 묘지 풍수의 발호는 '주술' 때문이 아니라, 부동산(산림) 확보를 통한 재산 증식이 더 큰 목적이었다. 그런데 19세기 말엽 나라가 망하려니 무당이 다시 발호한다. 망국의 조짐이 있으니 무당이 발호하는가, 아니면 무당의 발호 때문에 나라가 망하는 것인가에 대해서는 선후를 가리기 어렵다.

명성황후(明成皇后, 1851~1895)와 무당 진령군(眞靈君, ?~1894)이 등장하면서 조선의 마지막 명운을 재촉한다.

조선의 명운을 재촉한 무당

고종 31년(1894년) 7월 5일, 형조참의(정3품)였던 지석
영(池錫永, 1855~1935)이 고종에게 글을 올렸다.

"진령군은 신령스러움을 빙자하여 임금을 현혹하고, 기도를 핑계
로 국가 재산을 축내고 있습니다. 중요한 자리를 차지하여 농간을 부
리고, 고위 관리들과 교류하며, 길흉화복으로 백성을 곤경에 빠트려
세상을 농락하고 있습니다. 온 세상 사람들이 요녀 진령군의 살점을
뜯어 먹고 싶어 합니다. 저 요녀는 나라에 해독을 끼친 원흉이고, 백
성을 좀먹은 큰 악질입니다. 삼가 바라건대, 전하께서는 속히 죄인을
죽여 도성 문에 목을 매달도록 명하십시오."

지석영은 양반집 후손이지만, 의학에 정통하였다. 관료이자 한글학자, 종두법 선구자였다. 천연두가 유행할 때마다 종두법을 실시하여 환자를 구제하였다. 또한, 한글 보급에 힘쓴 공로를 인정받아 대한제국으로부터 태극장·팔괘장을 받았다. 지석영의 부친 지익룡도 양반이라 개업은 하지 않았으나 한의학에 정통했다(옛 유학자들은 벼슬을 얻지 못하면 의술에 몰두하였다. 의술로 백성의 질병을 치료하는 것도 지식인의 책무로 보았기 때문이다).

지석영의 장남 지성주는 1919년 경성의전 졸업 후 경성(서울)에서 개업한다. 그는 1927~1928년 《동아일보》에 의학 칼럼을 연재할 정도로 명의였다(지석영과 지성주 부자 무덤은 망우리 공동묘지에 소박하게 자리한다. 풍수상 좋은 자리다). 지석영의 손자 지홍창은 서울대 의대 졸업 후 박정희 전 대통령 주치의를 지낸 바 있다. 지씨 집안 4대가 모두 합리주의 사고를 견지했음을 보여준다. 그러한 가문의 DNA상 굿이나 주술 행위를 용납할 수 없었을 것이다.

지석영이 글을 올린 지 11일 후인 1894년 7월 16일, 군국기무처의 심의 안건 내용은 이랬다.

"김창렬의 어미인 요녀 진령군의 죄를 다스리라는 처분을 받았으니 포도청에 명령하여 체포해야 합니다."

임금이 승낙한다. 진령군을 처형했다는 기록은 없으나 1년 후인 1895년 8월 1일 자 법부(법무부)가 석방한 죄인 명단에 '어미를 신령(神靈)이라고 가탁한 죄인 김창렬'이 실려 있다. 진령군과 그 아들 김창열이 함께 처벌을 받았는데, 죄가 약한 아들은 1년 반 만에 출옥한 것이었다. 진령군은 아들과 함께 체포된 뒤 처형되었다.

처형 전까지 진령군이 고종과 왕후 민씨(명성황후)에게 얼마나 신임을 받았는가를 보여주는 기록이 있다. 지석영의 상소 1년 전인 1893년 8월 21일, 정언 벼슬을 지낸 안효제가 임금에게 글을 올렸다.

"요사이 요귀가 여우 같은 생각을 품고, 관우의 딸이라고 거짓말을 하고 있습니다. 스스로 북관묘(관우 사당)의 주인이 되어 요사스럽고 황당하며 허망한 말로써 중앙과 지방 사람들을 속이고, '군(君)' 칭호를 부르며 감히 임금의 총애를 가로채고 있습니다.

또 염치 모르는 사대부들을 널리 끌어들여서 아우요, 아들이요 하면서 서로 칭찬하고 감춰주며 가늠할 수 없이 권세를 부려 위엄을 보이거나 생색을 내고 있습니다. 수령이나 감사 벼슬도 그녀의 손에서 나옵니다.

겉은 잡신을 모신 성황당 같은데, 부처를 모신 제단에서 무당의 염불 소리가 끊이지 않습니다. 걸핏하면 수만 금 재정을 소비하여 대궐 안에서 굿과 제사 관련한 일들을 마치 불교 행사를 하듯 하는 것은 무엇 때문입니까?

소경 점쟁이와 무당이 마음대로 돌아다니며, 중들의 요망스러운 교리가 제멋대로 퍼지며, 하인과 광대 들이 이 때문에 떠들썩하게 지껄

여대고, 창고의 재정은 이 때문에 궁색합니다. 백성은 곤궁에 빠지며, 조정의 정사는 문란하게 되는데, 귀신에게 제사를 지내는 것을 숭상하기 때문입니다.

부당한 제사를 지내기 좋아하며 귀신을 모독하면서 복을 구하니 도리어 이런 죄를 짓는 것은 나라를 어지럽혀[亂] 망하는[亡] 길입니다."

— 『조선왕조실록』, 고종 30년(1893년) 8월 21일 기사 중에서

마지막 문장에 있는 '난망(亂亡)'은 신하가 임금에게 말해서는 안 될 표현이다. 나라가 혼란하여 망한다는 뜻이기 때문이다. 임금을 비판할 수는 있어도, 그렇다고 하여 '나라가 망한다'는 말까지 하면 안 되는 것이다. 임금에 대한 신하의 금기어다. 그러나 안효제는 진령군의 행태에서 '나라가 망하는 길[亂亡之道]'을 보았다. 안효제가 옳았다. 나중에 설명하겠지만, 안효제는 자신의 예언대로 조선이 망하는 것을 직접 보았다.

안효제의 '난망' 발언에 임금과 일부 간신들의 반응은 어땠을까? 안효제가 상소를 올린 바로 그날, 종5품 송정섭이 안효제를 의금부로 잡아들여 처벌하자고 맞상소를 올렸다. 안효제의 상소에 화가 난 고종은 송정섭의 말이 맞다고 동조했다. 한 술 더 떠서 이재영은 안효제를 사형시키라고 했다.

이튿날인 8월 22일, 고종은 안효제를 추자도로 유배하라는 명을 내렸다. 화가 덜 풀린 임금은 다음 날에는 안효제의 추자도 유배와 동시에, 그가 머무는 곳에 가시울타리를 쳐서 못 나오게 하는 벌을 추가했다.

272

그다음 날인 8월 24일, 원로대신들이 안효제에 대한 처벌은 감정에 치우치지 말고 법에 따라야 한다며 임금을 말렸다. 원로대신들의 만류에 더 화가 난 고종은 안효제더러 '당장 추자도로 떠날 것'을 명했다. 사헌부·사간원이 안효제 처벌의 부당함을 주장했으나 임금은 뜻을 바꾸지 않았다. 고종이 무당을 얼마나 신임했는지를 보여주는 장면이다.

그사이 조선 정국은 급변했다. 갑오개혁이 있었다. 친일파가 권력을 잡으면서 왕후의 세력이 약해졌다. 정국의 변화로 인해 유배 1년이 채 안 된 1894년(고종 31년) 6월, 임금은 안효제를 석방했다(그 후 안효제는 홍해군수로 부임하여 선정을 베풀다가, 1910년 나라가 망하자 산중으로 들어갔다. 그해 11월 일제가 주는 은사금을 거부하여 창녕경찰서에 투옥되기도 했다. 이후에도 일제에 대한 항거를 계속했다. 사후에 대한민국 정부는 그에게 애족장을 추서했다).

왕후의 마음을 휘어잡은 무당 진령군의 정체

안효제와 지석영이 사형에 처할 것을 주장했던 진령군은 누구이며, 왕후 민씨와 어떻게 알게 되었을까? 그들의 만남은 안효제와 지석영이 진령군 처벌을 주장하기 12년 전으로 거슬러 올라간다.

1882년 6월 10일, 13개월간의 임금 체불에 화가 난 구식 군병들이 궁궐에 침입했다(임오군란). 성난 군사들은 왕후를 찾아 죽이려 했다. 가까스로 궁궐을 탈출한 왕후는 화개동 윤태준(尹泰駿,

1839~1884)의 집으로 피신했다. 하지만 한양에 있으면 위험하다는 판단으로 윤태준은 왕후를 호위하여 충주 장호원에 사는 먼 친척 민응식(閔應植, 1844~1903)의 집으로 피란시켰다(그 공로로 윤태준은 왕후가 한양에 복귀하자 정계에 진출했고, 왕후의 정적인 흥선 대원군을 제거하는 데 공을 세웠다. 이후 여러 고위직을 역임하였으나 2년 후인 1884년 갑신정변 때 살해되었다. 훗날 영의정으로 추증되었다).

왕후가 장호원으로 숨은 날이 6월 19일이었다. 왕후는 한양에서 온 양반가의 부인으로 변장하고 숨어 지냈다. 이때 한양에서는 왕후의 정적인 흥선 대원군이 권력을 장악하고, 행방불명된 왕후를 '사망 선고' 하고 장례식까지 치렀다. 이런 상황에서 왕후가 살아서 입궁할 가능성은 없었다. 절망에 빠진 왕후는 지푸라기라도 붙잡고 싶었다.

이때 민응식이 무당을 하나 소개한다. 무당이란 어떤 사람인가? 눈치가 100단이다. 옷차림과 말투만으로도 고객의 내력과 불안을 꿰뚫어 본다[이를 내정법(來情法)이라 한다]. 무당은 "귀인상이라 큰 운이 올 것"이라 했다. 자세한 설명을 요구하는 왕후에게 "8월 보름에는 귀인이 되시어 한양으로 가실 것입니다"라고 하였다.

이때 한양은 어떻게 돌아가고 있었을까? 같은 해 7월 8일, 청나라 장군 오장경(吳長慶, 1834~1884)이 3천 병사를 거느리고 남양에 상륙했다. 7월 13일 흥선 대원군은 한양에 입성한 청나라 군병들에게 납치돼 청나라로 끌려갔다. 그로부터 1주일 후인 7월 20일, 전 현감 심의형이 밀서를 고종에게 보냈다. '왕후가 장호원에 은신해 있다'는 내용이었다. 보고를 받은 고종은 오장경에게 청나라 군병 지원을 요청한다. 경호에 필요한 청나라 군병 100명과 조선 군병 60명이 파견됐다. 어윤중(魚允中, 1848~1896: 탁지부대신 역임)이 장호원에 도착한 때는 7월 27일이었다. 청나라 군병과 조선 군병들이 민응식 집 주변을 호위했고, 이어서 한양에서 파견된 관리들도 도착했다.

다음 날 왕후는 장호원을 떠나 한양으로 향했다. 29일 용인에서 숙박한 왕후는 8월 1일 한양에 입성했다(무당이 예언한 '8월 보름'은 아니나 8월은 적중하였다). 무당도 왕후와 동행해 한양에 입성했다. 훗날 진령군으로 봉해진 무당의 화려한 출세였다. 무당은 왕후와 함께 궁궐에서 살았다. 이후 왕후는 모든 일을 그녀와 상의하였다.

궁궐에 머물던 무당은 자신의 몸주(무당에게 강신하여 영력을 주는 신)가 관우 장군이니 관우 사당을 지어주면 그곳에 머물겠다고 했다. 공사는 1882년 연말에 시작돼 이듬해 완공되었다. 1883년 10월 21일, 고종은 북묘 완공 축하 참배를 했다. 문무백관은 물론 왕세자도 함께했다. 고종의 북묘 참배는 겉으로는 관우 장군 참배였지만 실제로는 진령군 참배였다. 북묘 주인이 진령군이었기 때문이다. 고종과 왕후는 북묘 주인을 '신령군' 또는 '진령군'이라 불렀다. 자신들을 보호하는 '신령' 또는 '진령'이라는 뜻이었다.

왕과 왕후는 진령군의 주술에 걸렸다. 1882년부터 1894년까지 12년 동안 진령군은 조선을 통치하는 '밤의 여왕'이었다. 1893년 안효제가 진령군을 규탄하는 글을 올려 추자도로 귀양 가고, 이듬해 지석영이 다시 진령군을 탄핵하는 상소를 올린 때가 되어서야 진령군은 운이 다했다. 고종 31년(1894년), 청일전쟁에서 일본이 승리하고 조선에 친일 내각이 들어서자 군국기무처는 진령군과 그 아들 김창열을 잡아들였다.

군국기무처는 진령군을 사형에 처할 것을 임금에게 건의하여 승낙을 받는다. 12년 동안 진령군은 왕후와 고종을 주술에 걸어 조선의 멸망을 재촉했다. 주술을 건 무당 진령군도 주술에 걸린 왕후도 결국은 모두 비참하게 죽음을 맞았다.

왜 왕과 왕후, 그리고 최고의 자리에 있는 지도자들이 주술에 빠지는 것일까? 정확한 정보를 많이 갖고 있어서 합리적인 판단과 결정을 할 수 있음에도 그들이 주술에 빠지는 이유는 무엇일까?

첫째, 너무나 많은 정보와 보고서에 노출되는 것이 문제다. 최종 결정은 누구의 도움 없이 왕이나 최고지도자가 스스로 해야 한다. 이는 매우 고독한 일이다. 그 많은 정보와 보고서 가운데 무엇을 택해야 할지 혼란스럽기도 하다. 이럴 때 자연스럽게 신탁(神託)에 의지하기도 한다.

둘째, 권력자 앞에서는 모든 사람들이 겉으로는 머리를 조아린다. 그렇지만 권력자는 그들을 믿을 수가 없다. 사람의 속을 알 수 없기 때문이다. 권력자란 실존이 불안한 존재다. 이때 점쟁이나 주술사에게 상의를 하곤 한다. 이와 같은 현상은 과거의 일만이 아니다. 지금도 신입사원이나 전문 경영인, 보좌관 채용 때 은밀히 지원자들의 사주나 관상을 보는 일이 적지 않다. 심지어 사업을 하려 할 때 동업자의 사주나 관상을 참고하기도 한다.

셋째, 왕이나 권력자들(대표적인 예가 고려 무신 정권 때의 권력자들)은 자신의 권력이 언제, 누구에게 공격을 받아 무너질지 항상 두렵다. 자타가 공인하는 최고의 주술사(점쟁이, 풍수쟁이, 관상쟁이 등)를 독점함으로써 자신의 권력을 빼앗으려는 이들로 하여금 의지를 상실하게 유도함이 목적이다. 고려 태조 때부터 성종까지 여섯 왕을 지근거리에서 보좌한 최지몽이 대표적인 예다. 최지몽은 별을 보고 점을 쳐서 왕의 안위를 지켜주었다고 한다. 실제로 정확하게 예측했는지는 알 수 없다. 다만 왕 옆에 늘 미래를 예측할 수 있는 술사가 있다는 것만으로 그 누구도 감히 역심을 품지 못하게 하는 효과가 있음은 분명하다.

이에 더해 주술이나 주술사에 의존하기보다는 아예 권력자가 스스로 그러한 예지력을 겸비하면 더 말할 나위 없이 좋았다. 대표적인 예가 태봉국을 세운 궁예다. 궁예는 자신이 관심법(觀心法)을 가지고 있다고 하였다. 관심법은 불교(밀교)의 수련법 가운데 하나로, 이를 통해 타인의 마음을 읽어내는 신통력을 말한다. 관심법으로 신하의 마음을 속속들이 들여다본다는데 누가 감히 임금(혹은 조직의 1인자)을 속이겠는가?

바로 이런 점들이 예나 지금이나 최고의 권력자들이 주술과 야합하는 까닭이다. 권력과 주술은 늘 상호의존적이었다. 권력이 있는 곳에는 늘 주술이 따라다녔다. 주술, 그것은 태어나서는 안 될 귀태(鬼胎)였다.

일제 강점기와 해방 이후
비보술과 풍수술

　　태조 이성계는 '십팔자득국(十八子得國)'이란 주술로 조선을 건국했다. 그러한 조선을 고종과 왕후가 12년(1882~1894) 동안 진령군의 주술에 빠지면서 몰락의 길로 몰아넣었다. 1910년까지 10여 년 동안 조선은 명맥을 유지하였으나 이미 일본제국주의의 덫에 걸려 운신을 할 수 없었다.

　1910년 조선을 병탄한 일제는 3개의 큰 정책을 통해 식민지를 경영한다. 2020년에 출간한 『일제의 한국민족말살·황국신민화 정책의 진실』에서 신용하(1937~)는 일제 식민지 통치의 3대 특징으로 사회경제적 수탈 정책, 한국 민족 말살 정책, 식민지 무단 통치를 꼽았다.

이 가운데 이 글과 관련하여 중요한 것은 한국(조선) 민족 말살 정책이다. 신용하는 구체적인 예로 친일파 육성 정책, 황국신민화 정책, 조선어 사용 금지와 일본어 상용 강제 정책, 조선 언론기관 탄압 및 폐간 조치, 조선어학회 탄압, 식민사관에 의한 조선 역사 날조, 창씨개명 강제, 「황국신민의 서사」 제창 강제, 신사참배 강요, 민족종교 탄압(대표적인 예로 차천자가 교주로 있던 보천교 해체) 등을 들었다.

상대를 부정하기 위해서는 상대의 본질을 정확하게 파악해야 한다. 조선총독부는 조선 민족의 문화를 정확하게 파악할 필요가 있었다. 이때 등장한 학자가 하나 있었다. 다름 아닌 무라야마 지준(村山智順, 1891~1968)이다. 1917년 동경제대 철학과(사회학 전공)를 졸업한 그는 조선총독부 촉탁 직원과 경성(서울)의 여러 전문학교 강사로 근무하면서 조선 민속과 관련된 조사 자료를 많이 남겼다(1941년 일본으로 귀국한 그는 '조선학'을 거대 담론으로 만들고자 하였으나 뜻을 이루지 못하고 1969년에 작고했다).

조선 문화와 민속에 관해 그가 남긴 주요 저서를 소개하면 다음과 같다.

『조선의 귀신(朝鮮の鬼神)』, 조선총독부, 1929년.

『조선의 풍수(朝鮮の風水)』, 조선총독부, 1931년.

『조선의 무격(朝鮮の巫覡)』, 조선총독부, 1932년.

『조선의 점복과 예언(朝鮮の占卜と預言)』, 조선총독부, 1933년.

『조선의 유사종교(朝鮮の類似宗教)』, 조선총독부, 1935년.

『부락제(部落祭)』, 조선총독부, 1937년.

『석전·기우·안택(釈奠·祈雨·安宅)』, 조선총독부, 1938년.

『조선의 향토오락(朝鮮の郷土娯楽)』, 조선총독부, 1941년.

비록 조선총독부의 촉탁으로 이뤄진 작업이라고는 하지만 업적이 방대하였고, 이로 인해 조선 민속들의 실체가 객관화되었다. 조선총독부의 이러한 작업은 신용하가 언급한 한국 민족 말살 정책을 실현하기 위한 기초 작업이었다(아이러니한 것은 현재 한국의 많은 '한국학' 학자들이 무라야마의 저술을 인용 표기 없이 혹은 식민지 어용학자라 폄훼하면서도 자신들의 논문과 저서에 은근슬쩍 이용하고 있다는 점이다).

일제 강점기부터 해방 이후 우리 사회는 교육·문화·역법·경제·정치·의료 등 모든 분야에서 옛것을 준용하지 않았다. 조선왕조는 풍수는 지리과(地理科), 점복은 명과학(命課學), 의술은 의과(醫科), 외국어교육은 역과(譯科) 등 관청을 두고 전문 관리를 육성하여 활용하였다. 이 가운데 '역과'만이 신식 교육에서 '외국어학과'로 편입되었을 뿐 지리과, 명과학, 의과는 서양의 것으로 대체되었다.

조선의 멸망과 더불어 관학으로서 명과학(사주·별점·무격·주술)과 지리학(풍수학)은 더 이상 공인받지 못하였다. 해방 이후 서구 문물의 유입으로 명과학과 지리학은 뒷골목으로 밀려났다. 조선왕조처럼 국가 관리로 진출할 기회가 주어지지도 않는 '미신'에 젊은 지식인들이 매달릴 까닭이 없었다. 대신 학습 능력을 갖추었으되 시대에 적응하지 못하였거나, 어떤 사유로 좌절된 인생들과 사이비 종교인들의 밥벌이와 포교 수단으로 악용되기도 하였다.

1990년대 전후하여 신문사의 문화센터와 대학교의 사회교육원, 그리고 2000년도 이후에는 몇몇 특수대학원들이 사주·풍수·관상술을 전공과목으로 개설하고 있다. 신입생 감소로 폐과 위기를 맞는 일부 '특수' 대학들이 그 빈틈을 이것들로 메우는 것이다.

누구의 잘못인가? 전통적으로 인문학을 '문·사·철(문학·역사·철학)'이라 하였다. 조선왕조의 '국학(國學)'을 한국 인문학의 일부로 비판적으로 접근하여 알맹이는 추리고 껍질은 버렸어야 했다. 한반도 사상사 전개 과정에서 주술·사주·풍수가 어떻게 끼어들었는지 사회과학적 관점에서 진지하게 응시해야 했다. 아쉽게도 서양 학문의 세례를 받은 주류 지식인들은 오리엔탈리즘에 빠졌다. 이들은 전통을 학적 논의에서 제외시켰다. 그 결과 또 다른 거리의 '동양철학'이 생겨났다. '인문학의 위기'와 길거리 '동양철학의 성행'은 일란성 쌍둥이다.

주술의 유령들이 동양철학의 가면을 쓰고 한반도 상공을 다시 배회하게 된 본질적 이유다. 어떻게 주술과 권력의 야합이 한국 사회에 끼어들게 되었는지를 살펴보자.

━━━ 최고 권력자를 뒤흔든 20세기의 사이비 교주

박근혜 전 대통령의 국정 농단 사건으로 다시금 알려지게 된 최태민(1918~1994)은 '신돈'보다는 '라스푸틴'이었다. 박근혜와 최태민의 만남은 러시아의 황후 알렉산드라와 라스푸틴의 만남과 유사하다. 즉 박근혜와 알렉산드라 모두 치유할 수 없는 불행과 슬픔이 있었다. 최태민과 라스푸틴은 권력자의 인간적 취약점을 파고들었다. 그들의 만남은 육영수 여사의 피격 서거(1974년 8월 15일)에서 시작된다. 어머니 육 여사가 서거하던 날, 박근혜는 유학 중인 프랑스에 있었다. '영원한 마음의 고향'과 같았던 어머니의 죽음은 큰 충격이었다. 그러한 충격 속에서 갈피를 못 잡던 그녀에게 1975년 1월경 한 통의 편지가 배달되었다.

> "어젯밤 꿈에 국모님(육영수)을 뵈었습니다. 국모님 말씀이 내 딸을 보살펴달라고 부탁하시는 것이었습니다."
>
> — 김용출 외, 『비선 권력』 중에서

'육영수 현몽설'을 담은 내용이었다.《세계일보》기자 김용출 외 3인이 '박근혜와 최태민의 만남부터 최순실 국정농단 사태까지'를 분석한 책에 등장하는 문장이다. 저자들은 중앙정보부(현 국정원)의 자료 등을 바탕으로 694쪽의 방대한 자료집을 펴냈으며, 심층 기획 취재로 한국신문협회 선정 '2017년 한국신문상'을 수상하였다. 필자는 이 책을 바탕으로 박근혜와 최태민의 '주술' 관계를 소개하고자 한다.

앞서의 인용문은 영세교 교주로 활동하던 최태민이 박근혜가 있는 청와대로 보낸 편지였다. 당시 중앙정보부는 "최태민은 영혼 합일법 등 사이비 종교 행각으로 전전하던 사람"으로 파악하고 있었다. 편지를 받은 박근혜는 일주일 뒤인 1975년 3월 6일 최태민을 만났다. 최태민은 "육 여사의 죽음은 딸에게 자리를 비켜주기 위한 것"이라며 다음과 같이 말했다.

"당신이 지금 아무리 속이 상하고 어머니를 보고 싶어 해도 가서 눈으로 볼 수 있겠느냐. 천당에 갔는지, 지옥에 갔는지 누가 어떻게 알겠는가? 어머니는 바로 당신에게 후광을 주고자 잠시 자리를 비켜 앉았다. 이제 어머니 대신 당신이 나서야 한다."

— 앞의 책

최태민은 어떤 사람이었을까? 『비선 권력』에 나오는 중앙정보부 자료를 축약해 보면 다음과 같다.

1912년 황해도 사리원 출신으로 1945년 9월 월남했다. 최상훈이 란 이름으로 1946년 강원도 경찰직을 거쳐 1950년 해병대 비공식 문관을 지냈다. 1951년 최봉수란 이름으로 대한비누공업협회 이사장, 1953년 대한행정신문사 부사장을 지냈다. 결혼은 이혼과 재혼 등 7차 례를 반복하여 여섯 여인 사이에 3남 6녀를 두었다. 1959년 전국불교 청년회 부회장, 1963년 공화당 중앙위원을 지냈다. 1965년 천일창고 회장으로 취임했으나 유가증권 위조 혐의로 입건되면서 4년간 도피 생활을 했다.

한때 승려가 되기도 했던 그는 1969년 천주교에서 '공해남'이란 이름으로 세례를 받았다. 1971년 서울 방화동에서 신흥종교 영세교를 설립한다. 영세교의 핵심 교리는 불교의 깨달음, 기독교의 성령강림,

천도교의 인내천 사상을 통합한 영혼합일법이었다.

최태민은 1973년 5월 13일 자 《대전일보》 4면에 광고를 내기도
했다.

영세계(靈世界)에서 알리는 말씀. 근계시하 귀체 만복하심을 앙축
하나이다. 영세계 주인이신 조물주께서 보내신 칙사님이 이 고장에
오시어 수천 년간 이루지 못하며 바라고 바라든 불교에서의 깨침과
기독교에서의 성령강림, 천도교에서의 인내천 이 모두를 조물주께서
주신 조화로서 즉각 실천시킨다 하오니 모두 참석하시와 칙사님의 조
화를 직접 보시라 합니다.
장소: 대전시 대흥동 현대예식장, 일시: 5월 13일 오후 4시.

— 앞의 책

최태민은 대전에서 영세교 교주로 상당한 성공을 거두었다. 많
은 사람을 모아놓고 일종의 최면요법으로 난치병을 치료하는 모습
을 보이면서 신통한 칙사 이미지를 만들었다. 대전에서의 성공을
바탕으로 서울로 진출했으며, 영세교 간판을 내걸고 사이비 교주
행각을 벌인 것으로 중앙정보부는 파악했다.

이후 최태민은 어머니를 잃고 방황하던 '퍼스트레이디' 박근혜
에게 편지를 보냈다(사이비술사·교주들의 전형적인 수법들이다. 그들은
대기업 총수가 구속 위기나 불행에 처하면 해당 기업 비서실에 편지를 보낸
다. 자신만이 문제를 해결할 수 있다는 내용의 편지다. 심지어 수십 통씩 보

낸다. 최태민이 박근혜에게만 그 편지를 보낸 것이 아니었다). 그 편지로 인해 최태민은 일생일대 기회를 잡고 박근혜를 '마법의 길(magic road)'로 인도하였다. 이후 민정수석실과 중앙정보부는 박근혜를 등에 업은 최태민의 비리에 대해서 박정희 대통령에게 수차례 보고하였다. 대통령도 그 문제를 인지하였으나 '엄마 없는 근혜'를 혼낼 수 없었다. 그것이 문제를 키웠다. 김재규 중앙정보부장을 변호한 안동일 변호사의 증언이다.

> "영부인 노릇을 하던 이(박근혜)가 사이비 종교에 빠져 헤어나지 못하고, 최태민 비리가 중앙정보부 보고서에 다 나오는데도 박정희 대통령은 외면했습니다. 어머니를 잃은 20대 여성이 사이비 종교에 빠질 수는 있어요. 하지만 대통령이, 아버지가 그런 딸을 그대로 둔 건 안타까운 일입니다."
>
> — 앞의 책

중앙정보부는 최태민의 비위 사실을 수사하여 1979년 10월 23일 대통령에게 보고하였는데, 여기에는 횡령·사기·변호사법 위반 등 44건의 범죄 혐의와 간통을 비롯한 12건의 성 추문이 확인되었다는 내용도 포함되었다(3일 후인 10월 26일, 김재규 중앙정보부장이 박정희 대통령을 저격했다). 최태민은 박정희 정권 몰락의 한 원인이 되었다. 김재규 중앙정보부장은 대통령을 저격·시해한 이유 중 하나로 이 문제를 꼽았다. 이처럼 최태민은 러시아 마지막 왕조의 몰락을 촉발한 라스푸틴과 유사한 점이 많았다.

도선의 마지막 후예

   도선 국사 생애가 창작되고 난 뒤, 후세인들은 이것을 바탕으로 도선의 생애를 확대·재생산하여 수많은 비문을 쓰고 전설을 만들었다. 도선은 의심할 바 없는 역사적 실존 인물이 되었다. 그리고 1천 년 동안 한반도를 주술로 몰아넣었다.

 1980년대 미신으로 치부되던 '풍수'를 학문의 반열로 올려놓은 최창조(1950~2024) 전 서울대 교수 역시 도선의 진위를 의심하지 않았다. 2013년 최창조 교수는 도선을 '한반도 풍수의 비조'로 삼아 '도선과 무학의 계보'를 바탕으로 『한국풍수인물사』를 출간하였다. 필자는 박수진 교수(서울대 지리학과)와 함께 그 책에 추천사를 쓰기도 하였다.

필자는 최창조 교수와 오랜 교유로 호형호제하는 사이였다. 최창조 교수가 『한국풍수인물사』를 필자에게 증정할 때 '사랑하는 아우이자 유일한 제자인 김두규 교수에게 최창조 드림'이란 서명을 해주었다. 2024년 1월 31일 그가 작고하였을 때, 필자는 《조선일보》에 「고(故) 최창조 교수, 術(술)을 學(학)으로 높인 풍수학인… "그곳에도 단골술집 있겠죠"」란 장문의 추도사를 게재하기도 하였다(2024년 2월 2일 자). 학자로서 그리고 형님으로서 최창조 교수에 대한 필자의 존경은 변함이 없다.

최창조 교수 생전에도 필자는 묘지 풍수와 화장(火葬) 문제에 대해서 최 교수와 의견을 달리해 논쟁을 벌이기도 하였다. 안타까웠던 것은 최 교수가 도선의 비보술을 풍수술로 오해했다는 점이다.

필자 역시 초기에 도선을 실존 인물로 오인했다. 이후 『고려사』에 등장하는 도선 관련 글들의 문맥과 흐름을 추적하면서 그 실체에 의문을 갖기 시작하였다. 동시에 조선왕조의 풍수관리(지관) 선발 고시 과목들을 번역·출간하는 과정에서 공인 풍수서에 비보술에 대한 언급이 없음을 알게 되었다.

21세기 들어 정성본 스님, 서윤길 교수 및 몇몇 학자들이 도선의 실체에 대해 의문을 제기했다. 『삼국사기』 『삼국유사』에서 도선이 언급되지 않았다는 점도 필자가 의문을 갖게 된 계기 중 하나였다. 결정적인 것은 '후삼국을 통일하여 고려의 개국을 예언'했다는 도선에게 태조 왕건이 어떠한 포상도 하지 않았다는 점이었다. 아예 도선이란 이름을 언급하지 않았다. 필자가 도선의 실체를 부정하는 이유다.

반면에 최창조 교수는 일관되게 도선이 실존 인물임을 전제하고 그의 비보풍수(자생풍수)를 전개했다. 이에 대해 한국학(조선문학) 학자로서 최 교수와 오래 친분을 유지했던 일본 오사카시립대 노자키 미쓰히코(野崎充彦, 1955~) 명예교수는 "최창조 비보풍수는 논증 불가능한 '민족주의적 풍수'"라고 비판했다.

▬▬▬ 도선의 비보술과 자생풍수의 관계

우선 최창조 교수의 도선 비보풍수론이 무엇인가를 그의 발언을 통해 살펴보자.

당시 도선은 오랜 국토 편력을 통해서 역사의 무대가 중앙 중심에서 지방 중심으로, 역사의 주인공이 중앙 귀족에서 지방 호족으로 바뀌고 있음을 실감하였다. 그는 장차 천명을 받아 특출한 자가 나올 것을 미리 알고 개경에 가서 왕건의 아버지인 용건의 집터를 잡아주며 왕건의 출생과 고려의 건국을 예언하였고, 왕건이 17세 되던 해에는 직접 개경에 가서 군을 통솔하고 진을 짜며 땅의 이치와 하늘의 계시를 알아내는 방법을 가르쳤다. 이러한 사실은 『도선본비』(최유청의 「도선국사비문」을 뜻함)에 자세히 나와 있는데, 아마도 이는 그의 제자들의 행위였을 것으로 짐작된다.

여하튼 도선은 그의 자생풍수 사상을 바탕으로 새로운 세상의 도래를 위한 준비를 하게 된 것이며 결국 그의 제자들에 의해 고려 개국이란 역사적 사건을 통하여 일차적으로 이를 완수하게 된다.

— 최창조,『한국풍수인물사: 도선과 무학의 계보』중에서

최창조 교수도 조선 성종 때의 최호원처럼 도선 관련 '팩트체크'를 잘못하였다. 도선의 비보술을 전제한 최 교수의 자생풍수는《교수신문》에 한국의 고유 담론으로 소개되었다(2003년 3월 10일자). 한국 학문의 많은 분야가 서양 학문에 종속되고, 한국의 학자들 역시 오리엔탈리즘적 경향을 보이는 데 대한 반발로 한국 고유의 학적 방법론을 제시한 최 교수를《교수신문》이 높게 평가한 것이었다.

도선의 비보술과 자생풍수는 어떤 관계일까? 필자가『풍수학사전』에 수록한 '자생풍수' 항목의 핵심을 요약해 소개하겠다.

자생풍수.

1984년에 최창조(전 서울대 교수)가『한국의 풍수사상』을 출간함으로써 해방 이후 술수로만 평가받던 풍수를 하나의 학으로 자리매김한다. (……) 1990년대 이후 최창조는 관심을 바꾸어『한국의 자생풍수』(1997)에서 '자생풍수'라는 새로운 개념을 제시한다. 그는 자생풍수의 본질을 땅에 대한 '본능·직관·사랑'으로 파악하였다.

최창조는 신라 말 수입된 중국 풍수를 도선 국사가 우리 풍토에 맞게 재구성함으로써 비로소 한국의 자생풍수가 완성되는 것으로 본다. 즉 최창조가 말하는 '한국의 자생풍수'란 초기 우리 고유의 지리 사상에 중국의 이론 풍수가 수용된 '도선 풍수'인 셈이다. 그는 "풍수

란 (……) 땅의 질서와 인간의 논리 사이에서 벌어지는 여러 문제점과 갈등 속에서, 어떤 합치점을 찾고자 하는 우리 민족의 전통적인 땅에 관한 지혜"라고 결론 내리며 자생풍수를 주장한다.

자생풍수는 땅을 어머니에 비유한다. 어머니가 편찮거나 병이 들면 그 자식이 편할 수 없다. 당연히 어머니의 병을 고쳐드려야 한다. 병든 어머니, 병든 땅을 고쳐드리는 주된 방법이 바로 비보(裨補)풍수다. 그 구체적인 방법은 문제가 있는 땅에 절을 짓거나 탑을 세우는 비보사탑설(裨補寺塔說)이다. 마치 병든 이에게 침이나 뜸을 시술하는 것과 같은 이치를 땅에 적용한 것이 자생풍수의 비보책이다.

이러한 자생풍수론에 대한 평가는 긍정과 부정으로 극명하게 나뉜다.

음지에서 기형적으로 자라온 풍수를 양지식물로 거듭나게 해, 전통사상을 계승했다는 점, 그리고 지리학·조경학·윤리학 등에서 풍수적 요소를 고려하게 함으로써 학문의 영역을 넓힌 점, 또한 땅과 인간의 유기적 관계를 강조함으로써 현대인의 삶과 죽음의 문화를 성찰하게 만들었다는 점 등은 긍정적인 측면이다.

반면, 자생풍수에 대한 본질적 비판이 있다.

"자생풍수의 최대 약점은 땅의 질서와 논리에 대한 천착을 생략하고 풍수를 형이상학적인 마음의 차원으로 가져갔다."(김기덕 건국대 교수)

"자생풍수가 신념의 대상으로서는 어쨌든 간에 학설로서의 논증이 부족하고, 결국에는 민족주의적 풍수를 만들어냈다."(노자키 미쓰히코 오사카 시립대 교수)

— 김두규, 『풍수학사전』 중에서 요약 정리

최창조 교수의 자생풍수 핵심인 '본능·직관·사랑'은 밀교의 택지법 핵심이다. 밀교의 택지법은 다름 아닌 비보술이다. 도선을 창작하고 도선의 '풍수' 특징을 이야기한 최유청은 도선 풍수의 특징을 비보술이라고 소개하였다. 즉 최유청에 의해 도선의 생애가 만들어지고, 조작된 『훈요십조』가 공인되고, 그렇게 그 유령들이 고려와 조선, 일제 강점기 그리고 해방 이후 대한민국 상공을 배회해 왔다. 본질적으로 비보와 풍수는 합일될 수 없다.

왜 그랬을까? 최 교수의 발언을 직접 들어보자.

그래서 땅을 혹은 산을 마음으로 받아들일 수 있는 눈을 가진 사람은 어머니의 품안과 같은 명당을 찾아낼 수 있다. 구태여 풍수의 논리나 이론이 개입할 필요가 없다. 지금까지의 자생풍수(비보풍수) 연구가 드러내준 우리 풍수의 방법론적 본질은 본능과 직관과 사랑, 바로 이 세 가지로 요약이 가능하다.

순수한 인간적 본능에 의지하여 땅을 바라본다. 그러면 거기에 어머니의 품속 같은 따스함을 추구하는 마음이 스며들지 않을 수 없다. 그걸 좇으면 된다. 성적 본능에 의한 터잡기도 자생풍수는 마다하지 않는다. (……) 그래서 자생풍수의 명당 지명에는 좆대봉이니 자짓골이니 보짓골이니 하는 것들이 심심찮게 있는 것이다.

— 최창조, 『한국풍수인물사: 도선과 무학의 계보』 중에서

인용문을 통해 최창조 교수의 언술과 밀교 택지법(비보술)이 겹침을 알 수 있다. 밀교는 언어·문자가 아닌 직관에서 의해서만 체

득된다고 보았고, 그리하여 신비적, 주술적 의례를 강조하였음을 앞에서 살폈다. 섹스 또한 밀교의 한 방법론이었다. 최 교수가『한국풍수인물사』에서 높게 평가했던 도선·묘청·신돈·무학은 밀교 택지법 계열이다.

　최 교수가 밀교 방법론을 취할 수밖에 없었던 결정적 이유는 그의 원초적 체험에 있다. 1960년대 서울의 변방인 청량리 출신으로 명문 경기고에 입학한 그는 사대문 안의 명문가 급우들에게 위화감을 느꼈다. 겉돌던 그는 어느 날 망우리 공동묘지를 배회하던 중 어떤 기인을 만났고, 기인이 따라주는 술을 한잔 먹는 순간 땅(무덤) 속이 훤히 보였다. 기이한 체험이었다. 이후 서울대 지리학과에 입학한 그는 조선왕조가 공인하던 전통 풍수서가 아닌 본능·직관·사랑을 학적 방법론으로 채택한다(필자와는 전혀 상반된 방법론이다. 의심과 부정에서 출발하여 '부정의 부정'이란 변증법적 방법론을 거치면서 동시에 현장과 고전을 대조하여 결론을 유출하는 것이 필자의 방법론이다).

　최창조 교수의 자생풍수론이 비보술로 귀결될 수밖에 없는 필연적 이유였다. 그렇다고 해방 이후 '한국학'에 그가 기여한 업적이 평가절하될 수는 없다. 해방 이후 뒷골목으로 밀려나면서 음지에서 기형적으로 자라온 풍수를 양지로 나오게 한 점, 지리학·조경학·윤리학 등에 풍수가 반영되게 한 것, 땅과 인간의 유기적 관계를 강조함으로써 현대인의 삶과 죽음의 문화를 성찰적으로 만들고, 이를 한국의 생태철학으로 거듭나게 한 점은 높이 평가되어야 한다.

자생풍수는 도선이라는 허구의 인물에서 출발한 데다가 밀교와 마찬가지로 문자와 경전이 아닌 직관에서 시작하다 보니 21세기의 또 다른 '신비주의'로 귀착하였다. 독일 철학자 임마누엘 칸트(Immanuel Kant, 1724~1804)의 "내용 없는 사유들은 공허하고, 개념이 없는 직관들은 맹목이다(Gedanken ohne Inhalt sind leer, Anschauungen ohne Begriffe sind blind)"란 명제는 최창조의 비보풍수에도 해당된다.

비보풍수(자생풍수)를 학문의 반열에 올려놓은 최창조 교수는 본인의 의도와 달리 도선이란 유령을 21세기 대한민국 상공에 화려하게 부활시켰다.

그 대표적인 결과는 무엇이었을까? 최창조 교수로 인해 '정언명령'이 된 청와대 흉지설이다. 그의 청와대 흉지설은 이후 역대 대통령으로 하여금 끊임없이 불안에 떨게 하였고, 궁극에 와서는 윤석열 대통령 당선자로 하여금 공동묘지 터인 용산으로 집무실을 이전케 하였다. 그것은 분명 '불행한 의식'이었다.

5장

도읍지 비보술 vs 도읍지 풍수술

— 서울과 평양 그리고 용산까지

수도가 될 최고의 터는 어디인가?

　　서울(남경 또는 한양), 평양(서경), 개성(개경), 이 가운데 풍수상 가장 좋은 곳은 어디일까?

　고려 숙종 이전까지 한양은 우리 역사에 등장하지 않았다. 고려 왕실의 주 관심은 서경이었으며, 고려의 공식적 평가는 '1 서경, 2 개경'이었다. 태조 왕건의 고향이자 건국 후 도읍지로 정한 개경을 놔두고, 왜 고려왕조는 서경이 최고의 길지라는 공식 입장을 견지했을까?

　서경, 즉 평양은 고조선과 고구려의 주요 근거지였고 고려 건국 이후 태조부터 인종까지도 개경 다음으로 중시되었다. 인종 때 서경을 근거지로 발발한 묘청·조광의 반란(1135~1136)이 실패하였다. 반란을 전후로 칭제북벌론(稱帝北伐論: 황제국 선포와 금나라 정벌)을 주장하는 정지상·윤언이 등 자주파(서경파)가 역사의 주류에서 사라지며(신채호, 『조선사 연구초』) 더불어 서경도 주변부로 밀려난다. 평양이 우리 민족에게 다시 큰 관심의 대상이 된 것은 1948년 북한 정권 수립 후 북한의 수도가 되면서다.

──── 평양(서경)을 수도로 둔 북한의 운명은?

풍수적 관점에서 평양을 객관적으로 살펴보자. 현재 도읍지를 평양으로 삼고 있는 '북한의 운명'을 엿보는 방법이기도 하다. 남한의 일부 언론과 정치인은 북한이 곧 망할 것처럼 생각하고 있다. 풍수상으로도 과연 그럴까?

고려왕조는 평양을 서경 혹은 호경(鎬京: 중국 주나라 도읍지)이라며 중시하였다. 서경천도론이 거론되기도 하였지만 실행되지 못했다. 왜 고려는 평양을 중시했을까? 물론 고려 숙종 이전까지에 한해서다. 숙종 이후부터 고려 왕실은 남경(한양)을 중시했기 때문이다.

고려가 평양을 중시한 것은 4가지 이유에서다.

첫째, 오행종시설에 따르면 수덕(水德)인 고려왕조와 풍수상 수덕이 순조로운 평양과의 궁합 때문이었다. 신라는 금덕(金德)이고, 그 뒤를 이은 고려는 오행상 수덕이라고 믿었다. 신라에서 고려로 왕업이 옮겨지는 것은 오행종시설에 따른 천명이었다. 수덕의 땅인 평양이 고려의 명운에 부합한다고 믿었다. 태조 왕건은 평양을 중시하여 스스로 이곳을 찾곤 하였다. 그러한 서경 중시는 현종 이

<해동지도> 평양부의 모습. 수덕(水德)의 땅인 평양은 대동강으로 둘러싸인 물의 도시다.

후에 세상에 나온 『훈요십조』에도 그대로 반영되었다. 『훈요십조』
는 개경보다 서경이 더 풍수상 길지임을 분명하게 밝히고 있다.

> 나(왕건)는 산천의 보이지 않은 도움으로 대업을 이루었다. 서경은
> 수덕이 순조로워서 우리나라 지맥(地脈)의 뿌리가 되고 대업을 만대
> 에 전할 땅이다.
>
> ─『고려사』, 태조 26년(943년) 4월 기사 중에서

둘째, '서경은 수덕이 순조롭다[西京水德順調]'는 말은 무슨 뜻일
까? 평양의 물의 흐름(수세)은 완만하고 유구하여, '물의 도시'로서

모범을 보여준다. 보통강과 대동강이라는 두 강이 평양을 감싸는데, 그 흐름이 급격하지 않고 완만함을 말한다. 이에 대해 이병도는 이렇게 설명했다(이병도의 『고려시대의 연구』는 부제인 '특히 도참사상의 발전을 중심으로'가 암시하듯, 풍수적 관점에서 고려시대를 서술한 역사서다. 저자가 당대 최고 술사들과 역사적 현장을 동행하며 풍수를 논하였음은 책 곳곳에서 드러난다. 이병도는 풍수설의 2가지 유파인 형세파와 이기파에 대해 정확하게 그 내적 논리를 이해하고 있어, 해방 이후 최근에 이르기까지 한반도 풍수를 정확하게 이해한 유일한 인물이라고 해도 과언이 아니다. 평양과 개성에 대해서도 그는 '풍수지리의 실증적 고찰'을 하였다고 밝혔다. 후학자들의 고려시대 연구가 이병도를 뛰어넘지 못하는 이유다).

평양은 왼쪽, 오른쪽, 앞 3면에 느릿느릿 부드럽게 강물이 흐른다. 평양 동남쪽은 대동강이 바짝 붙어 있고, 서쪽은 대동강으로 구불구불 흘러드는 보통강을 끼고 있는 것이라든지, 보통강과 대동강 두 강에 붙어 있는—특히 대동강 왼쪽에 펼쳐지는—드넓은 평야라든지, 개경에서는 찾아볼 수 없는 광경이다.

그 가운데에서도 대동강은 낭림산에서 시작하여 성천강, 삼등강, 보통강 세 강이 합쳐지고, 그 밖에 하류에서는 재령강이 합쳐져 서해로 흘러드는 약 430여 킬로미터에 달하는 큰 강이다. 강물이 깊고 넓으며, 완만하며 평탄하다. 태조가 『훈요십조』 제5조에서 "평양은 수덕이 순조로워 우리나라 지맥의 근본이 된다"고 말한 배경이다.

— 이병도, 『고려시대의 연구』 중에서

이병도보다 훨씬 이전인 1827년, 실학자 서유구(徐有榘, 1764~1845)도 『상택지(相宅志)』에서 평양의 '수덕순조'를 찬양했다(이 책은 서유구가 저술한 『임원경제지』 가운데 11번째 책[志]으로 선비가 살 곳[宅]을 살피는[相] 방법을 조선 전역을 사례로 소개하는 일종의 백과사전이다).

평양은 앞뒤 백 리 되는 들판이 탁 틔어 밝고 환하다.
그 기상이 크고 넓고, 산 빛은 아름답고도 곱다.
강물은 급하게 쏟아지지 않고 느릿느릿 앞을 향해 출렁거리며 흘러간다.
산과 들이 어울리고, 들과 물이 어울리며,
산과 들은 평탄하고 빼어나고, 강물은 크고도 넓다.
크고 작은 장삿배가 물결 속에 보였다가 사라지고,
빼어난 바위와 층층 바위들이 구불구불 멀리 강 언덕으로 이어진다.
서북쪽에 좋은 밭, 평평한 밭두둑이 아스라이 펼쳐지니,
이곳이야말로 하나의 별천지다.

사방이 산(백악산·인왕산·남산·낙산)으로 둘러싸인 한양과 달리, 평양은 보통강과 대동강으로 둘러싸인 물의 도시다. 물론 한양도 한강이 대동강과 같은 역할을 할 수 있으나, 남산이 한강을 중간에 가로막고 있기에 평양과는 다른 입지다.

셋째, 서로 고구려를 계승하였다는 고려·거란의 다툼에서, 고려는 그 정통성을 고구려의 수도 평양을 앞세워 주장하였다. 넷째, 고려의 도읍지 개경의 수덕불순(水德不順)과 삼겸설(三鉗說) 때문이다.

서울 vs 평양, 어디가 더 길지일까?

고려왕조가 도읍지로 정한 개경(개성)은 풍수상 무엇이 문제인가? 개경을 풍수적으로 살피기 전에 평양과 서울의 풍수 우열을 논해보자. 서울과 평양, 두 국가의 도읍지 가운데 어디가 풍수상 더 좋을까?

이에 대해서는 풍수 고전 『금낭경』이 말하는 '고산룡(高山龍)'과 '평지룡(平地龍)'으로 두 도시를 설명할 수 있다. 고산룡의 터가 서울이며, 평지룡의 터가 평양이다. 한양(청와대·경복궁)의 지맥은 삼각산이 높이 솟은 데서부터 내려오는데, 생기(生氣)가 드러나 흩어지기 쉬우므로 바람이 두렵다. 이 단점을 보완해 주는 것이 바로 북악산·인왕산·낙산·남산이다. 사방을 산으로 감싸주어 길지가 된다. 이런 형국을 '장풍국(藏風局)'이라 한다.

반면, 평지룡 터는 평지에 기가 뭉친 곳이다. 생기는 땅속으로 가라앉으므로 바람 부는 것은 두려워하지 않는다(최빈국 북한 정권의 '용감함'은 여기서 비롯한 것일까?). 사방을 호위해 주는 산이 없더라도 좋다(북한 정권이 극소수 우방국 빼고 홀로 '주체적으로' 사는 이유도 이와 같은 땅 기운 탓일까?). 다만 이때 기의 흐름을 멈춰줄 수 있는 큰 물이 필요하다(물은 재물의 번창을 주관한다. 북한 정권이 중국과 러시아라는 큰 '물주' 때문에 유지되는 것은 아닌가?). 대동강·보통강이 그 역할을 한다. 이와 같은 형국을 '득수국(得水局)'이라 부른다.

한양과 평양 가운데 어디가 좋을까? 지금의 서울은 과거의 한양이 아니다. 한양 사대문을 넘어 한강을 중심축으로 서울이 확장되었다. 서울은 평양처럼 이제는 4산(백악산·인왕산·남산·낙산)으로 둘러싸인 장풍국이 아닌 한강이 관통하는 득수국이 되었다. 따라서 두 도시의 우열을 풍수로 가리는 것은 의미가 없다.

1990년대 초 동유럽 사회주의 국가들이 모두 몰락했다. 그런데도 최빈국이면서 '김일성→김정일→김정은'으로 이어지는 '왕조 국가' 북한은 그때 붕괴되지 않았다. 이후 30년 동안 경제적으로 빈궁함을 극복하지 못하면서도 핵무기를 소유한 군사 강국이 되었다. 정치·경제학자들은 이를 어떻게 풀이할까? 설명 불가능하다. 정치가와 예언가 들이 북한 정권이 곧 망한다고 하였지만, 지금까지 유지되는 것에 평양의 지덕이 한몫하고 있음은 분명한 사실이다.

영원한 2인자, 개경

개경은 풍수상 어떤 곳일까? 왜 태조 왕건부터 역대 왕들은 도읍지 개경을 떠나 서경(평양) 혹은 남경(한양) 천도를 꿈꾸었을까?

개경이 우리 역사에 등장한 것은 후고구려(태봉)를 세운 궁예 때였다. 궁예는 "개경(당시 지명은 곡령·송악)의 산수가 기이하고 빼어나" 그곳을 도읍으로 정하였다. 그러나 궁예는 도읍을 정한 지 8년 만에 이곳을 버리고 철원으로 옮긴다(왜 궁예가 개경을 버리고 풍수상 산이 험하고 물길이 막힌 철원으로 옮겼을까? 불가사의한 일이다. 한반도에 들어선 수많은 왕조들이 있었다. 이들이 정한 도읍지들 가운데 철원은 비록 한탄강을 끼고 있다고는 하나 상류 지역이라 조운(漕運)이 어렵다. 한 나라의 도읍지로서는 불리한 점이 많다. 궁예 몰락의 1차적 원인은 도읍을 잘못 정한 데 있다).

개경이 다시 우리 민족의 중심 무대로 떠오른 것은 태조 왕건 때다. 왕건은 고려 건국 후 이곳을 도읍지로 정했다. 임진강과 예성 강이라는 지리적 이점도 있었고, 자신의 고향이기도 했다. 또 그의 지지 세력(고려의 창업 공신) 모두 한강·임진강·예성강과 경기만 일 대를 물적 토대로 하는 해상 세력이었기 때문에 당연히 개경이 도 읍지가 되었다. 그러나 개경 그 자체만의 지세를 살피면 내부적으로 2가지 문제가 있다. 수덕불순(水德不順)과 삼겸(三鉗)이다.

첫째, 수덕불순은 태조 왕건의 지적 사항이었다. 수덕(水德)이 순 조롭지 못하다는 뜻이다. 개성은 평양과 달리 평지에 자리하지 못 하고 산으로 싸여 있다. 방어에 유리하나 산으로만 포위한 데다가 터가 넓지 못하다. 또 북쪽 높은 산 계곡에서 흘러나오는 물들이 모두 개성 한가운데로 모여든다. 큰비가 오면 물의 흐름이 거칠고 빨라 수재를 일으킨다. 수세가 조화롭지 못하다는 의미의 '수덕불 순'은 이를 두고 한 말이다. 왕건은 개성의 이러한 취약점을 잘 알 고 있었다. 그는 군인 출신으로 지리를 정확히 파악하고 있었다.

이곳에 도읍지를 정한 고려 왕실은 개경의 순조롭지 못한 수덕을 진압하고자 비보술을 활용했다. 바로 절[寺]들이 비보 역할을 했다. 나쁜 땅을 다스리는 밀교 치지법인 '비보 사탑'이다. 여기에 도선이 란 인물의 권위가 동원되었다. 해방 전후 답사를 통해 개경에 대한 고려왕조 비보 흔적을 확인한 이병도의 주장은 다음과 같다.

광명사와 일월사는 광명동수(廣明洞水)의 상류에 있고, 구산사는 조암동 중대천 상류에 있고, 법왕사는 그 중류에 있고, 왕륜사는 광명동수의 상류에 있고, 홍륜사는 이상의 여러 물들이 합치는 곳에 있고, 보제사(연복사)는 오천의 중류에 있고, 개국사는 개성의 내수구(內水口) 방면(훗날의 보정문)에 위치하고 있다.

다시 말하면 이상의 여러 사찰은 도읍지를 뚫고 흐르는 내외 상류·합류·중류·수구에 건립된 것으로, 특별히 그 위치를 택하게 된 것이다. 이 역시 사원으로서 험악한 수세를 진압하고 개경 전체의 지덕을 비보하는 데 있다.

— 이병도, 『고려시대의 연구』 중에서

둘째, 삼겸(三鉗)이다. 개경의 지세에 대해 고려 말 학자 이제현이 평한 것이다. 삼겸이란 '세 가지 꺼리는 땅'이란 의미다.

첫 번째로 꺼리는 것[1겸]은 길의 꺼림[路鉗]인데, 개경 개국사 부근이 성안과 밖을 연결하는 유일한 큰 도로이기 때문에 인마의 왕래가 끊이지 않아 시끄러운 것이 흠이다. 예컨대 평양이나 한양은 성 안팎으로 연결하는 대로가 여럿인 반면, 개경은 유일한 대로가 이곳 하나인 점이 흠이었다. 사방이 산으로 포위되었기 때문이다.

두 번째로 꺼리는 것[2겸]은 물의 꺼림[水鉗]이다. 개국사 부근으로 도성 내 모든 물이 쏟아지므로 큰비가 올 때 물난리가 난다. 이는 앞에서 언급한 수덕불순과 같은 말이다.

세 번째로 꺼리는 것[3겸]은 산의 꺼림[山鉗]이다. 개경을 감싸는 좌우 산들(청룡·백호)이 서로 싸우는 것이다. 청룡은 장남·직계·문신을 주관하고, 백호는 직계가 아닌 차남·방계·무신을 주관한다. 왕실에서는 장남과 차남이 서로 싸우고, 조정에서는 문신과 무

서경·개경·한양의 풍수 비교

	서경	개경	한양
현재 이름	평양	개성	서울
도읍지	427년/1948년	901년/919년	1394년
국가	고구려/북한	태봉/고려	조선/대한민국
집권 인물	장수왕/김일성	궁예/왕건	이성계/이승만
주산(높이)	금수산(96미터)	송악산(488미터)	백악산(342미터)
객수	대동강	임진강	한강
풍수 특징	물의 도시	산의 도시	산의 도시
장점	조운(漕運) 유리	방어 유리	방어 유리
단점		물살이 심함	물 부족
고려왕조 평가	1순위	2순위	
조선왕조 평가		2순위	1순위

신이 서로 싸운다. 실제 고려의 역사가 그러했다.

또 평야에 자리한 평양에 비해 산간에 자리한 개성은 그 국세가 좁아 확장성에 한계가 있다. 일부 학자들은 남북통일 후 수도로서 개성이 적합하다고 주장하나, 위에서 언급한 2가지 결점은 도읍지가 될 수 없는 이유다. 한양·개경·서경 가운데, 역사적으로 도읍지 순위 경쟁에서 개경이 늘 2인자나 3인자 자리밖에 차지하지 못한 것은 모두 이런 까닭이었다.

서울을 도읍지로 만든 최초의 인물

한양(지금의 사대문 안을 가리킴)은 고려 숙종 때까지
는 한갓 시골이었다. 현재의 서울이 조선과 대한민국의 도읍지가
된 것은 비결서 한 권 때문이었다. 『도선기』라는 비결서였다. 하지
만 도선은 허구의 인물이었고, 『도선기』역시 허구였다.

이 책의 앞에서 설명한 것처럼, 고려 8대 임금인 현종 때 도선이
란 인물이 설정되었고, 그에 근거해 『훈요십조』가 조작되어 고려
왕실에 공식적으로 등장하였다. 그로부터 60여 년이 지난 15대 왕
숙종 때다. 그러고 보면 숙종은 지금의 대한민국 서울이 생기게
한 장본인이다.

1096년(숙종 원년) 김위제라는 풍수사가 갑자기 등장해 도선을

끌어들였다. 『고려사』는 이를 다음과 같이 소개한다.

> 김위제는 숙종 원년에 위위승동정이 되었다. 신라 말기에 승려 도
> 선이 당에 들어가 일행 선사의 지리법을 배우고 돌아와 비기를 지어
> 후세에 전하였다. 김위제가 도선의 술법을 공부하여 남경(한양)으로
> 천도하자는 글을 올렸다.
>
> ─『고려사』,「김위제」중에서

김위제의 상소에 처음 남경이 등장한다. 당시 지금의 서울은 '한
양'이 아닌 '남경'이란 이름이었다. '동정'이라는 벼슬은 과거에 합격
한 사람을 말한다. 일종의 '자격고시'를 통과한 후 임용을 기다리
는 대기자다(고려왕조에서는 과거에 합격하여 동정직을 받고도 절반만이
실제 관직에 임용되었다). 따라서 숙종이 임금이 되면서 김위제가 필
요하여 임시로 벼슬을 준 것이었다.

김위제의 글은 역사가 어떻게 왜곡되는지 보여준다. 도선이 당
나라 유학을 가지 않았음은 "도선이 실존 인물"이라고 말하는 현
대 한국의 역사학자들조차도 동의하는 부분이다. 또 도선과 일
행의 생존 연대가 전혀 다르다는 점도 그렇다. 도선의 생존 연대
는 827~898년으로 조작되었고, 실존 인물이었던 일행 선사는
683~727년에 살다 갔다. 『훈요십조』에는 도선의 '비기'가 언급되
지 않는다. 그런데 여기서는 도선의 비기가 후세에 전한다고 말하
고, 김위제는 도선의 술법을 공부하였다고 하였다.

어떻게 역사적으로 존재하지 않았던 도선으로부터 술법을 공부

할 수 있을까? 왜 숙종 때 본격적으로 남경(서울)이 언급되었을까? 우선 김위제의 상소를 살펴보자.

> 『도선기』는 말합니다. "고려 땅에 3개의 도읍지[3경]가 있으니, 송악(개경)이 중경, 목멱양(한양)이 남경, 평양이 서경이 된다. 11·12·정월·2월에는 중경에, 3·4·5·6월에는 남경에, 7·8·9·10월에는 서경에 거주하면 36개 나라가 와서 조공을 바칠 것이다." 또 『도선기』는 말합니다. "개국하고 160여 년 뒤에 목멱양(한양)에 도읍을 정한다." 신(김위제)은 지금이 바로 새 도읍을 돌아보시고 거기에 거주하실 때라고 생각합니다.
>
> — 앞의 책

도읍지를 옮기는 것은 국가의 중대사다. 말단 공무원이 멋대로 의견을 낼 수 없다. 김위제가 숙종의 사주를 받아 올린 정책 제안이다. 고려 왕들은 숙종 이후에 남경이란 존재를 처음으로 인식한다.

그로부터 5년 후인 1101년(숙종 6년), 숙종은 윤관·최사추·음덕전 등을 시켜 남경의 길지를 찾게 한다. 이때 이들은 한양(현 청와대 일대), 용산(현 효창원에서 한강으로 이어지는 일대), 노원(현 노원구), 해촌(현 도봉산역 일대) 등 4개의 후보지를 살폈다. 그 가운데 '한양이 으뜸'이라 결론 내리고 이궁(별궁)을 지었다(현 청와대 터). 남경의 시작이자 한양(서울)의 시작이었다.

따라서 한양을 탄생시킨 제1공신은 고려 숙종과 도선의 좀비 김위제였다.

청와대 터를 버리고 경복궁으로 이동하다

경복궁과 청와대는 풍수상 어떤 차이가 있는가?

고려를 멸망시키고 조선을 개국한 태조 이성계는 우여곡절 끝에 한양으로 천도한다. 계룡산(현 충청남도 계룡대)·무악(현 연세대 자리) 등을 제치고, 한양을 도읍지로 정할 때 실무를 맡은 풍수관리는 이양달이었다. 이때 백악산을 주산으로 할 것이냐, 인왕산을 주산으로 할 것이냐에 대한 논쟁이 무학 대사와 정도전 사이에 벌어졌다는 야사가 전해진다. 그러나 역사적 사실이 아니다.

백악산 아래 궁궐터가 정해지고 난 뒤, 정도전이 사대문 안의 공간 배치와 명칭 부여를 한 것만 역사적 사실이다. 경복궁의 '경복'이라는 이름도 그가 지은 것이다(한양 천도에 무학 대사는 어떤 역할도 하지 못했다).

문제는 백악산 아래 어디에 궁궐을 짓느냐였다. 이때 풍수관리가 아닌 유학 대신 권중화(權仲和, 1322~1408)가 역사의 무대에 새롭게 등장한다. 그는 고려의 이궁(현 청와대 터)을 버리고 조금 남쪽으로 내려와 현재의 경복궁 부근을 진혈(眞穴)로 삼아야 한다고 주장한다. 권중화는 누구인가?

조선과 대한민국 풍수, 특히 청와대 풍수와 관련하여 빼놓을 수 없는 인물이 권중화다. 1353년 과거에 합격하여 공민왕을 섬긴 그는 의약·점술·풍수·서예에도 능하였다. 한반도 의약사(醫藥史)에 그의 이름이 빠지지 않는 이유다(그는 고려 땅에서 나는 약재로 병을 고치는 간단한 처방집 『향약간이방(鄕藥簡易方)』을 편찬하였다). 한반도 풍수사에서도 그는 중요한 인물이다. 고려 말 조선 초 풍수에서 주도적 역할을 한다.

우왕 3년(1377년), 권중화는 왕의 명으로 철원에 가서 도읍에 적합한 땅을 살펴보는 것을 시작으로 한반도 풍수사에 등장한다. 1년 후 왕은 권중화에게 지시한다.

"개경은 바다와 인접해 있어 불시의 변란이 있을까 우려된다. 또한 땅심[地氣]에 흥망성쇠가 있는데 도읍을 정한 지 이미 오래되었으니 마땅히 좋은 곳을 택해 도읍을 옮겨야 하므로 도선의 글을 자세히 참고하여 보고하라."

— 『고려사』, 우왕 4년(1378년) 11월 기사 중에서

우왕(재위 1374~1388) 시절, 왜구의 빈번한 침략 때문에 내륙 지방으로 도읍을 옮겨야 할 필요성이 제기되면서, 천도 논의가 활발하게 진행된다. 특히 우왕 자신이 천도에 적극적이었다. 이때 우왕이 생각한 도읍지 후보지는 『도선밀기』에 언급되어 있다는 곳들이었다. 『도선밀기』는 도선에 가탁한 것으로 그 원문·전문이 세상에 밝혀지지 않은 전설상의 비결이다. 우왕 역시 도선이란 유령에 홀린 지 오래였다.

어쨌든 우왕의 명을 받은 권중화는 이색, 박진록 및 풍수관리들과 "『도선밀기』에 언급되었다"는 기달산 아래 협계(현 황해도 신계군 동쪽 30리)에 가본다. 그곳에서 옛 궁궐터를 발견하고 천도를 시도하였으나 포기했다. 산골짜기에 치우쳐 조운선들이 드나들 수 없

었던 까닭에서다.

우왕 5년(1379년), 권중화는 회암(현 양주 회암사지)에 가서 궁궐 터를 살폈다. 역시 『도선밀기』에 의한 것이었다. 이때 고려 우왕과 권중화는 터잡기 방식에 상반된 차이를 보인다. 우왕은 『도선밀기』라는 비보술에 근거하였으나, 유학자인 권중화는 도선의 비보술을 믿지 않았다. 구체적인 증거는 조선 초 그의 터잡기에서 드러난다. 그는 도선의 비보술이 아닌 최치원·양균송 이래 전통 풍수설에 근거하였다.

고려가 망하고 조선이 건국된 직후인 태조 1년(1392년), 권중화는 태조 이성계의 명으로 이성계의 태를 안치할 자리를 찾아 삼남(충청·전라·경상) 지방으로 내려간다. 이듬해 전라도 금산군 진동현(현 충청남도 금산군 추부면)에 있는 태실 후보지와 계룡산 신도 후보지의 지도를 바친다. 즉 현재 금산에 있는 이성계 태실과 계룡산 신도읍지(현 육해공 3군 본부가 있는 충청남도 계룡대)는 권중화가 잡은 자리다. 이성계의 태실과 계룡대는 직접 현장 답사가 가능한 곳이기에 그 터의 특징을 알 수 있다. 소위 풍수지리가 요구하는 용혈사수(龍穴砂水) 및 4상(四象)에 부합하는 땅이다. 비보술이 아닌 풍수술에 근거한 것이다.

조선 개국 직후, 도읍지로 정해진 "계룡산이 국토의 중앙에 위치하지 않다"는 하륜의 상소로 취소된다. 새로운 도읍지 후보지로 무악과 한양 등이 논의되다가 태조 3년(1394년) 9월 9일 백악산(북악산) 아래 현재의 청와대와 경복궁 일대가 최종 도읍지로 정해진다. 이때 논쟁의 핵심은 '고려왕조의 남경 이궁 터(현 청와대 터)를 그

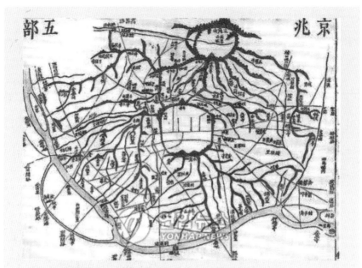

김정호가 제작한 한양 지도인 <경조오부도>, 연합뉴스. 한양은 이성계에 의해 도읍으로 정해진 뒤 지금까지 600여 년간 수도로서 기능을 해왔다.

대로 쓸 것이냐 아니면, 새로운 곳에 본전을 지을 것이냐?'하는 것이었다. 이때 권중화의 역할이 결정적이었다. 권중화의 발언이다.

"고려 숙종 때 경영했던 궁궐 옛터(현 청와대 터)가 너무 좁습니다. 그 남쪽에 해방(亥方: 정북에서 서쪽으로 15도 각도)의 산을 주맥으로 하고 임좌병향(壬座丙向: 정북에서 동쪽으로 15도 각도)이 평탄하고 넓습니다. 여러 용(龍)이 절을 하는 지세입니다[群龍朝揖]. 궁궐터로 형세가 알맞습니다."

— 『조선왕조실록』, 태조 3년(1394) 9월 9일 기사 중에서

현재의 경복궁 자리다. 이렇듯 권중화는 태조 이성계의 태실, 계룡산 도읍지, 경복궁 터를 정한 장본인이자 결정적 공로자이다. 계룡산 신도시와 서울시가 '계룡산 신도시와 서울의 아버지'로 권중화를 추앙해야 할 이유다. 이 사실은 아는 이들은 드물다. 권중화의 발언과 관련해서 흥미로운 것은 현재의 경복궁 터가 진혈이라는 마지막 표현, 즉 여러 용이 절을 하는 '군룡조읍'이라는 사자성어다.

"임금은 용이다. 용은 산이다. 산은 임금이다." 풍수 격언이다. 권중화가 태조 이성계에게 이 자리를 추천할 때, 이곳이 '임금의 자리'임을 분명하게 확신시켜 주어야 했다. 권중화는 그 점을 분명하게 의식하고 해당 용어를 쓴 것이다.

▬▬▬ '한 마리 개가 짖으니 따라 짖는다'

"한 마리 개가 그림자를 보고 짖으면 100마리 개가 그 소리를 듣고 따라 짖는다[一犬吠形百犬吠聲]."

중국 후한 말기의 사상가 왕부(王符, 85~163)가 한 말이다. 한 마리 개를 짖게 만든 것은 실체 없는 그림자[形]다. 그 개 짖는 소리[聲]에 온 동네 개들이 덩달아 따라 짖는다. 한 사람이 거짓을 말하면, 모든 사람이 이것을 사실이라 믿어 널리 전한다. 도선의 사례가 그와 같다. 애초 도선은 실체 없는 그림자였다. 그 그림자에 놀란 이들이 역사적으로 많았음을 이미 이야기했다.

조선의 도읍과 관련해서도 실체 없는 그림자가 짙게 드리웠다. 경복궁 흉지설이 머리를 들었다. 경복궁 흉지설은 이미 조선 세종과 세조 때 논란이 되었고, 오늘날까지도 제기되곤 한다.

2019년 2월 초, 광화문대통령시대위원회 유홍준 위원이 '대통령 집무실 이전 보류'를 발표하면서 말미에 "풍수상 청와대가 불길하기에 장기적으로 옮겨야 한다"고 하였다. 언론과 술사 들이 이 발언을 확대·재생산하였다. 그때 기자들이 "불길하다는 근거가 무엇이냐?" 물었으나, 유 위원은 답하지 않았다. 왠지 저주성 예언 같아 불안하였다(3년 후인 2022년 5월, 그 불안은 현실이 된다).

조선 숙종 44년(1718년), 강릉 촌로 함일해가 숙종에게 "장희빈 무덤이 흉지이니 옮겨야 한다"는 글을 올렸다. 이에 대해 당시 관상감 소속 풍수관리 김원명·남세욱·이신정·박종검 등이 공동으로 즉각 임금에게 반론의 글을 올렸다.

땅을 칭찬하는 것에 뜻을 두면, 그 칭찬할 근거를 제시할 수 있는 풍수서들이 얼마든지 있습니다. 반대로 터가 나쁘다고 말하는 것에 뜻을 둔다면, 그 근거를 댈 수 있는 풍수서 또한 아주 많습니다. 함일해는 단지 터가 나쁘다는 것만 강조하기 위하여 좋은 것은 전혀 이야기하고 있지 않습니다. 나쁜 것보다 좋은 것이 더 많은데 함일해는 이것은 전혀 언급하지 않고 있어 개탄스럽습니다.

— 『장희빈상장등록』(한국학중앙연구원 장서각 소장 K2-3006) 중에서

청와대 터도 이와 같다. 청와대의 장점을 말하려면, 그 근거를

댈 풍수서가 아주 많다. 반대로 나쁘게 말하려면 그 근거 또한 어느 정도 제시할 수 있다. '호지무전미(好地無全美)'라는 풍수 격언이 있다. '좋은 터도 완벽하게 아름답지는 않다'는 뜻이다. 흠 없는 땅은 없다. 청와대도 흠이 있다. 그러나 단점이 셋이라면 장점은 일곱이다.

고려 숙종 6년(1101년) 윤관과 최사추, 풍수관리 음덕전 일행은 청와대·경복궁 일대가 도읍지로 적합하다고 숙종에게 보고한다. 고려 최고의 문신·무신·풍수관리가 잡은 자리다. 청와대의 역사적 출발이다. 고려의 이궁이 지어진 곳은 현재 청와대 안 옛 본관 터다. 일제 강점기엔 조선총독 관사, 해방 이후엔 대통령 집무실이 있던 곳이다. 1993년 11월 철거, 옛 지세를 복구한 후 '수궁터'와 '구 본관 기념' 표석을 설치했다.

1394년 이성계는 한양을 조선의 도읍지로 정한다. 결정적 역할을 한 문신은 권중화였으나, 실무를 담당한 풍수관리는 이양달이 있었다. 이양달은 고려와 조선 두 왕조에 걸쳐 활동한 당대 최고의 술사였다. 그 공로로 80세가 되던 1432년 세종으로부터 1품 벼슬을 받는다.

'터의 좋고 나쁨을 보려거든
3대 주인을 보라'

고려 말 조선 초 최고 풍수 원로 이양달이 1품 벼슬을 받은 지 1년 후 일이다. 이양달의 출세에 질투가 난 후배 풍수 관리가 문제를 일으킨다. 세종 15년(1433년), 당시 50대였던 풍수 관리 최양선은 "경복궁의 북쪽 산이 주산이 아니라, 목멱산(남산)에서 바라보면 향교동(현 운니동 부근)과 승문원(현 현대사옥 일대)의 자리가 실로 중심이 되는데, 도읍을 정할 때 어째서 거기다가 궁궐을 짓지 아니하고 북악산 아래에다 하였을까요"라면서 경복궁 흉지설을 제기한다. 여기에 판청주목사 이진도 가세한다. 이진은 박학다식에 정치적 능력도 탁월하여 조정에서 신임을 받는 문신이었다.

"대체로 궁궐을 짓는 데 먼저 사신사(청룡·백호·주작·현무)가 단정한가를 살펴야 합니다. 이제 현무인 백악산(북악산)은 웅장하고 빼어난 것 같으나 감싸주지 않고 고개를 돌린 모양이며, 주작인 남산은 낮고 평평하여 약하며, 청룡인 낙산은 등을 돌려 땅 기운이 새어나가며, 백호인 인왕산은 높고 뻣뻣하여 험합니다."

— 『조선왕조실록』, 세종 15년(1433년) 7월 19일 기사 중에서

고개를 드는 경복궁(청와대 포함) 흉지설에 세종도 진지하게 생각하지 않을 수 없었다. 그는 승정원에 지시하여 풍수에 능한 자들과 논의하라고 한다. 임금의 명을 받은 영의정 황희, 예조판서 신상, 유후 김자지, 전 대제학 하연, 대제학 정인지 등이 직접 남산에 올라가 경복궁 뒷산인 백악산 산줄기를 살핌과 동시에 풍수관리 최양선·이양달·고중안·정앙 등과 논의한다.

이때 이들의 의견은 두 가지로 갈린다. 풍수관리 가운데 이양달·고중안·정앙 등은 경복궁 길지설을 견지하였다. 다수파다. 최양선·이진은 흉지설을 주장한다. 소수파다. 경복궁 길지설을 주장하는 측 의견은 다음과 같았다.

백악산은 삼각산 봉우리에서 내려와 보현봉이 되고, 보현봉에서 내려와 우뚝 솟아 일어난 높은 봉우리가 곧 백악이다. 그 아래에 명당을 이루어 널찍하게 바둑판같이 되어서 1만 명의 군사가 들어설 만하게 되었으니, 이것이 바로 명당이다. (……) 세 군데 꽃자리(길지)가 있다고 하는데, 한양이 첫째 꽃자리요, 개경이 둘째 꽃자리요, 평양이

셋째 꽃자리다.

— 『조선왕조실록』, 세종 15년(1433년) 7월 29일 기사 중에서

이때 처음으로 평양·개성·서울의 도읍지 순위가 '1 한양(서울), 2 개경(개성), 3 서경(평양)'으로 바뀐다. 1433년의 일이다. 세종 임금도 직접 백악산에 올라가 지세를 살피면서 동시에 양측의 주장을 청취하고 결론을 내린다.

"오늘 백악산에 올라서 오랫동안 살펴보았다. 또 이양달과 최양선 양측 말을 들으면서 여러 번 되풀이로 살폈다. 보현봉 지맥이 곧게 북악으로 들어왔으니 지금의 경복궁이 제대로 된 명당이다."

— 앞의 책

이어서 최양선을 "미치고 망령된 사람으로 실로 믿을 것이 못 된다"고 혹평했다. 세종의 뒤를 이은 문종과 단종 역시 최양선을 싫어하였다. 단종은 아예 고향 서산으로 귀양 보냈다. 30년 뒤, 세조가 집권하자 최양선은 다시 경복궁 흉지설을 주장하는 글을 올려 세조와 대면할 기회를 갖는다. 세조 10년(1464년)의 일로, 그때 최양선의 나이는 80이 넘었다.

풍수에 관심이 많았을 뿐만 아니라 중국의 대학자(성리학) 주자와 정자가 남긴 풍수 글을 체득한 세조는 여러 대신과 풍수관리들 앞에 최양선을 불러 그 진의를 물었다. 여기에 참석한 대신들은 좌의정 구치관, 형조판서 김질, 공조판서 김수온, 행상호군 임원준

등이었다. 얼마나 이 사안이 중했는지 알 수 있는 대목이다.

그러나 그의 주장은 후배 풍수관리 최연원에게 여지없이 논박당했다(최연원은 풍수와 역술에 정통하였으나, 아깝게도 남이 장군의 역모에 연루되어 직책을 빼앗기고 변방에 군인으로 쫓겨났다가 성종 때 풀려난다). 세조는 나이 많은 최양선을 벌하지 않고 웃으면서 의복을 주어 내보낸다. 이때의 장면을 사관은 다음과 같이 기록했다.

> "성질이 기괴하며 험악하여 자기 소견만이 옳다 하고 술법을 잘못 풀면서 음양·지리에 정통하다 자랑하니 천하의 미친놈[天下之妄人]이다."
> —『조선왕조실록』, 세조 10년(1464년) 3월 11일 기사 중에서

경복궁(청와대) 흉지설은 15세기 최양선 한 사람에 의해 집요하게 주장된 셈이다. '터의 좋고 나쁨을 보려거든 그곳에 살았던 3대 주인을 보라'고 하였다. 경복궁에서 통치하였던 조선 임금을 보면 그 답을 찾을 수 있다. 태종에 이어 세종도 이곳 경복궁에서 집무하면서 우리 영토를 백두산까지 확장하였다. 지금의 한반도 모습이 갖추어진 것도 이때였다. 또 세종 때 한글이 만들어졌다. 우리 문자를 만듦으로써 우리 민족으로 하여금 '자기의식'을 갖게 했다. 우리 민족사의 큰 업적이다. 광화문 광장에 〈세종대왕상〉이 세워진 것은 우연이 아니다.

세조는 왕권 확립과 함께 문화를 크게 융성시켰다. 성종은 『경국대전』을 완성·반포하였다. 조선의 전성기는 바로 이때였고, 그 활동무대는 경복궁이었다. 조선왕조가 이곳 때문에 망했다는 풍

수술사들의 말도 있으나 세계 역사상 한 왕조가 500년 지속한 것도 드문 일이다. 왕조 평균 수명이 100~200년 안팎이니 그보다 2배 이상의 수명을 누린 셈이다.

용산 대통령실은
공동묘지 터 위에 있다?

용산이 우리 역사에 처음 등장한 것은 900년 전인 1101년(숙종 6년)이다. 고려 숙종은 서경(평양)을 제치고 남경(한양)으로 관심을 돌린다. 그 이전까지 남경은 고려 왕들의 관심 밖이었다. 숙종은 한양(현 청와대 일대), 용산(현 효창원에서 한강으로 이어지는 일대), 노원(현 노원구), 해촌(현 도봉산역 일대) 등 4개의 후보지를 살폈고, 그중 '한양이 으뜸'이라 결론 내리고 이곳에 이궁(별궁)을 지었다. 그때 등장하는 '용산'은 현재 '대통령실'이 있는 곳이 아닌 효창원 일대다. 한양에 청계천이 있듯, 용산에는 만초천이 있었다 (현 서울역 서쪽에서 한강으로 이어지는 '청파로'이며, 복개되어 도로로 사용된다).

훗날 조선 22대 왕 정조가 이곳이 길지임을 알고 다섯 살 때 죽은 아들 문효 세자의 무덤, 즉 효창원(孝昌園)을 조성했다(현 안중근 의사 가묘와 3의사 묘가 있는 곳). 효창원이란 지명은 문효 세자의 무덤 이름이었다(일제 말기에 고양 서삼릉으로 이장됨). 당시 왕과 왕비의 무덤은 '능', 세자와 세자비의 무덤은 '원', 일반인의 무덤은 '묘'로 칭했다. 해방 이후 백범 김구가 효창원 빈자리가 길지임을 알고 해외에서 순국한 독립운동가의 묘로 정했다(백범은 소년 시절 풍수 공부를 하였음을 『백범일지』에 밝혔다). 이곳을 '구용산'이라 부른다.

구용산이 본래 용산이었다. 현재의 효창원(효창공원과 효창운동장)에서 한강으로 이어지는 구릉지대로 서쪽으로는 마포대로, 동쪽으로는 청파로가 대략적 경계다.

따라서 지금의 대통령실이 있는 곳은 '용산'이 아니었다. 그곳은 '신용산'이다. '신용산'은 일제가 1906년부터 일대 300만 평을 수용하여 병영기지로 조성하면서 생긴 이름이다(당시 보상가가 평당 30전이었다). 그 범위의 세로축은 서쪽으로 현재의 노량진-한강철교-용산역-서울역, 동쪽으로 반포대교- 녹사평역- 남산 2·3호 터널이다. 가로축은 현재의 삼각지역에서 녹사평역으로 이어지는 도로를 중심으로 일본군 병영이 남과 북으로 자리했다(이후 미군 병영도 마찬가지였다).

일본군이 이곳을 수용하기 전까지 용산 대통령실 터는 공동묘지가 있던 곳이다. 윤석열 대통령이 집무실로 택한 지금의 용산 터(국방부 터)는 풍수상 어떤 곳일까?

현재 지하철 6호선 녹사평역 남측의 작은 산이 둔지산(둔지미)이다. 구한말 일본군이 병영을 짓기 전에는 마을 둔지촌과 무덤들이 있었다. 조선 화가 강세황(姜世晃, 1713~1791)은 이곳 둔지산에 정자 '두운지정(逗雲池亭)'를 짓고 살았다.

1904년 러일전쟁 직후 일본은 이곳을 수용하여 병영기지로 만들었다. 가옥·묘지·경작지가 강제 철거되면서 항의하는 백성들을 일본 헌병대가 진압하면서 많은 사상자가 나왔다. 그때 조선(대한제국) 조정은 백성을 보호하지 않고 오히려 일본 편을 들었다. 1905년 둔지산 주민들의 격렬한 저항에 조선 정부는 "향후 우두머리를 자처하고 민심을 교란하는 자는 철저히 감시하고 금지한다"고 엄포했다. 일본군의 무자비한 토지 강탈과 조선 정부의 한심한 행태를 당시 《황성신문》과 영국 종군기자 프레더릭 메켄지(Frederick A. McKenzie, 1869~1931) 등 외신들까지도 비난하는 기사를 내보냈다. 이때 철거된 가옥은 700여 호(14,100칸), 묘지는 129,469기, 전답은 200여만 평이었다. 특히 눈에 띄는 것은 철거된 묘지가 13만 기에 달했다는 사실이다. 일대에 묘지가 많았다.

1906년 러일전쟁을 끝낸 일본군은 이곳을 '용산'으로 표기한다. 둔지산이 용산으로 바뀌면서, '신용산'이 생겨났다. 일본 병영기지는 해방 후 미군기지가 되었다(2022년 미군기지가 평택으로 이전되었다).

둔지산 지맥은 둘로 나뉜다. 중심맥은 국립중앙박물관 쪽으로 흘러간다. 이 중심맥에 고건 당시 서울시장(재임 1988~1990, 1998~2002)은 서울시청 청사를 짓고자 하였다. 지하철 6호선의 녹사평역이 서울에서 가장 크고 깊은 이유다. 미군기지가 평택으로 옮겨가면 미래에 '서울시청역'으로 쓰고자 했던 고건 시장의 계획이 있었다.

중심맥이 아닌 작은 곁가지는 현 대통령실을 지나 삼각지역을 마주 보다가 남쪽으로 다시 방향을 틀어 아모레퍼시픽, 세계일보사, 하이브 건물 일대에서 잦아든다. 김정호가 1825년경에 제작한 서울 지도인 〈수선전도(首善全圖)〉를 보면 삼각지와 한강대교 북단 사이에 '瓦署(와서)'라고 표기된 부분이 있다. 와서는 조선왕조에서 관용 기와와 벽돌을 굽고 만들어 공급하는 관청이었다. 현재 용산 철도고등학교를 중심으로 한 일대였다. 1392년(태조 1년)에 두었는데, 1882년(고종 19년)에 없어졌다.

과거에 통일교 교주 문선명이 이 일대에서 땅의 기운이 멈춘 곳을 알고 이곳을 사들였으며, 지금도 통일교의 핵심 본부 '천복궁(天福宮)'이 그대로 있다. 천복궁이란 문자 그대로 '하늘이 내려주는 복된 터'란 뜻이다. 조한규 전 세계일보사(통일교 계열) 사장의 증언은 다음과 같다.

"풍수에 능한 문선명 교주가 이 자리가 길지임을 알고 330억에 사들였다. 훗날 그 가운데 핵심인 천복궁을 빼고 나머지를 3천억 원에 되팔았다. 그 돈으로 용평리조트를 구입하였는데, 지금은 시가가 1조 원이다."

— 필자와의 대면 인터뷰 중에서

이 일대는 천복궁 말고도 LS용산타워, 아모레퍼시픽, BTS가 둥지를 튼 하이브, LG유플러스 등 대기업 사옥이 자리한다.

<수선전도>, 한국민족문화대백과. 도성은 물론 주요 도로·시설, 동네 이름과 산까지 자세히 기록되어 있다.

지금의 용산 대통령실 터는 과거 공동묘지였다. 남산 지맥이 이곳을 거쳐 와서 터로 이어지는 중간지맥이다(일제 강점기에 작성된 지적도에서 확인 가능). 1914년 이 언덕(현 대통령실) 아래 남쪽으로 제9사단 야포병 제9연대 제1중대가 들어섰다. 즉 일본 총독 관저도 아니고 일본군 본부도 아닌 말단 중대본부 터였다(총독 관저는 1939년 현재의 청와대 터로 옮김).

이러한 터는 용(龍)이 지나가는[過] 곳이라 하여 '과룡(過龍)'이라 부른다. 풍수술사들은 "처음에 성공할지 몰라도 나중에는 반드시 실패하는 땅"이라고 말한다. '선득후실(先得後失)', '속성속패(速成速敗)'의 땅이다.

분명한 것은 용산 대통령실은 고려와 조선의 공인 풍수서들의 내용과 합치하지 않는 땅이라는 점이다. 풍수술이 아닌 비보술로 정한 곳이다. 이곳을 추천하였다고 언론에 보도되는 이들은 천공, 관상가 백모, 언론인 명태균 등 여러 사람이 오르내린다.

왜 윤석열 대통령은 이곳으로 대통령 집무실로 옮겼을까? 풍수 논리로는 해명되지 않는다. 일설에 의하면, 필자가 쓴 《조선일보》의 「국운풍수」(2020년 11월 10일 자) 칼럼 내용으로 누군가가 '아이디어 표절'을 했다는 농담 같은 이야기도 들린다. 필자의 해당 칼럼이다.

미군기지가 평택으로 이전하면서 용산 개발에 관심이 쏠린다. 산(山)은 용(龍)이요, 용은 임금이다. 따라서 임금은 바로 산이다. 그러므로 그곳은 제왕의 땅[帝王之地]이다. 용산을 얻으면 천하를 얻는다[得龍山得天下]. (……) 용의 부활에 시간이 필요하다. 기존 건물과 나무들을 유지·관리하되 아스팔트만 걷어내면 물길은 절로 살아난다. 오염된 땅도 시간이 흐르면서 정화된다. 제한된 산책로로만 이용한다. 100년 후 후손들은 노거수(老巨樹)들과 '역사 건물'들을 접할 것이다. 산은 용이요, 용은 제왕이라 하였다. 제왕의 땅을 100년 뒤 후손에게 넘겨줌이 최선이다.

'용산을 얻으면 천하를 얻는다'는 말에 현혹되었을까? 분명 이때 '용산'은 지금의 대통령실 터를 의미한 것이 아니었다.

━━━ '산중에 있던 호랑이가 들판으로 나갈 때'

2022년 5월, 대통령 집무실이 청와대에서 용산으로 급하게 옮겨지자 그 이유가 무엇인가에 대해 소문이 무성하였다. 필자 역시 국내외 언론과 많은 인터뷰를 하였고, 여러 매체《조선일보》《매일경제》《아주경제》)에 관련 칼럼을 쓰기도 하였다. 그 결과물을 『풍수, 대한민국』이란 책으로 출간하기도 하였다.

필자는 그때 풍수설을 근거로 하되, 또 유럽과 일본이 세계 패권 국가로 나아갈 즈음의 도읍지론을 동시대 사상가와 정치가의 진술들을 바탕으로 다음과 같이 정리하였다.

역사적으로 국력이 강해짐에 비례하여 산간 지역에서 평지로 그리고 바닷가로 도읍지를 옮겨야 한다. 풍수서들의 공통된 의견이다. 이는 고산룡(高山龍: 산간지대)→평지룡(平支龍: 평지)→평양룡(平洋龍: 강이나 바닷가) 단계로 구분한다는 터를 말한다.

국력이 약하여 외적에 대한 방어 능력이 없을 때는 사방이 산으로 둘러싸인 분지에 도읍을 정하는 것이 당연한 일이다. 고려는 거란족·몽고·홍건적·왜구의 침입으로 개경까지 함락되거나 함락 위협을 받았다. 고려를 멸망시킨 조선왕조는 좀 더 안전한 산간분지를 찾아 도읍지를 정했다. 다름 아닌 한양(현 사대문 안) 터다.

국력이 외적을 막아낼 만큼 강할 때는 평지에 도읍을 정함이 옳다. 그러나 이때 반드시 요구되는 것이 있다. 횡수(橫水), 즉 빗겨 지르는 강이 필요하다. 용산이 바로 그와 같은 땅이다. 한강이 횡수에 해당한다. 이를 바탕으로 세계 패권국이 되려면 바닷가에 도읍을 정해야 한다. 산간분지에서 평야를 거쳐 바닷가로 국가의 활동 무대가 바뀌어야 국가가 흥성한다. 세계 패권국이 되려면, 그리고 미래 남북통일 후의 수도는 마땅히 바닷가로 가야 한다. 동아시아 풍수만의 주장이 아니다.

독일 철학자 헤겔은 『역사철학』에서 "특정 민족의 유형과 성격은 그 지리적 위치의 자연유형(Naturtypus)에 따라 규정된다"고 하였다. 이러한 자연유형은 3가지로 분류되는데, 고원(초원)지대·평야지대·해안지대가 그것이다. 이 가운데 해안지대만이 무역을 발달하게 할 뿐만 아니라 사람들에게 무한한 정복욕, 모험심, 용기, 지혜 등을 심어주어 궁극적으로 인간(시민)의 자유를 자각하게 해준다고 하였다. 국가의 주요 활동 무대를 어디로 하느냐에 따라 국가의 흥망성쇠와 그 국민의 자유의식이 달라질 수 있다는 이야기다.

독일의 지리학자 프리드리히 라첼(Friedrich Ratzel, 1844~1904) 역시 바다는 해양 민족의 대담성과 거시적 안목을 심어준다고 하였다. 자본주의 발달 이후 유럽에서는 경쟁적으로 패권국이 바뀌었다. 포르투갈, 스페인, 네덜란드, 영국 등이 한때 패권을 차지했다. 그러나 패권을 차지하고자 하였던 프랑스만은 끝내 제국을 이루지 못했다(나폴레옹도 실패하였다). 프랑스가 해양 국가로 나아가지 못했기 때문이다.

일본이 한반도로부터 풍수를 수용했음은 그들의 역사서 『일본서기』에 나타날 뿐만 아니라 작금의 일본 학자들도 인정하는 바다. 그렇지만 일본은 언제부터인가 우리와 다른 풍수관을 발전시켜 나간다. 그들은 도읍지를 산간분지(아스카, 나라, 교토)에서 바닷가로 옮기려는 움직임을 보였다. 무인 정권(바쿠후)의 최고 실력자(쇼군) 도요토미

히데요시의 근거지인 오사카도 그렇고, 후임자 도쿠가와 이에야스가 근거지로 삼았던 에도(지금의 도쿄)도 바닷가다.

1868년 메이지유신 직후 일본은 천도를 논의한다. 후보지로서 기존의 교토, 오사카, 에도 등이 떠오른다. 이때 정치인 마에지마 히소카[前島密], 산조 사네토미[三条実美] 등은 '수운(水運)의 장래성, 뛰어난 지세(地勢), 국운의 흥성' 등을 이유로 에도를 관철한다. 오사카도 훌륭한 항구도시이기는 하나 큰 배가 드나들기에는 부적합하다는 이유로 탈락시켰다. 그들이 말하는 탈아입구(脱亞入歐), 즉 '세계화'를 염두에 둔 천도였다. 그리고 성공하였다(이에 대해서는 2010년에 출간한 필자의 『조선 풍수, 일본을 논하다』에서 자세히 다루었다).

한 나라의 건국 시조(태조)는 천년 사직을 염두에 두고, 한 기업의 창업주는 500년 미래를 생각한다. 당연히 후손들이 딛고 일어서야 할 터를 생각하지 않을 수 없다. 그래서 생겨난 동아시아 터잡기 예술이 풍수다.

지금 우리 시대의 화두는 세계화다. 세계화란 전 세계가 하나의 자본주의 시장이 되며 저마다 자국의 부를 늘려가고자 함을 말한다. 그런데 지금 우리는 경제·문화·스포츠에서는 세계화가 되었다. 유독 정치 분야에서는 턱없이 부족하다. 대통령들의 말로는 늘 불운했고, 정치인들의 언행은 유치하기 짝이 없다.

역사적 흐름에서 본다면 산간지대에서 평지로 그리고 큰 강이나 바닷가로 대통령 집무실을 옮긴다는 것은 시대정신에 부응한다.

문제는 언제 어떻게 옮기느냐다. 자칫하면 다음과 같은 풍수 격언 꼴이 난다.

'호락평양피견기(虎落平陽被犬欺)', 즉 '호랑이가 평야에 들어가면 개에게 수모를 당한다'는 뜻이다. 산중 호랑이(대통령)가 평야에 나아 갈 때 충분한 준비가 없으면 자칫 개들에게 수모를 당한다는 의미다. 『서유기』 등 여러 문헌에 등장하는 중국 격언이다.

— 김두규, 『풍수 대한민국』, 28~32쪽 내용 요약 정리

윤석열 대통령은 대통령 집무실을 청와대에서 용산으로 옮길 때 충분한 준비 시간을 두고 각계 전문가 의견을 수렴하고 국민의 공감대를 바탕으로 실행했어야 옳았다. 그렇지 않은 결과 그는 뭇 개에게 수모를 당하는 이빨·발톱 빠진 호랑이가 되고 말았다.

그렇다면 일부 무속인과 주술에 빠진 이들의 주장대로 청와대 는 흉지일까?

청와대 터와 용산 대통령실 터 풍수 비교

	청와대 터	용산 대통령실 터
주산(主山)	백악산	남산
지맥(地脈)	중심맥(中出脈)	곁가지[傍脈]
맥의 대소 강약	크고 강함[生龍]	가늘고 약함[死龍]
지맥 멈춤 여부	멈춤[止]	멈추지 않고 통과[過]
정혈처(正穴處)	경무대가 있던 자리(현 수궁 터 표지)	없음
과거 용도	고려 때 남경 이궁(별궁)	공동묘지
사신사(四神砂)	북악·인왕·낙산·남산	없음[孤單無情]
명당수 환포(環抱)	백운동천과 삼청동천 환포	만초천이 등을 돌림[反弓]
터잡기 근거	풍수술	비보술
총평	길(吉)	흉(凶)

청와대는 흉지인가, 길지인가?

청와대(경복궁) 터는 정말 흉지일까? 역사적으로 경복궁 터가 흉지라는 주장이 세종과 세조 때 잠깐 제기되었음은 앞에서 소개하였다. 풍수관리 최양선이 '주범'이었다. 세종에게 찍힌 최양선은 문종·단종에게도 신임을 받지 못하여 실의에 빠져 '알바'로 한양 사대부 묏자리 잡는 것에 골몰하였다. 그런데 사대부 묏자리를 잡아주는 데도 받는 돈의 많고 적음에 따라 장난을 쳐 문제를 일으켰다. 풍수관리로서 품격을 떨어뜨리는 행태였다. 이를 참지 못한 정4품 황효원(黃孝源, 1414~1481: 훗날 대사헌을 지냄)은 1453년(단종 1년) 10월 24일 임금에게 그를 벼슬에서 내칠 것을 아뢴다.

최양선은 요망한 말로 대중을 현혹하는 사람이니, 그의 고향인 충청도 서산으로 주거를 제한할 것을 청합니다. 최양선이 부처의 말을 풍수와 섞어서 말하면서, 남의 묏자리를 잡아준다 합니다. 받는 돈의 많고 적음에 따라 사람을 놀리고 있는데, 그 행태가 가관입니다. 묏자리 소점을 부탁한 자와 산 능선을 오르내리며 겉으로는 열심히 찾는 척하다가, 지치면 갓을 벗고 땅바닥에 누워서 다음과 같이 말하곤 한다고 합니다.

"진짜 용맥(龍脈)이 실같이 가늘게 구불구불 내려왔구나. 진혈(眞穴)을 잡았노라. 복도 있다, 죽은 사람이여!"

또 슬쩍 읊조린다고 합니다.

"3천 명의 미녀(주변의 좋은 산들을 의미)가 묏자리에 와서 비치고, 80개의 아름다운 꽃들(역시 주변의 아름다운 산들)이 마주하는구나. 복도 있다, 죽은 사람이여! 복된 사람이 태어나면 땅도 절로 열린다(복 있는 사람에게 길지를 준다는 뜻)는 것을 어찌 믿지 않겠는가?"

좋은 땅에 감격하듯 눈물을 흘리며 말하니, 사람들이 어찌 속지 않겠습니까?

— 『조선왕조실록』, 단종 1년(1453년) 10월 24일 기사 중에서

최양선의 행태는 풍수술사가 터를 잡는 모습이 아니다. 풍수술사들은 진지하고 조심스럽게 땅을 살피지 최양선처럼 과장된 '쇼'를 하지 않는다. 이에 단종은 최양선을 그의 고향 충청도 서산으로 내쫓고 함부로 나다니지 못하게 '주거 제한[安置]' 형벌을 명했다. 고향에 가서도 풍수관리(지관) 행세를 못하게 함이었다. 지방에

서 풍수로 돈 버는 일을 금한 것이었다.

경복궁 터는 결코 흉지가 아니었다. 1865년 흥선 대원군은 임진 왜란으로 불타 빈터로 남은 이곳에 궁궐을 중창한다. 그는 풍수에 능하여 아버지 묘를 '2대 천자가 나온다'는 충청남도 예산으로 이 장한 주인공이다. 경복궁 터가 길지임을 확신하여 그 자리에 다시 궁궐을 지었다. 1910년, 조선을 멸망시킨 일제는 이곳을 총독부(경 복궁)와 관저(청와대 터)로 활용한다. 터가 나빴으면 활용했을까? 일 제는 이곳을 근거하여 무려 36년 동안이나 조선을 수탈하여 태평 양전쟁의 징검다리로 활용하였다.

청와대가 흉지여서 해방 후 역대 대통령들이 불행할까? 청와대 흉지설은 언제 누구에게서 시작한 것인가? 그 역사는 그리 오래되 지 않았다. 청와대 흉지설은 대한민국 최고의 소설가로 손꼽히던 나림 이병주(李炳注, 1921~1992)로부터 시작한다. 『관부연락선』 『지 리산』 『산하』 『행복어사전』 『남로당』 등 수십 권의 소설로 해방 후 한국문학을 이끌던 작가였다. 필자도 그의 소설들을 통해 한국 역 사와 사회를 배웠다. 국가인권위원장을 역임한 안경환 서울대 법 대 명예교수의 '이병주론'을 소개함이 객관적 평이 되겠다.

문학작품은 시대의 거울이자 개인과 공동체 삶의 성찰을 담은 경 전이며 대안 정부를 세우자는 시대의 격문이기도 했다. 나림(那林) 이 병주는 20세기 후반 대한민국의 소설가였다. 한국문학사에 명멸했던 무수한 별들 중에 단 하나만을 고르라면 이병주를 선택할 수밖에 없 다. 그의 작품을 모두 모으면 곧바로 대한민국 국민의 삶의 총체가 되기 때문이다.

— 안경환,『이병주 평전』에서 재인용

이병주는 단지 소설가만이 아니었다. 그는 박정희에게 혁명을 설파했고, 전두환의 '멘토'가 되기도 하였다. 그는 청와대와 대통령의 본질을 파악하고 있었다. 그러한 경험과 지혜를 바탕으로 죽기 1년 전인 1991년에『대통령들의 초상』을 출간했다. 이 책에서 이병주는 '청와대와 대통령의 운명'을 한 문장으로 정리했다.

청와대란 곳은 일단 들어가기만 하면 쫓겨나오든지 끌려나오든지 지레 겁을 먹고 그만두고 나오든지 아니면 죽어서 나와야만 하는 곳이 아닌가 하는 생각마저 든다.

소설가의 직관인가, 아니면 청와대 터가 갖는 절대적·물리적 힘인가? 그의 예언대로 이후 노태우·전두환·이명박·박근혜 전 대통령은 감옥에 갔고, 김영삼·김대중 전 대통령도 '청와대의 저주'에서 벗어나지 못했다. 노무현 전 대통령 역시 그렇다.

이병주의 '청와대론'이 나온 2년 후인 1993년, 최창조 전 서울대 교수가 "청와대 터는 신들의 거처로서 흉지"라는 폭탄을 던졌다. "청와대 터의 풍수적 상징성은 그곳이 살아 있는 사람들의 삶터가 아니라 죽은 영혼들의 영주처이거나 신의 거처"라면서 조선 총독들뿐만 아니라 역대 대통령들이 신적인 권위를 지니고 살다가 뒤끝이 안 좋았다는 주장을 펼쳤다. 여기에 풍수술사들까지 덩달아 진지한 성찰 없이 그 내용을 확대하면서 청와대 흉지설이 굳어졌다.

그로부터 16년 뒤, 문재인 정부(2017~2022)가 '청와대 흉지설'을 공식화하였다. 청와대 흉지 소문에 시달리던 문재인 대통령은 당선 직후 대통령 집무실을 광화문으로 옮기고자 하였다. 문 대통령은 2017년 취임 후 '광화문대통령시대위원회'를 꾸렸다. 위원회는 승효상 건축가와 유홍준 교수가 주도하였고, 문재인 대통령이 좌장이었다(이에 대한 실무 지원은 행정안전부였다. 당시 차관이었던 심보균 증언).

그런데 2년 후인 2019년 1월, 유홍준 위원은 춘추관에서 공약을 파기한다. 그것이 문제였다.

> 청와대 주요 기능을 대체할 부지를 광화문 인근에서 찾을 수 없다. 그러나 풍수상 불길한 점을 생각할 때 옮겨야 마땅하다.
> — 2019년 1월 4일 오후 청와대 춘추관에서 있었던 유홍준 위원의 브리핑 내용 중에서

그는 자타가 공인하는 대한민국 최고의 '인문학자'다. 그의 발언 한마디 한마디는 권위를 가질 수밖에 없다. 그의 청와대 흉지설을 들은 후임 대통령들이 청와대로 가고 싶었을까? 참고로 유홍준 교수는 미술사학자이지 풍수학자가 아니다. 그는 청와대가 '풍수상 불길한' 근거를 풍수학적 관점에서 말해야 했다. 고려를 멸망시킨 조선이 새로운 도읍지를 찾을 때 최고의 풍수사들과 풍수에 밝은 문신들의 논쟁 끝에 이곳이 최종 낙점되었다. 세종·세조 임금 때

흉지설이 잠깐 제기되었으나 여지없이 논박되었다.

——— '한번 들어가면 살아서 나올 수 없다'

언론에서는 대통령 당선자가 집무실을 용산으로 옮긴 것은 비승비속의 '도사' 때문이라며 추측성 보도를 하였다. 실제로 '도사'가 당선자 부부에게 주술 관련 영향력을 행사한다는 내용들이 꾸준히 유포되었다. 그런데 상황은 반전되었다.

2024년 후반기는 새로운 인물에 의해 대한민국 정치판이 흔들렸다. 현대판 묘청·영의·신돈·진령군·라스푸틴이다. 대통령 부부의 멘토로 알려진 명태균 씨가 '다른 도사'를 "어린애 수준"으로 폄훼하는 녹취록이 언론에 공개되기도 하였다.

그는 주술계뿐만 아니라 선거판에도 영향력을 발휘했다. 대통령이 당선자였던 시절, 국회의원 보궐선거에서 국회의원을 지낸 여당의 전 의원이 전혀 연고가 없는 지역에 공천받았다. 거래성 공천이라는 내용이 보도되면서 정치판이 요동쳤다. 그때까지는 알려지지 않았던 한 인물의 녹취록이 세상에 하나씩 공개되면서 그는 전국 유명인이 되었다. 녹취록은 대통령 부부와 그와의 전화 내용과 문자 메시지 등이었다.

의외의 지역에서 공천을 받은 후 당선된 국회의원의 회계책임자 겸 '새로운 인물'의 측근이 내부고발자가 되어 국회에 증인으로 출석하였다. 그들은 잇달아 차례로 검찰에 소환되었다(이후 내부고발

338

자를 제외한 2인은 구속되었다).

2024년 11월, 야당은 '새로운 인물'의 육성이 담긴 녹취록을 공개하였는데, "명태균 씨가 대선 직후 김건희 여사에게 대통령실 이전, 윤석열 대통령 당선과 관련해 사주·풍수를 동원해 조언했다"는 내용이었다. 윤 대통령이 당선자 신분이었던 시절인 2022년 4월경, 명태균 씨가 지인과 통화한 내용을 담은 녹취록이었다.

"아유, 내(명태균)가 뭐라 하대? 경호고 나발이고 거 내가 [김건희 여사에게] 거기(청와대) 가면 돼진다 하는데, 본인 같으면 돼진다 하면 가나."

지인이 "지금 당선인(윤석열)이 광화문 그쪽으로 [대통령실을] 이전할 모양인가"라고 묻자 명태균이 답변한 내용이다.

"청와대 가면 돼진다!"

녹취록의 핵심은 명태균의 '청와대 풍수론'이다.

"그 청와대 뒷산에, 백악산(북악산)은 좌(왼쪽)로 대가리가 꺾여 있고, 북한산은 오른쪽으로 꺾여 있다니까."

이 육성 녹취록이 공개되기 전까지는 대통령의 주술 논란에 '도사'와 한 관상가가 관여한 것으로 꾸준히 의혹이 제기되었다. 녹취록으로 인해 '도사'가 아닌 명씨가 주인공이었음이 드러났다. 곧이어 '천공 위에 명태균'이라는 말이 바로 유행하였다.

그렇다면, "백악산 대가리가 좌로 꺾였다"는 말은 풍수적으로 어떤 뜻일까? 이는 새로운 내용이 아니다. 풍수술사들이 청와대 터를 흠집 낼 때 단골로 언급하는 내용이다. 이 말과 관련된 역사는 꽤 길어서 600년 전으로 거슬러 올라간다.

세종 15년(1433년), 풍수관리 최양선이 경복궁(청와대 터 포함) 흉지설을 제기하였음은 앞서 317쪽에서 소개하였다. 이때 다수의 풍수관리와 풍수에 조예가 깊은 대신들이 '경복궁 흉지설'을 반대했다. 반면, 유일하게 세종의 총신 이진이 경복궁 흉지설에 동조한다.

우선 이진의 흥미로운 인생을 소개할 필요가 있다. 이진과 조선과의 인연은 중국인 아버지 이민도(李敏道, 1336~1395)로부터 시작된다.

이민도가 죽었다. 이민도는 중국 하북 출신으로 원나라 때 총관(摠官) 벼슬을 지낸 이공야의 아들이다. 부친이 공무 중 순직하였기에 동지탁주사(同知涿州事)에 임명되었다. 원나라가 망조에 들자 벼슬을 버리고 절강성에 있는 외갓집에 얹혀살았다. 그때 이곳에서 고려 사신 성준득이 왕을 자칭하던 장사성(張士誠, 1321~1367)을 만나고 있었다(장사성은 고려와 일본 등 주변국에 토산물을 보내 외교 관계를 꾀했다. 고려는 답례로 성준득을 사신으로 보내 답례했다). 이 사실을 안 이민도가 성준득을 찾아가 고려로 데려가줄 것을 부탁했다. 성준득의 배려로 고려에 귀화한 이민도는 의술·점술·풍수로 능력을 발휘하여 이 분야 최고위직을 지냈다.

이러한 이민도를 당시 무인 이성계도 눈여겨보았다. 이민도 역시 권력의 흐름을 읽고 있었다. 그는 신흥 무장 이성계에게 접근하여 은근히 혁명을 권하였다. 중국 역대 왕조 흥망사를 바탕으로 하였다. 훗날 조선을 개국한 이성계는 이민도를 개국공신 반열에 올렸다. 이민도는 고려에 와서 아내를 얻었는데, 아내 고향이 경상도 상주(상산)였다. 그를 상산군에 봉한 이유이다. 나이 60세에 죽으니 문하시랑찬성사를 증직하고, 시호를 직헌(直憲)이라 하였다. 아들이 있으니 이진이다.

— 『조선왕조실록』, 태조 4년(1395년) 3월 9일 기사 중에서

이민도는 한반도에서 상산 이씨 시조가 된다(파주에 그의 무덤이 있다). 이진은 어린 시절 아버지의 친구 이성계의 이쁨을 받고 자랐으며, 태종과 세종 두 왕을 섬겼다. 세종은 이진을 '공신의 아들'이라며 특별히 챙겼다. 이진은 아버지에게 중국어·의술·점술·풍수를 배웠다. 이진이 명나라 수도 북경에 사신으로 자주 오갔던 것도 그의 중국어 실력 덕분이었다. 뿐만 아니라 왕실의 풍수·기우제 관련 모든 일을 세종은 전적으로 이진에게 맡겼다. 여러 벼슬을 거쳐 세종 30년(1448년) 그가 죽자 임금이 부의와 조의를 후하게 하였다.

그러한 이진이다 보니, 경복궁 흉지설이 제기되자 세종이 그를 찾은 것은 당연한 일이었다. 세종은 이진을 불러 최양선과 함께 목멱산(남산)과 북악산을 오르게 하여 지세를 살피라 한다. 답사 후 이진의 보고서다.

산을 살피는 요령은 기가 뭉친 곳을 찾는 것이 핵심입니다. 땅의 넓고 좁고 크고 작음의 차이가 있을지라도 뭉친 기운이 많으면 좋은 땅이고, 산수가 조금이라도 등진 것이 있으면 좋은 땅이 아닙니다. 대체로 궁궐을 짓는 데에는 먼저 사방의 산[四神]이 단정한가를 살펴야 합니다. 이제 현무(백악산)를 보면 형세는 웅장하고 빼어난 것 같으나, 머리를 들이밀어 얼싸안은 형상이 없사오며[고개를 돌렸다는 표현], 주작(남산)은 낮고 평평하고 약하며, 청룡(낙산)은 등을 돌려 땅기운을 누설시키며, 백호(인왕산)는 높고 뻣뻣하여 험합니다. 사방의 산이 단정하지 못함이 이와 같습니다. 송나라 채성우가 말하기를, "지리의 법은 산수향배(山水向背) 네 글자에 지나지 않을 뿐이다"라고 하였는데, 풍수의 핵심을 말한 것입니다. 어리석은 신의 소견이 이러하오나, 전하께서 판단하십시오.

— 『조선왕조실록』, 세종 15년(1433년) 7월 19일 기사 중에서

명태균이 말한 "백악산 대가리가 좌로 꺾였다"는 발언은 이진의 발언을 비속어로 표현한 것이다. 이에 대해서 필자는 1998년 월간 《신동아》 3월호에 홍성담 화백과 공동으로 기고한 「청와대 풍수」에서 다음과 같이 북악산을 묘사했다.

청와대 뒷산, 그러니까 북악산은 언제 보아도 가장 눈에 거슬리는 산이다. 일단 북악산의 모양새 자체가 반듯하지 못하고 동쪽으로 기울어져 있다. 산의 머리에 해당하는 정상도 삐딱하게 제껴 있다.

광화문 광장에서 북악산을 바라보면 동쪽으로 정상 부분이 틀어졌음을 확인할 수 있다(하지만 이것이 풍수상 흉지설의 원인이 될 수는 없다).

광화문 광장에서 북악산을 바라보면 동쪽으로 삐딱하게 제껴 있다. 청와대와 경복궁을 등지고 바라보면 "백악산 대가리가 좌(왼쪽)로 꺾였다"는 것과 같은 표현이다. 앞에서 인용한 이진과 필자의 백악산 묘사는 지극히 객관적이다. 백악산, 즉 주산이 삐딱하다는 것이 풍수상 흠인 것은 분명하다. 문제는 '부분의 흠이 전체의 흠이 될 수 있는가'다. 이진은 '송나라 채성우'의 풍수 이론을 언급하였다. 채성우는 송나라 때의 풍수학자로 『명산론』의 저자다. 『명산론』은 조선조 풍수관리(지관) 선발 필수과목이다.

지관 선발 고시 과목은 『명산론』 이외에 다른 8개 풍수 고전이 있었다(138쪽 표 참고). 9개 풍수 고전 과목이 공통적으로 공유하는 대원칙이 있다. 그것은 다름 아닌 '용혈위주 사수차지(龍穴爲主砂水次之)'란 원칙이다. 땅을 보는 데는 우선 "용과 혈을 위주로 하고, 사수는 그다음으로 한다"라고 번역할 수 있다. 용(龍)은 '삼각산→북악산→경복궁'으로 이어지는 지맥을 말하고, 혈(穴)은 '대통령과 임금이 집무하는 핵심 터'를 말한다. 사(砂)는 '청와대·경복궁을 사방에서 감싸는 산, 즉 백악산·인왕산·낙산·남산'을, 수(水)는 '청계천과 한강'을 말한다.

따라서 청와대 터를 풍수로 살필 때 '백악산이 좌(왼쪽: 동쪽)로 꺾인 것'은 사실이나 '용→혈→사→수'의 순서상 세 번째에 해당한다. 부분의 흠으로 인해 청와대 터가 흉지가 된다고 말할 수는 없다. 역시 지관 선발 고시 과목이었던 『탁옥부』는 "부분의 흠이 전체의 흠이 될 수 없"다며, "아무리 좋은 땅도 완벽하게 아름다움을 갖춘 곳은 없다[好地無全美]"라는 명언을 남겼다.

청와대 터에 대한 잘못된 인식이 결국 대통령 당선자 부부로 하여금 대통령 집무실을 옮기게 하였다. 그것은 분명 독일 철학자 헤겔이 말한 '불행한 의식'이다. 천박한 풍수론이며, 그 때문에 대통령 집무실을 옮긴 것은 경박한 주술의 결과이다. '불행한 의식'은 불행을 낳는다.

■■■■■ 청와대가 아니라 용산이라니……

앞서 살펴본 것처럼, 대통령 집무실 이전은 풍수와 관련이 없다. 풍

344

풍수 비교_청와대·용산 대통령 집무실

○ 청와대 터

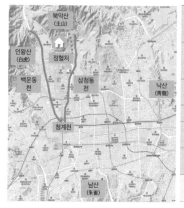

주산 (主山)	"북악산" 모양이 단정 조선 세종 명당 논쟁 당시 이론이 없었던 산
지맥 (地脈)	중심맥(生龍, 크고 강함) 북악산의 중심맥(止) 좌우 균형을 잡아줌
정혈처 (正穴處)	경무대(청와대 舊본관)
과거 용도	남경 별궁 (고려 삼경 중)
사신사 (四神砂)	북악·인왕·낙산·남산
명당수	환포(環抱) 백운동천·삼청동천

땅의 용도와 흠의 정도로 봤을 때
'대통령 터'로 "吉"

○ 대통령 집무실

주산 (主山)	"남산" 먼 거리에 위치 집무실에서 바라보면 3개의 봉우리로 보임 [분열]
지맥 (地脈)	방맥(死龍, 가늘고 약함) 지맥이 멈추지 않는 곳(過) 선득후실·속성속패
정혈처 (正穴處)	와서(瓦署, 용산 철도고등학교 인근) *기와를 만들던 관청
과거 용도	이름 없는 무덤 터
사신사 (四神砂)	고단무정(孤單無情) 사고무친(四顧無親)
명당수	반궁(反弓) 만초천이 등을 돌림

효창원과 삼의사 묘·김구 선생 묘가 위치한
곳이 명당
'산 사람의 터'로는 부적합. "凶"

용산 대통령실의 주변 풍수도와 해설

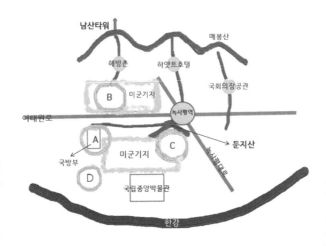

위치	주산	과거 용도	현재 용도	풍수 순위
A	둔지산(65.5미터)	공동묘지	대통령 집무실	4순위(흉지)
B	남산(265.2미터)	마을	미군기지	3순위
C	둔지산	정자/마을	미군기지	2순위
D	둔지산	와서(기와 관청)	기업 사옥들	1순위(길지)

수적 이유라고 말하려면, "청와대가 흉지이기 때문"이라고 해야 한다. 해방 이후 우리나라는 세계 최빈국 중 하나였다. 1970년대까지는 북한보다 못살았다. 하지만 지금 대한민국은 세계 10대 경제 대국이자 세계 6대 군사 강국으로 불릴 뿐만 아니라 세계 최고 수준의 문화로 손꼽히는 K-컬처로 이름을 드높이고 있다. 또한 2024년 프랑스 파리 올림픽대회에서는 금메달 13개로 종합 순위 세계 8위라는 기록을 남기며 스포츠 강국으로 거듭났다.

이런 모든 일들은 국가수반의 기반이 청와대에 있었을 때 다져졌다고 볼 수 있다. 진정으로 청와대가 흉지였다면 이러한 결과가 나올 수 있었을까?

소설가 이병주의 말대로 사람들은 대통령의 불행한 말로를 흉지설의 근거로 삼는다. 이에 대한 반론으로는 김종인의 의견을 경청할 필요가 있다. 그는 이전에 국민의힘과 더불어민주당 양당의 비대위원장을 모두 지냈다. 박근혜·문재인 정부 탄생에 결정적으로 기여한 자타 공인 '킹메이커'이자 정치의 달인이다. 재정·조세 전문가로서 비례대표로 국회의원만 5선 지냈다.

특히 그는 중고등학교시절부터 지금까지 대한민국 대통령들을 직접 접한 독특한 인물이다. 이승만 대통령과 정적 관계였던 초대 대법원장이 그의 조부 김병로였다. 조부와 한방을 쓰던 그는 이승만을 누구보다 잘 알았다. 이후 박정희·전두환·노태우·박근혜·문재인·윤석열 대통령에 이르기까지 학자·관료·정치인으로서 직접적 인연을 맺었다.

오랫동안 그는 청와대에 근무하였기에 청와대 터에 대해서도 잘 안다. 그런 그가 청와대 흉지설을 부정한다. 땅이 아니라 사람이 문제라는 것이다. 그는 "막강한 권력을 갖는 대통령제에서는 대통령 스스로 불행을 자초한다. 대통령제일지라도 의회 중심주의로 권력을 분산해야 대통령의 불행을 막을 수 있다"고 강조했다.

청와대 흉지설은 음모론이며 허황한 비보술에 빠진 자들의 '불행한 의식'이다. 대통령들의 말로가 불행했다면 그것은 막강한 대통령 권력을 남용한 개인의 잘못과 불행이었지 터의 문제는 아니었다. 김종인의 말대로 제왕적 대통령제의 폐해에서 비롯된 것이다.

"고려왕조는 비보도참(비보술)에 의해 일어났고 비보도참에 의해 멸망했다"고 역사학자 이병도는 『고려시대의 연구』에서 결론지었다.

비보술은 주술이었다. 이 책 4장 「질투와 야망으로 뭉쳐진 투쟁의 기록」에서 살펴본 것처럼 역사는 이를 증언한다.

주술로 흥한 자, 주술로 망한다

책의 구상과 집필은 2024년 4월 해냄출판사 송영석 사장, 이혜진 주간 두 분의 제안으로 이루어졌다. 전적으로 두 분 덕분에 글이 완성되었음을 밝힌다. 이미 집필을 끝낸 터라, 2024년 12월 3일 윤석열 대통령의 '비상계엄령' 선포와 이후 일련의 정치적 지형 변화가 있었지만 이 책의 전체적인 흐름을 변경하지는 않았다. 두 분께 감사의 말씀을 드린다.

이 책은 한반도에서 행해진 주술(비보술)의 행태와 배경, 그리고 결말을 정리한 주술 사상사다. 주술이 왕·권력자·왕조에 어떻게 작동하였는지 추적하였다. 주술화와 탈주술화, 그리고 재주술화의 충돌과 부침 속에 그들의 운명이 흔들렸다. 폐해는 백성과 국민의

몫이었다. 뿐만 아니라 이들까지 집단 주술에 걸리게 하였다. 사상 사도 역사의 한 분야다. 책의 집필 과정에서 역사를 어떻게 바라보느냐에 대한 기준을 정해야 했다.

독일의 역사학자 레오폴트 폰 랑케(Leopold von Ranke, 1795~1886)의 주장, "역사는 원래 있던 그대로(Wie es eigentlich gewesen ist)"를 기록해야 한다는 것은 물리적으로 불가능하다. 그러므로 기록물과 유물, 역사적 현장을 공시적·통시적으로 해석하여 그 실체를 파악해야 한다. 이러한 의미에서 "역사란 과거와 현재의 부단한 대화(unending dialogue between the present and the past)"라고 정의한 영국 역사학자 에드워드 H. 카(E. H. Carr, 1892~1982)의 방법론이 설득력을 갖는다. 필자는 그 방법론을 따랐다.

이 글의 1차 문헌은 『고려사』 『고려사절요』 『조선왕조실록』 등 주요 정사(正史)다. 정사이긴 하나 전적으로 신뢰할 수는 없다. 『고려사』와 『고려사절요』는 고려를 멸망시킨 조선왕조가 편찬하였기 때문이다. 『조선왕조실록』 역시 사관의 주관이 부분적으로 개입된 것이기에 전적으로 믿을 수는 없다. 그렇지만 행간과 문맥을 통해 당시의 상황과 사실을 엮어내는 것이 수월해졌다. 1차 문헌들을 국사편찬위원회가 번역하여 한국사데이터베이스(https://db.history.go.kr/)에 공개하였기 때문이다. 이전에는 한문에 능한 전공자들도 원문에서 특정 주제어를 검색하려면 많은 시간이 걸렸다. 그런데 한국사데이터베이스에서 필요한 주제어, 예컨대 '비보술'이나 '도선', '풍수' 등을 검색하면 관련 문장들이 일목요연하게 떠오른다. 해당 주제어를 연대기적으로 나열하면서 그 배경·내용·결

말을 해석할 수 있다.

비보술은 풍수술과 전혀 다르다. 정사에 언급된 내용을 살피면 쉽게 확인할 수 있다. 그런데도 해방 이후 한국학 학자 다수가 오독해 왔다. 심지어 대입 수능시험 문제조차도 비보술이 풍수술의 일부라는 전제에서 출제되어 왔다. 반론이 없었던 것은 아니다. 불교학자 서윤길 교수, 한국 최고의 선승이자 불교학자 정성본 스님, 그리고 일부 학자들의 합리적 반론이 있었다. 그러나 주류 학파들은 의도적으로 이를 무시하였다.

이 책에서 필자는 풍수학인의 관점에서 어떻게 비보술과 풍수술이 다른가를 드러내고자 하였다. 또 비보술이 실체 없는 주술이자 기만임을 밝혔다. 주술에 빠진 권력자들의 말로는 비참했다. 물론 모두 주술에 빠진 것은 아니었다. 냉철한 이성으로 주술을 거부했던 지식인과 관료도 있었다. 고려의 오연총·이지저·정습명에서 조선 말 지석영·안효제에 이르기까지 소수의 지식인은 주술이 '난망지도(亂亡之道)'임을 임금에게 간언하였다. 그러한 이성의 소리는 지극히 적었고 작았다. 주술을 깨뜨리지 못했다.

왜 지금도 우리 사회의 지도자들이 점을 치고, 관상을 보고, 굿을 하는 주술에서 벗어나지 못하는 것일까? 그것은 분명 '과학적으로 검증된 것'이 아니다. 효과를 본 것도 아니다. 그런데도 위로는 왕에서 아래로는 백성에 이르기까지, 배운 자에서 배우지 못한 자에 이르기까지 주술에서 벗어나지 못하였다. 언론과 방송조차 '준엄한 비판' 없이 일상생활의 일부로 소개한다. 주요 일간지에 게재되는 「오늘의 운세」가 대표적이다.

주술에 빠지는 것은 누구 탓일까? 주술사(무당·점쟁이·풍수쟁이·관상쟁이 등)들의 유혹이 강해서일까? 고객들의 자아(주체)의식 결핍 탓일까? 분명 그것은 점쟁이와 그 고객들, 그리고 생각 없이 관전평을 내는 일부 기자·앵커·패널, 모두 자아의식 결핍이 빚어낸 귀태적(鬼胎的) 현상들이다.

주술은 왜 만들어지는 것일까? 신(神)이 만들어지는 것과 같은 이유다. 권력자에게는 통치를 위해 이데올로가 필요하다. 실존이 불안한 인간에게는 신도 필요하고 부적도 필요하다. 서로의 이해관계가 부합한다. 왕과 국가는 당대 석학을 동원하여 주술을 날조한다. 한반도 역사에서 대표적인 것이 '도선 국사'다. 그는 한반도 상공을 1천 년 동안 배회하면서 검은 비를 뿌려 독초를 자라게 했다.

"주술로 흥한 자, 주술로 망한다." 책의 마지막에 이러한 결론을 도출한 것은 주술에 빠진 고려와 조선 왕들의 말로가 한결같았기 때문이다. 그런데 예측은 불행하게도 또 실현되고 말았다. 2024년 12월 3일 밤 10시 30분, 윤석열 대통령이 '비상계엄령'을 선포하여 대한민국 민주주의의 근간을 흔들었다, 그의 '셀프 친위 쿠데타'는 150분 만에 실패하였다. 위헌적 반란의 최후는 사회적 죽음이다.

고려 이래 주술에 저항하여 모욕을 당한 지식인들, 주술에 걸려 희생된 사람, 주술로 한평생 헛된 삶을 산 분들께 이 책을 바친다.

2025년 1월
심재(心齋) 김두규

참고 문헌

데이터베이스

한국사데이터베이스 사이트 https://db.history.go.kr

디지털장서각 https://jsg.aks.ac.kr

국내물

김기현, 『주역, 우리 삶을 말하다』, 민음사, 2016.

김두규, 『조선 풍수학인의 생애와 논쟁』, 궁리, 2000.

김두규, 『풍수학사전』, 비봉출판사, 2005.

김두규, 『조선풍수 일본을 논하다』, 드림넷미디어, 2010.

김두규, 『풍수, 대한민국』, 매일경제출판사, 2022.

김두규, 「『신지비사』를 통해서 본 한국풍수의 원형」, 《고조선단군학》, 제31집, 2014.

김병인, 『고려 예종대 정치세력 연구』, 경인문화사, 2003.

김성준, 『한국지리총론』(부록 도선답산가·도선국사실록), 육지사, 1982.

김상영, 황인규(편), 『선각국사 도선』, 영암군·월출산 도갑사 도선국사연구소, 2007.

김수연, 『고려사회와 밀교』, 씨아이알, 2022.

김용출 외, 『비선 권력 : 박근혜와 최태민의 만남부터 최순실 국정농단 사태까지』, 한울, 2017.

김종인, 『왜 대통령은 실패하는가』, 21세기북스, 2022.

김종인, 『영원한 권력은 없다』, 시공사, 2020.

김지견 외, 『도선 연구』, 민족사, 1999.

김창현, 『신돈과 그의 시대』, 푸른역사, 2006.

김천수, 『우리가 몰랐던 용산기지 일제침탈사』, 동북아역사재단, 2023.

노사신 외, 『신증동국여지승람』, 명문당, 1994.

부승찬, 『권력과 안보 : 문재인 정부 국방비사와 천공 의혹』, 해요미디어, 2023.

서유구, 『상택지(相宅志)』(임원경제연구소 옮김), 풍석문화재단, 2019.

서윤길, 『한국밀교사상사』, 운주사, 2006.

성현, 『용재총화』(김남이 외 옮김), 휴머니스트, 2015.

송두율, 『계몽과 해방 : 헤겔과 마르크스와 베버의 동양세계관』, 한길사, 1988.

신용하, 『일제의 한국민족말살·황국신민화 정책의 진실』, 문학과지성사, 2020.

신주백·김천수, 『용산 기지의 역사 1』, 선인, 2019.

신채호, 『조선사연구(초)』, 범우사, 2004.

신채호, 『조선상고사』(박기봉 옮김), 비봉출판사, 2006.

안경환, 『이병주 평전』, 한길사, 2022.

양균송, 『감룡경·의룡경』(김두규 옮김), 비봉출판사, 2009.

유기상, 『조선후기 실학자의 풍수사상』, 경인문화사, 2017.

이능화, 『조선불교통사』(윤재영 옮김), 박영사, 1980.

이몽일, 『한국풍수사상사연구』, 일지사, 1991.

이병도, 『고려시대의 연구』, 아세아문화사, 1979.

이부영, 『한국의 샤머니즘과 분석심리학』, 한길사, 2012.

이중환, 『택리지』(이익성 옮김), 을유문화사, 1994.

장지연, 『고려·조선 국도풍수론과 정치이념』, 신구문화사, 2015.

최병헌, 「고려시대의 오행적 역사관」, 《한국학보》 4, 1978.

최영성, 『교주 사산비명』, 이른아침, 2014.

최창조, 『한국의 자생풍수』, 민음사, 1997.

최창조, 『한국풍수인물사: 도선과 무학의 계보』, 민음사, 2013.

한국사상사학회(편), 《한국사상사학》(제17집), 경인문화사, 2001.

황석영, 『장길산』, 현암사, 1984.

황현, 『오하기문』(김종익 옮김), 역사비평사, 1999.

번역물

로버트 H. 프랭크, 『실력과 노력으로 성공했다는 당신에게』(정태영 옮김), 글항아리, 2018.

루이스 코저, 『사회사상사』(신용하·박명규 옮김), 일지사, 1981.

마르쿠스 툴리우스 키케로, 『운명론』(이상인 옮김), 아카넷, 2024.

막스 베버, 『종교사회학 선집』(전성우 옮김), 나남, 2021.

버트런드 러셀, 『러셀 서양철학사』(서상복 옮김), 을유문화사, 2020.

슈테판 츠바이크, 『광기와 우연의 역사』(안인희 옮김), 휴머니스트출판그룹, 2004.

요한 볼프강 폰 괴테, 『파우스트』(안인희 옮김), 현대지성, 2024.

조지프 푸어만, 『라스푸틴』(양병찬 옮김), 생각의힘, 2017.

피터 포쇼, 『오컬트의 모든 것』(서경주 옮김), 미술문화, 2024.

헬레나 P. 블라바츠키 외, 『운명의 바람소리를 들어라』(스로타파티 옮김), 책읽는
  귀족, 2017.

해외 출판물

손진태, 『조선민족설화의 연구(朝鮮民族說話の研究)』, 푸쿄샤, 2023.

이마니시 류, 『고려사연구(高麗史研究)』, 국서간행회, 1970.

이마니시 류, 『고려급이조사연구(高麗及李朝史研究)』, 국서간행회, 1974.

조선총독부(편), 『조선사찰사료(朝鮮寺刹史料)』(상·하), 1911.

프레드릭 코플스턴, 『철학의 역사(*A history of Philosophy*) 1』, 더뉴먼프레스,
  1960.

히라다 기요아키, 『사회사상사(社會思想史)』, 청림서원신사, 1979.

그들은 왜 주술에 빠졌나?

초판 1쇄 2025년 1월 31일

지은이 | 김두규
펴낸이 | 송영석

주간 | 이혜진
편집장 | 박신애 **기획편집** | 최예은 · 조아혜
디자인 | 박윤정 · 유보람
마케팅 | 김유종 · 한승민
관리 | 송우석 · 전지연 · 채경민

펴낸곳 | (株)해냄출판사
등록번호 | 제10-229호
등록일자 | 1988년 5월 11일(설립일자 | 1983년 6월 24일)

04042 서울시 마포구 잔다리로 30 해냄빌딩 5 · 6층
대표전화 | 326-1600 **팩스** | 326-1624
홈페이지 | www.hainaim.com

ISBN 979-11-6714-106-4